国家社会科学基金项目"粮食安全背景下农业绿色全要素生产率收敛性及影响机理研究（编号：21BGL160）"阶段性成果

山东省重点研发计划（软科学）重点项目（编号：2023RZB06045）

山东省社会科学规划重大理论与现实问题协同创新研究专项（编号：21CCXJ09）

青岛农业大学高层次人才科研基金资助项目（编号：1119719）

青岛农业大学新农村发展研究院（乡村振兴研究院）资助项目（编号：1122007）

山东省高等学校优秀青年创新团队支持计划（人文社科类）（编号：2021RW027）

山东省人文社会科学课题（编号：2022-YYJJ-13）

山东省哲学社会科学青年人才团队"新质生产力与农业高质量发展创新团队"研究成果

粮食安全与农业绿色全要素生产率

郭海红◎著

中国社会科学出版社

图书在版编目（CIP）数据

粮食安全与农业绿色全要素生产率 / 郭海红著.
北京 : 中国社会科学出版社，2024. 8. -- ISBN 978-7-
5227-4029-4

Ⅰ. F326. 11；F323

中国国家版本馆 CIP 数据核字第 2024QN5530 号

出 版 人	赵剑英	
责任编辑	戴玉龙	
责任校对	周晓东	
责任印制	郝美娜	

出　　版	中国社会科学出版社	
社　　址	北京鼓楼西大街甲 158 号	
邮　　编	100720	
网　　址	http://www.csspw.cn	
发 行 部	010-84083685	
门 市 部	010-84029450	
经　　销	新华书店及其他书店	

印　　刷	北京明恒达印务有限公司	
装　　订	廊坊市广阳区广增装订厂	
版　　次	2024 年 8 月第 1 版	
印　　次	2024 年 8 月第 1 次印刷	

开　　本	710×1000　1/16	
印　　张	16. 75	
字　　数	266 千字	
定　　价	108. 00 元	

前　言

农为邦本，食为政先，粮为食首。粮食安全问题是经济、社会、政治安全的根基。自从农业市场化改革后，农业发展取得了令人瞩目的成绩，粮食综合生产能力日益增强，粮食产量稳步提升，到 2022 年，中国粮食总产量达 68653 万吨，粮食产量达历史最高水平，单位面积产量达 387 千克/亩，人均粮食产量为 485 千克，远超世界平均水平，用不到全球 9% 的耕地、6% 的淡水养活了全球 20% 的人口，为全球粮食安全起到了重要保障。

值得关注的是，中国粮食自给率不到 90%，粮食安全仍然面临一定压力，特别是随着城镇化和工业化进程的推进，粮食安全实现供求平衡面临不少难题，保障粮食安全任重而道远。在未来很长时间里，一方面，中国人多地少、农用水资源短缺、区域分布不均衡等格局难以发生根本性变化；另一方面，随着经济社会的进步、人们生活水平的提高、膳食结构的变化，会加剧粮食供求的紧张关系。再加上国际环境的影响，粮食价格波动剧烈，对粮食安全形成巨大冲击。

长期以来，为缓解粮食安全压力，对水、地等自然资源要素的边际产能过度开发严重，农业生产赖以存续的资源环境的承载力日趋下降，粮食安全的可持续性保障面临挑战。与此同时，农业从业人员日益减少，粮食耕种面积不断缩水，依赖于增加要素投入的传统农业生产方式难以持续，必然转向持续提升农业绿色全要素生产率的现代化发展道路上来。本书基于粮食安全的现实需求，在粮食安全、要素、资源、能源、环境等多重约束下，对中国粮食安全与农业绿色全要素生产率的区域差异的收敛性及其作用机制进行全景式揭示和解释，探索农业绿色全要素生产率时空演化趋势，深入解析区际和省际在农业生产过程中对生产要素的把握及对前沿技术的利用程度，促进农业区域统筹协调发展，为资源环境约束下的农业经济空间格局优化提供路径支持，为实现农业转型发展及粮食安全提供决策参考。

本书内容主要包括中国粮食安全状况及评价、粮食安全空间差异及来源、农业绿色全要素生产率测算、粮食安全对农业绿色全要素生产率的影响机制、粮食安全对农业绿色全要素生产率区域收敛的影响等。主要内容立足中国国情，紧依粮食安全背景和农业转型的迫切需求，多个维度全面解析粮食安全，多个视域全景揭示农业绿色全要素及增长源泉，多个层面解析粮食安全与农业绿色全要素生产率的关系。既有事实依据，又有理论根基和实证分析，并提出了针对性的政策建议，具有重要的理论价值和应用价值。

目　　录

第一章 绪 论

第一节 研究背景与问题提出

一 研究背景

中国农业取得了举世瞩目的成就，但粮食自给率并没有明显提升，2021 年粮食累计进口 1.6 亿吨，自给率仅为 81%，中国粮食安全面临较大压力。习近平总书记多次强调"要牢牢把住粮食安全主动权"。党的二十大报告中也强调"夯实粮食安全根基"。长期以来，为缓解粮食产量安全压力，对水、地等自然资源要素的边际产能过度开发，农业生产赖以存续的资源环境的承载力日趋下降，粮食安全的可持续性保障面临挑战。与此同时，农业从业人员日益减少，粮食耕种面积不断缩水，依赖于增加要素投入的传统农业生产方式难以持续，必然转向持续提升农业绿色全要素生产率的现代化发展道路上来。

（一）粮食安全压力倍增

种粮收益率低。近几年粮食等主要农产品价格整体上表现为不断提高的趋势，然而粮食种植成本上升的速度一直居高不下，甚至远超过粮食价格上升的速度，种粮的总体收益并没有明显的上升趋势，到 2021年，全国亩均种粮收益为 824 元，为 2017 年以来最高水平，而同期生产要素成本增长幅度更高，如国内尿素价格涨至 3200 元/吨的水平，同比大幅上涨 45% 左右。再加上国际化肥市场价格持续飙升，化肥价格上涨直接推动粮食生产成本大幅提高，进一步挤压农民的种植收益，农民为了保障收益，又不得不降低化肥的使用量，而这极可能会降低粮食产量。根据已故袁隆平院士对水稻种植的收益核算，亩均收益合计不超过 1000 元，远低于农民工进城打工收入，这就导致很多农民的种粮意愿不断降低。

粮食生产的自然风险和市场风险较大。一方面，农业是弱质性产业，粮食生产环境通常是露天进行的，"靠天吃饭"的局面尚没有根本改变，旱灾、洪涝灾害、病虫害等多种自然灾害频现，给粮食安全带来巨大压力。而且中国区域广泛，独特的地理环境导致自然灾害呈现明显的特点，表现在灾种的广泛性、灾情的地域性、灾害的季节性、灾害的群发和伴发性、自然因素与人为因素交织性等，对中国粮食生产影响比较大的灾害涵盖了风霜、干旱、洪涝、冷冻、病虫害等种类，据统计，这些灾害导致减产幅度在 5% 左右，严重的时候影响程度远高于这个比例。这成为威胁粮食安全的很大的不确定性因素。另一方面，受粮食市场供求关系变化和一部分人为炒作的影响，还可能会面临"粮难卖"的市场风险，如果遇到比较严重的持续"粮难卖"，则还会通过粮食链、资金链、土地链的传导，引发系列连锁性不良反应。

全球粮食供求状况不容乐观，粮食供给与需求错位。供给方面，粮食生产供给一方面受自然环境、气候等影响明显。自 2005 年以来，受全球极端天气的影响，粮食和主要农产品的产量只是略有增长，甚至一些主要粮食出口屡次实行出口限定。需求方面，据联合国的测算，到 21 世纪中期，世界人口将突破 90 亿大关，这将大大提升粮食和农产品的刚需。此外，随着消费及饮食观念的变化，世界范围内食品结构的改变将会对粮食的间接需求起到不小的推动。农业供给与需求的缺口会日渐加大。根据世界粮农组织（FAO）的统计，在高收入国家，人均收入每提高 1 个百分点，粮食消费量就会增加 1—2 个百分点；而在低收入国家，人均收入每提高 1 个百分点，粮食消费量会提升 7—8 个百分点。而粮食产量在过去 30 年里平均年增速在 2% 左右。由于粮食生产波动幅度和消费增长幅度的不均衡，全球粮食库存量也波动较大，导致紧张的粮食供求关系，加上俄罗斯和乌克兰冲突等的意外威胁，对全球的粮食供应带来很大威胁，特别是对粮食进口国而言。因为乌克兰占有全球市场 10% 的小麦出口份额，也是玉米出口大国；俄罗斯也是重要的粮食出口国。因此,从全球范围看,有很大程度的可能会因某些主要产粮国产量的骤然变化,导致粮食安全危机,虽然目前全球粮食供大于求,但长期来看,并不乐观。

传统农业生产要素的约束日益明显。

一是可用耕地面积日趋减少。土地资源是农业生产的重要载体,而其中可用的耕地面积才能真正反映农业生产的动力大小。中国的耕地面积 2013 年仅有 18.257 亿亩,直逼"18 亿亩"耕地红线,所幸 2014 年耕地面积有所增长,2014—2015 年保持在 20.25 亿亩,2021 年耕地面积仅为 19.19 亿亩,人均耕地面积只有 1.36 亩,不到世界平均水平的 40%,土地危机在长时间内仍然存在。土地作为稀缺资源,目前并不存在替代品,可用于农业生产的耕地储备资源数量也微乎其微,其中 74% 的后备耕地资源在难以开发的西部地区。耕地面积减少有绝对减少和相对减少两个方面。绝对减少的原因:一方面,城镇化步伐的加快。中国的城镇化率从 1997 年的 31.91% 到 2021 年的 65.22%,城镇化伴随着的是建设用地的增加,在土地资源固定的情况下占用农用地成为必然,因此耕地面积绝对减少。另一方面,农业结构调整与生态退耕等使得可用耕地面积呈绝对减少的趋势。相对减少的原因:一是受化肥、农药、污染等因素影响造成土壤的板结、酸化、有机物质含量减少,对农业的健康可持续发展造成隐患。与工业点源污染通过集中排污口直接进入水体不同,农业面源为分散排放,并且其污染过程从农业生产行为到排放、最终到影响环境也不是简单的直接因果关系。研究表明,中国农田化肥中氮 35% 在当季被作物利用,剩余绝大部分留在农田土壤中。表现比较突出的以西北干旱地区的农膜污染问题和南方的农业畜禽粪污染问题为代表。二是随着城镇化进程的加快,农村劳动力的转移,导致很大部分农地闲置或撂荒。2000—2021 年维系在 25000 亿—35000 亿立方米,但可利用水资源比例一直在 19%—27% 波动,而且农业用水总量占总用水比例呈明显下降趋势,2000 年,农业用水总量为 3783.54 亿立方米,农业用水占比达 68.82%,到 2021 年,水资源总量为 29638.2 亿立方米,可利用水资源总量为 5920.2 亿立方米,占比为 19.97%,农业用水量为 3644.3 亿立方米,占总用水量的比例仅为 61.55%。

二是农用水资源量、质呈双下降趋势。从农用水的量上来看,随着工业化、城镇化进程的推进，工业用水量不断提升，农用水的可用量一定程度上受到挤占，2000 年的农用水占总水量比重为 68.82%，而到 2021 年该比例仅为 61.55%。根据国家水资源发展规划，未来 15 年农业可用水量将维持零增长。从农用水的"质"来看，水污染较为严重。根据《中国环境状况公报》显示，农业面源污染对水环境的影响较大，主要污染物中，农业废水中化学需氧量排放量占比不断上升，到 2020 年，全国废水中化学需氧量排放量达到 2564.76 万吨，氨氮排放量达到 98.41 万吨，农业废水中化学需氧量排放占比达 52.12%，农业废水中氨氮排放量占比 35.79%。据农业部《将加强政策扶持和资金投入推进节水农业发展的意见》，在中国 9.05 亿亩灌溉面积中，工程设施节水面积仅占 44.3%；在 23 亿亩农作物播种面积中，农业节水面积仅占 17.4%，中国农业用水利用率比发达国家低 20%。

三是劳动力结构变化导致后劲不足。"人口红利"的日渐消失，中国劳动力结构已经发生明显变化。首先，体现在年龄结构上的老龄化。据联合国的标准，以 65 岁及以上老年人口比例在 7% 以上的为老年型人口，在发展中国家中，多采用 60 岁为老年人口的年龄起点，当 60 岁及以上老年人口占总人口比例在 10% 以上为老年型人口。而截至 2021 年年底，中国 60 岁及以上人口为 2.67 亿，占总人口的比例为 18.9%。中国迈入老龄化社会已是不争的事实。而随着城镇化进程的推进，农村的青壮年劳动力从农村转移到城市，更会加重农业从业人员的老龄化程度。图 1-1 列示了 2001—2020 年中国农业从业人员老龄化和女性化情况，从 60 岁及以上人口占比的变化趋势可看出，农业从业人员老龄化情况日趋严重。其次，体现在性别结构上的女性化。从图 1-2 可以看出，第一产业从业人员占比明显下降，在 1997 年第一产业从业人员占比达到 49.9%，到了 2020 年，占比仅为 23.6%，而乡村人口中女性人口占比呈增长态势（见图 1-1），而且女性中适龄劳动力（25—64 岁）的比重呈下降趋势（见图 1-1），学者形象地以"女性化"来描述该现象，出现此现象的原因在于非农劳动力市场的发育对女性有限制和歧视倾向。相较男性，女性更愿意留在农村照顾家庭，在 25—64 岁的适龄农业从业人员中女性成为主力军。农业劳动力结构的变化会造成农业可持续发展的后劲不足。

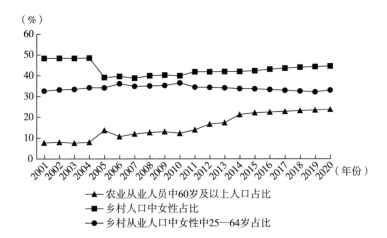

图 1-1　2001—2020 年农业从业人员老龄化和女性化情况

资料来源：根据《中国人口和就业统计年鉴》《中国农业统计年鉴》《中国农村统计年鉴》整理。

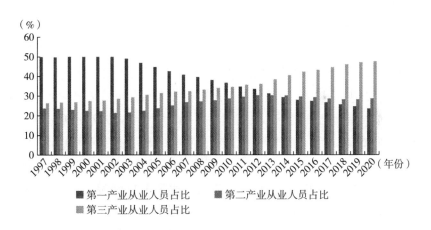

图 1-2　1997—2020 年各产业从业人员占比情况

资料来源：根据《中国统计年鉴》数据整理。

　　四是资本投入不足。农业资本投入来源从主体来看主要包括农户家庭投入和政府投入。从农户家庭投入情况来看，农户生产资本投入逐年下降，取而代之的是用于非农产业投资比重逐年上升。从政府投入情况来看，资本投入的形式有了多样化的变化，包括农业基础设施投入、生产投入、粮农补贴、转移支付以及农村社会发展等，这些资本投入的形式和渠道多样化很大程度上促进了农业的发展，过去十几年的农业高速增长很大程度上归功于"四减免四补贴"，政府农业投资高时曾占25%—26%，但近几年只有不到4%，财政支持力度弱化、农业资本外流、土地碎片化以及农业经营分散化等问题依旧明显，导致资本投入难以产生规模效应等较为严重的问题。

（二）现代生产方式转型潜力需进一步挖掘

新古典经济增长理论认为，在资本、劳动力之外的生产率的提高是经济增长可持续的源泉，通常生产率被称为现代生产要素。中国农业生产率的提高主要归于机械性技术、高产良种技术和生物化学技术的投入，截至2021年，农业综合耕种机械化水平达72%，粮食增产61%在于单产的提高，而据世界粮农组织的数据，世界粮食增产的贡献80%以上归于单产，中国的农业科技进步贡献率较发达国家水平低近20%。此外，农业科技普及率低，农业科技人员不足等原因也是制约农业生产率的重要因素。

（三）环境承载力逼近上限

中国农业增长成绩斐然，以占世界不到10%的土地养活了占世界20%的人口，让世界刮目，但成绩的背后付出了巨大的环境代价。长期以来中国农业高速增长依赖的是高产良种技术和农药、化肥等生产资料的投入，农用化肥、农药、农用塑料薄膜使用量在1997—2015年不断增加，2016年以后有明显降低趋势（见图1-3），但到2020年，化肥折纯施用量仍高达5250.7万吨，农药使用量为131.3万吨，按种植面积平均算，中国农作物每公顷化肥施用量达506.11千克/公顷，为英国的2.05倍、美国的3.69倍。中国农作物每公顷农药使用量为10.3千克/公顷，为日本的2.77倍、美国的4.68倍。中国化肥、农药使用量均远高于世界发达国家的水平。中国的化肥利用率平均为33%，农药平均利用率仅为35%，而欧美发达国家的指标是50%—60%（农业部，2017）。未被充分利用的农药、化肥、农用塑料薄膜等都会直接和间接加重农业生产环境的负担。一方面，化肥、农药等生物化学肥料中含有大量的重金属，会直接破坏土壤的营养属性，造成土壤重金属化、酸化、板结等，导致可利用土地资源的减少，且随着农业灌溉会引起地表水的超营养化和地下水的污染，进而影响农业生产安全。另一方面，对人类健康、食品安全等间接产生负面影响。化肥、农药可以通过空气、水、土壤等媒介传导影响人类健康，并最终造成农作物、农产品的污染残留，对粮食安全、食品安全造成隐患。中国农用薄膜、地膜年使用量在 2005 年已均居世界首位，至今未变。农膜回收率颇低，很大一部分地区甚至不回收，平均每年约 50 万吨农膜残留在土壤中，导致"白色恐怖"。农业生产过程中的废弃物也是农业生产环境一大杀手。农业废弃物主要是农业生产过程中被丢弃的有机类物质包括植物残体和散养、放养畜禽以及渔业养殖中产生的废弃物。中国已成为世界上农业废弃物产出量最大的国家，农业废弃物以年均 5%—10% 的速度递增，其中相当大比例的只是简单处置或直接被当作垃圾丢弃到环境中。隐蔽性、普遍性、随机性、难以监测等特点决定了农业面源污染从田间到环境并不是简单的单向因果关系。农业已超过工业成为中国最大的面源污染产业（农业部，2015），严峻的农业污染问题直接危及农业的可持续发展。

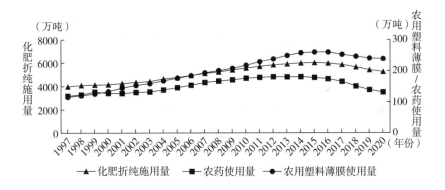

图 1-3 1997—2020 年化肥、农药、农膜使用情况

注：农药使用量、农用塑料薄膜使用量参照次坐标轴。

资料来源：根据《中国农村统计年鉴》《中国环境统计年鉴》整理。

（四）高层政府对粮食安全和农业生产方式绿色转型的高度重视

2004—2023 年，中央一号文件多次强调粮食安全，党的二十大报告中强调"把握粮食安全主动权"，也高度重视现代农业生产方式的转型，2013 年 11 月 12 日，党的十八届三中全会中明确提出"两型农业"的基本理念，充分协调"资源—环境—农业可持续发展"三者之间的关系，寻求农业高质发展的方式。2015 年 10 月，党的十八届五中全会提出"创新、协调、绿色、开放、共享"的新发展理念。2017 年 2 月，中央一号文件《中共中央、国务院关于深入推进农业供给侧结构性改革加快培育农业农村发展新动能的若干意见》明确提出"推行绿色生产方式，增强农业可持续发展能力"。2017 年 9 月 30 日，中共中央办公厅、国务院办公厅印发《关于创新体制机制推进农业绿色发展的意见》，明确提出"以绿水青山就是金山银山理念为指引，转变农业发展方式，节约利用资源，保护产地环境，提升生态服务功能，推动绿色生产生活方式"的指导思想。2017 年 11 月，党的十九大报告中更是明确指出"必须树立和践行绿水青山就是金山银山的理念""坚持节约资源和保护环境的基本国策""要像对待生命一样对待生态环境，统筹山水林田湖草系统治理，实行最严格的生态环境保护制度，形成绿色发展方式和生活方式"。2018 年中央一号文件和 2019 年中央一号文件都提出统筹推进农业农村绿色发展的总体要求。2022 年，党的二十大报告强调不断提升农业农村绿色发展水平，充分发挥绿色发展对乡村振兴战略的引领作用，制定农业农村绿色发展的具体要求。

二 问题提出

在粮食安全压力倍增的背景下，农业增长如何突破要素、资源、能源、环境等多重桎梏？农业可持续性绿色发展的动力源泉在哪里？在农业"资源—能源—环境—经济"之间如何协调和平衡？而农业绿色全要素生产率被认为是农业可持续发展的必由之路。因此，重构农业增长动力机制，实现农业由粗放式增长向绿色全要素生产率驱动的绿色增长，成为农业可持续发展必须解决的问题，也是粮食安全的重要保障。

那么，粮食安全对农业绿色全要素生产率具有什么样的影响机制？而且由于空间尺度的资源禀赋和自然条件迥异，粮食安全和农业绿色全要素生产率（Agricultural Green Total Factor Productivity，AGTFP）区域之间差距日趋增大，那么，不同区域的影响机制是否存在差异？差异的收敛趋势呈什么态势变化？粮食安全对农业绿色全要素生产率区域收敛又具有什么样的影响？这些问题的解答对促进粮食安全与农业绿色全要素生产率的有效对接，对各地区农业高质量的协调发展，对粮食安全保障都具有重要的理论意义和现实意义。

而要研究粮食安全与 AGTFP 关系需要梳理过去较长时期内数值变化和演变趋势，才能精准把握粮食安全及 AGTFP 变动中规律，甄别其增长源泉。因此，本书选取 1997—2020 年为研究期，以中国 31 个省份的面板数据为样本，并根据区块特征分地区比较。主要基于以下三个方面考虑：第一，粮食安全及 AGTFP 在相对一致的经济社会环境中才能体现其作用，中国从 1997 年建制真正完整。第二，AGTFP 估算对时序长度和数据真实性具有较强依赖，1997 年以来统计数据更全面、更可靠，也是对现有研究在时间上的拓展。第三，区域间资源禀赋、经济环境、比较优势差异较大，以省际和区域结合从时空视角探寻中国粮食安全对 AGTFP 影响机制的演变规律及影响机制具有重要意义。1997 年后，各地农业经济不断增长，那么在 1997—2020 年粮食安全及 AGTFP 的变化格局呈现什么态势？粮食安全对 AGTFP 产生什么样的影响？如何促进 AGTFP 增长保障粮食安全？这些问题的解答对完善粮食安全理论和农业绿色生产率理论，探寻中国粮食安全路径及农业绿色增长模式，对农业农村现代化进程的推进和乡村振兴战略落地具有重要的参考价值。

第二节　研究意义

一　理论意义

（1）在粮食安全背景下迫切需要从理论上重新审视中国农业绿色全要素生产率，厘清基于粮食安全的农业绿色全要素生产率内涵，阐释基于粮食安全的农业绿色全要素生产率的理论机制，拓宽了农业生产率研究的广度。（2）融合产量、结构、质量、生态多个维度，构建粮食安全的评价体系，拓展了粮食安全理论和评价体系。（3）从产业经济学和空间经济学视域全面分析粮食安全及农业绿色全要素生产率的整体分布形态和不同空间尺度（全国、粮食功能区）间的差异及收敛性，构建空间计量模型分析粮食安全对 AGTFP 及其区域收敛的影响机制，深化了粮食安全与农业绿色全要素生产率关系研究，延长了粮食安全及 AGTFP 研究的深度。

二 现实意义

（1）基于粮食安全的现实需求，探索粮食安全下的 AGTFP 的时空演化趋势，对深入了解区际和省际在农业生产过程中对生产要素的把握及对前沿技术的利用程度，促进农业区域统筹协调发展。（2）在粮食安全、要素、资源、能源、环境等多重约束下，对中国粮食安全与农业绿色全要素生产率的区域差异的收敛性及其作用机制进行全景式揭示和解释，为资源环境约束下的农业经济空间格局优化提供路径支持，为实现农业转型发展及粮食安全提供决策参考。

第三节 文献综述

一 粮食安全相关研究

（一）粮食安全概念

粮食安全的概念最早在 1974 年由联合国粮农组织（FAO）提出，后在 1983 年、1996 年、2009 年多次修订，最初的概念为"所有人在任何情况下维持健康生存所必需的足够食物"，可见它强调粮食的数量保障，之后上升到对质量的认识，现在强调粮食获取的结构安全。在此基础上，学术界对粮食安全的内涵和外延的认识也在不断延伸。如斯瓦明坦强调饮用水和生态环境的安全及营养的安全；Frarakenberker 等则认为粮食安全应该涉及多个层面；Barett 则将粮食安全拆解为四项基本要素，包括粮食本身提供的化学能量、某种谷物和其他粮食的互补关系、粮食消费水平的随机过程及人们的响应以及粮食供求关系的不确定性和风险性。日本的崔根卓朗认为粮食安全应该包含基础粮食安全和次级粮食安全，基础粮食安全着重指粮食供给的稳定性，次级粮食安全则侧重粮食供给的多样化、高级化、营养化。进入 21 世纪，粮食安全中引入了可持续发展及生态环保因素，粮食安全是个长期工程，2001 年联合国粮食安全会议上指明"粮食安全是指任何人、任何时候都可以在经济上和物质上获得足够安全和营养的食物"，到了 2009 年，《罗马宣言》对粮食安全重新进行了修订，指出粮食安全应该涵盖可供应量、获取渠道、充分利用和充分供应，并确保营养安全。国际粮农组织（FAO）还把每年的 10 月 16 日定为世界粮食日，彰显了对粮食安全的重视，粮食安全已经成为世界范围内关注的重要议题。

在中国，粮食安全问题一直备受关注，粮食安全被明确列入《中华人民共和国农业法》中，粮食安全问题上升到法制层面。政府层面和学术层面都对粮食安全提出不同的看法。早在 1992 年，中央就指出"粮食安全是能够提供数量充足、质量达标、结构合理的粮食和食物"。学者也提出了不同观点，如雷玉桃指出中国粮食安全具有很强的特殊性；文海燕认为粮食安全应该由生产者、流通者、消费者共同保障；钟甫宁等从供应量、区域分布均衡性、获取粮食难易程度、粮食质量四个方面解析粮食安全；高帆则认为粮食安全是"多链条互动"过程。

综合来看，粮食安全应该涵盖宏观和微观层面，宏观层面注重粮食数量的供给保障，微观层面注重粮食质量的保障（黄季焜，2002）。现代粮食安全应该是个系统概念，涵盖数量安全、质量安全、社会安全、生态安全（唐健等，2009），随着生活水平的提高，品质安全、健康安全成为粮食安全高层次的价值度量（胡岳岷等，2013）。从流通的视角，粮食安全既应该是生产安全、流通安全与消费安全的结合（程亨华等，2002），也应该是粮食供给、粮食流通、农民增收与可持续发展等目标的统合（赵予新，2009）。随着社会环境的变化，粮食安全既应考虑贸易安全下的口粮安全、质量安全与结构安全（崔宁波等，2020），也应考虑资源环境的约束；既应涵盖粮食产量、粮食质量、粮食结果，也应度量可持续性和多功能性（何可等，2021）。可见，对粮食安全的认识角度不同，考量的维度也不同。从主体角度，粮食安全可划分为全球、国家、省份、家庭和个人等维度。宏观注重数量供给，微观注重质量保障。从过程角度，粮食安全是涉及生产、流通、消费及社会再生产等环节的安全。纵观粮食安全内涵的演绎可以发现，随着粮食生产效率的提高及农业科技水平的不断进步，粮食安全的内涵和外延不断扩大，逐渐由重视粮食产能提高转向粮食可获得性提高，从重视粮食产量安全向重视粮食质量安全转变，从关注粮食生产安全到关注粮食流通和消费安全演化。粮食安全概念所包含的内容越来越广泛，领域越来越大，因此，需要系统地、动态地、演化地、可持续地看待粮食安全问题。

（二）粮食安全评价

随着对粮食安全内涵认识的不断深化，各界进一步对粮食安全展开了多维度的评价。在评价内容上，FAO 在 2014 年发布的《世界粮食不安全状况报告》提出从粮食的可供性、可获取性、稳定性及可利用性层面对粮食安全进行系统的评估。经济学人智库（EIU）在 2019 年发布的《全球粮食安全指数》则从粮食可得性、粮食质量和安全性、粮食获取难度、资源可支配性及恢复能力四个维度评价粮食安全状况。学术界也从多个角度展开了对粮食安全的全面评价，部分学者从供给侧角度，提出用粮食数量、质量、资源、自给率等多方面综合评价（祝洪章等，2020）。部分学者从流通视域，综合考虑生产、流通、消费及贸易等方面进行评价（唐丽霞等，2020）；部分学者则从战略层面构建了粮食安全预警体系（马九杰等，2001）；部分学者从粮食功能出发，从供给性、功能性及公共性等维度进行综合评价（姚成胜等，2019）。在评价方法上，典型的有三种方法：一是选取代表性指标对粮食安全进行测度。粮食产量、粮食不安全人口比重、粮食安全风险系数、耕地压力指数（付清叶等，2010）等是常见的代表性指标。二是选取多个指标运用加权平均法进行平均，对粮食安全进行测度。如国际食物政策研究所（2011）通过全球饥饿指数对全球多个国家进行了粮食安全程度的比较。三是构建粮食安全指标体系并采用层次分析法、熵权法、主成分分析法等方法对粮食安全进行测度与评价。目前，关于粮食安全的评价指标体系不下上百种，每个指标体系的设计思路不同，涵盖的指标有很大差异，考量的侧重点不一，但在世界粮食供求格局不断演化、资源环境约束越来越明显的形势下，从粮食全产业链的各个环节综合考虑，有效地协调粮食生产、流通、消费等环节之间的关系来保障粮食安全应成为关注的重点，因此，对粮食安全的评价应该是多维度、多层面、定量化的，但评价的维度侧重点应有所差异。

（三）粮食安全格局的时空演化及影响因素

因国家之间政策背景的差异，不同国家的粮食安全评价难以用统一的标准，常用数值模拟、模糊评价、统计模型等方法进行评价并预测变化趋势。如 John 等（2017）通过对经济模型的改进用于评价国际粮食安全水平，并预测了演变趋势。Rahib（2016）则采用 If-Then 规则预测了土耳其的粮食安全风险变化情况。Thomas（2016）则预测了撒哈拉沙漠以南非洲的粮食生产格局的演变。可见，进行全球粮食安全格局分析存在较大挑战。在粮食安全大背景下，中国粮食生产的时空演化格局变化及其影响因素研究也成为研究热点。空间 EPIC 模型、作物选择模型等用于模拟小麦、大豆等作物的产量变化情况（吴文斌等，2010），综合平衡粮食供需水平、应急保障水平及经济补偿水平等，并根据地方财政收入的比例设置阈值，识别粮食安全脆弱区及其空间分异演变趋势（殷培红等，2008），进一步，基于有效性、稳定性、适应性等多个维度设立粮食安全的警戒值，揭示中国粮食安全的空间格局（朱晓禧等，2012）。气候条件（Simelton et al.，2012）、有效灌溉面积（孙通等，2016）、单产水平（王介勇等，2009）、生产成本（郑亚楠等，2019）、经济效益（马恩朴等，2020）等因素被认为是影响粮食安全的重要影响因素。可见，对粮食安全格局更多从全球或国家层面分析，缺乏对粮食功能区粮食安全空间格局的分析，更缺乏对其区域差距演化动因的深入分析。

二 粮食安全与农业绿色全要素生产率相关研究述评

（一）相关概念界定

1. 全要素生产率（TFP）

从经济学的角度，生产率衡量的是要素投入所引致的产出绩效，包括单要素生产率和全要素生产率。按照古典经济增长理论，单要素生产率衡量的是单一投入要素的产出效率，如劳动生产率、资本生产率、土地生产率等，通常用投入与产出的比值来表示。单要素生产率度量的是某一要素视角下的产出效率，在存在要素替代的情况下对生产效率的整体考量难以做到。全要素生产率最早由索罗提出，即索罗余值。相较单要素生产率，全要素生产率综合考察所有投入要素（劳动、资本、能源等）影响下的生产率，可以综合衡量决策单元的产出效率。新古典经济增长理论把 TFP 等同于狭义的技术进步，如新技术、新发明、工艺改进等。这是在市场出清的假设条件下生产达到帕累托最优并结合总量生产函数推算的结果。然而实际生产中市场非出清，投入要素利用难以达到帕累托最优，因而 TFP 实际衡量的是投入要素带来的增长之外的其余要素对增长的贡献（Kendrick，1961），通常界定为广义的技术进步，包括生产技术改进、组织效率提升、管理创新等，是评价经济增长质量的有效指标。新制度经济学把制度变迁也纳入到经济增长的决定要素中，进一步丰富了 TFP 的内涵。索罗余值的提出，开启了 TFP 测算的序幕。随后，数据包络分析法（DEA）的应用使得测量静态资源配置效率成为现实，如 CCR 模型测量了与帕累托效率等价的综合技术效率；BCC 模型进一步区分了效率改善中的技术效率和规模效率。然而，静态资源配置效率难以反映技术进步带来的产出绩效。Färe 等（1994）在 DEA 的基础上运用 Malmquist 生产率指数实现了技术进步与效率改善的动态分离。利用 ML 指数、Luenberger 生产率指数等对 TFP 的分解使 TFP 的内涵更加明晰。

结合相关理论，本书把 TFP 界定为经济产出中除去所有投入要素的生产率，即来源于投入要素之外的技术进步和效率改进带来的生产率的提高。技术进步衡量技术创新，即由新的知识、新的技能或发明创造所引致的生产率的提高。效率改进分为纯技术效率和规模效率。纯技术效率代表管理、制度创新以及生产经验的积累所引发的效率提高；规模效率代表由规模经济而引发的效率提升。

2. 绿色全要素生产率（GTFP）

马丁·魏茨曼（1974）提出，经济增长源泉包括物质资本、人力资本以及自然资本，且认为环境是一种重要的自然资本。学者开始在 TFP 框架中纳入环境因素，考虑资源环境约束的 TFP 被学者赋以不同名称，如环境 TFP（胡鞍钢等，2008；陈诗一，2010；王兵等，2010；匡远凤等，2012；胡晓琳，2016）、环境敏感性 TFP（魏楚等，2011；Chung Y.，2015）、绿色 TFP（刘华军等，2018；葛鹏飞等，2018；易明等，2018）。本书强调农业建立在"资源—能源—环境—经济"协调发展的基础上，着重于绿色可持续发展理念。因而，在 Fare 等（1994）、Battese 等（1995）、Kumbhakar（2000）等研究的基础上认为 GTFP 既体现了 TFP 分析框架中考虑了环境要素，也能体现资源以及能源约束，更能体现"资源—能源—环境—经济"间的协调，因此界定考虑资源、能源以及环境约束的全要素生产率称为绿色全要素生产率更适宜。

3. 农业绿色全要素生产率

结合全要素生产率的定义，认为农业全要素生产率（ATFP）是农业经济增长中扣除投入要素（资本、劳动力、土地等）贡献之外的部分。基于化肥、农药等生化技术辅之以高产良种等技术改进的农业增长模式会付出严重的环境代价，农产品量、质提升与污染物相伴生，而传统 ATFP 对资源、能源消耗和环境约束度量不够充分，容易导致测度结果偏离实际农业生产。因此，在传统的 ATFP 核算框架体系中充分考量资源、能源和环境约束变量，测算所得的 ATFP 为农业绿色全要素生产率（Agricultural Green Total Productivity Factor，AGTFP），其内涵为考虑资源、能源、环境约束的条件下，农业经济增长中剔除资本投入、劳动投入等要素的贡献后所剩余的部分，可衡量农业绿色增长的质量。农业有广义农业和狭义农业之分。广义农业是指种植业、林业、畜牧业、渔业及副业。狭义农业是指种植业，包括生产粮食作物、经济作物、饲料作物等农作物的生产活动。在农业绿色生产率的研究中大多数采用广义农业。本书参考王奇等（2012）、李谷成等（2014）、叶初升等（2016）、李兆亮等（2017）、郭海红等（2018）、高杨等（2018）的相关研究将 AGTFP 界定为广义农业的绿色全要素生产率。

（二）AGTFP 的测算研究

1. ATFP 的测算研究

对 ATFP 的研究国内外学者已有大量的研究成果，在研究对象、研究方法、数据选取、变量选取、变量处理等各有不同。从研究对象来看，有宏观层面以国家为研究对象；有中观层面以地区、省际、地市为研究对象；也有微观层面以调查农户为研究对象。其中宏观和中观层面居多。从研究方法来看，ATFP 测算方法主要有两种方法，一种是参数法，包括代数指数法（Arichmetic Index）、索罗余值法（Solow Residual）、随机前沿分析法（Stochastical Frontier Model，SFA）、柯布—道格拉斯（C-D）函数等。如林毅夫（1992）采用 C-D 函数测算了中国 1978—1988 年的农业生产效率，得出技术效率对农业总产出有一半以上的贡献的结论。另一种是非参数法，包括数据包络分析法（DEA）、Shephard 距离函数（DF）与 Malmquist 指数、方向性距离函数（DDF）和 Malmquist-Luenberger（ML）指数、SBM 方向性距离函数与 Luen-

berger 指数等，以及在此基础上进行的拓展。其中 SFA 和 DEA -
Malmquist 指数用得较多。高帆（2015）采用 DEA-Malmquist 指数分析
法分析了环境规制下的中国区域农业全要素生产率并进行了分解。张华
等（2018）采用 SBM 模型和 Global-ML 指数对陕西省 2000—2016 年
ATFP 增长指数进行测算并分解。张海霞等（2018）采用 Hicks-Moors-
teen 指数法重新测算了四川省 2006—2015 年的 ATFP 并探究其变化
规律。

从数据选取来看，文献中有选用截面数据的，以孟令杰（2001）
为代表；有采用时间序列数据的，以 Hayami（1985）、Wu S.（2001）、
Thirtle C. 等（2003）、陈宏伟等（2012）为代表。近五年来相关研究
选取的数据以面板数据为主。通常采用的方法不同选取的数据要求也有
不同。从变量选取来看，农业全要素生产率本质是效率，衡量的是农业
生产过程中总产量和全部要素投入量的比重。农业投入变量的选取方
面，现有的文献中共同点是都包括土地和劳动力两种要素，在其他要素
的投入方面，各有不同。比如选取四要素论的代表，Hayami（1985）
选取土地、劳动力、资本、化肥四种投入要素。Wu 等（2001）选取土
地、劳动、资本及中间投入四类要素。还有六要素论，比如李谷成
（2009）的投入要素包括了土地、劳动力、化肥、机械、灌溉以及役畜
六种投入要素。另有学者提出七要素论，Fan（1997）选取土地、劳动
力、化肥、机械、灌溉、役畜以及有机肥料七种投入要素。农业产出变
量的选取方面，有三种代表性的选取方法。其一选取广义农业总产值；
其二选取广义农业增加值；其三选取狭义农业的种植业或者具体农作物
总产量。其中选取广义农业总产值的占比比较大。从变量处理来看，倪
冰莉（2010）以当期价格衡量变量，另一观点以不变价格来衡量变量，
因不变价格可以消除价格因素的外在影响，比较真实反映变量变化情
况，成为近五年来的相关文献的首选。从测算结果来看，近五年的文献
得出一致结论：一是中国 ATFP 的增长率保持在 2%—6%，呈不断增长
的趋势；二是区域比较来看，东部地区的 ATFP 增长相较中部和西部地
区要快。

2. AGTFP 的测算研究

农业生产在带来粮食、农作物、农产品等经济产出的同时，也会带

来化肥、农药流失造成的环境污染问题，有必要把环境污染当作要素纳入 TFP 测算中。AGTFP 与 ATFP 测算的不同主要体现在对环境污染要素的处理、测算方法及 AGTFP 的测算指标设定等方面。

对环境污染要素的处理，其一是把环境污染要素作为要素投入。代表性的有：Thijssen G. (1999) 将环境污染作为投入要素评价了荷兰奶牛农场的技术效率和环境效率。薛建良等（2011）将环境要素作为投入采用环境修正法测量了中国农业环境全要素生产率，发现农业环境污染会使农业生产率增长降低 0.09%—0.6%，而且会呈现不同的时期变化。王奇等（2012）采用随机前沿函数，把氮磷流失作为要素投入，测算了中国农业 1992—2010 年的绿色全要素生产率变化指数，与传统的全要素生产率进行了比较分析，得出结论：研究期内 AGTFP 与传统 TFP 差异不大，东部地区 AGTFP 年均增幅高于 ATFP，中部地区二者基本相等，西部地区 AGTFP 低于 ATFP。Murty S. 等（2012）将环境污染作为投入要素构建了环境技术集。李兆亮等（2017）把农业面源污染作为要素投入，采用 SFA 函数估算了农业绿色生产效率，得出区域差异明显的结论。

其二是把环境污染要素作为非期望产出变量。代表性的有：Ball 等（2001）运用 ML 指数法把氮、磷、杀虫剂的流失作为非期望产出对美国 1972—1993 年农业发展的全要素生产率进行测算，得出水污染减少的州的 ML 指数较高的结论。Rezek 等（2004）采用 Malmquist 指数把氮素、杀虫剂流失作为非期望产出对美国四个平原州 1960—1996 年的农业 TFP 进行测算，得出纳入环境污染后的 TFP 年均增长率比未纳入的下降 0.27% 的结论。Nanere 等（2007）采用增长核算方法把水土流失作为一种非期望产出测算了澳大利亚大农场 1953—1994 年的 AGTFP。Shen 等（2017）基于 Luenberger 指数法把环境污染作为非期望产出测算了 OECD 国家的绿色全要素生产率，得出技术进步是绿色生产率增长的决定性要素的结论。葛鹏飞等（2018）把农业碳排放作为非期望产出，采用 SBM-DDF 法和 Luenberger 指数测算了 2001—2015 年中国 AGTFP，提出依赖 AGTFP 实现农业绿色发展尚有较长的路要走。

采用的方法以 SFA 法和 Malmquist-Luenberger 指数法较多。对

AGTFP 测算指标的设定的思路不同，决定了 AGTFP 的测算体系的差异。潘丹等（2013）把水资源和农业面源污染因素同时纳入农业生产率的分析框架中，采用 Malmquist-Luenberger 指数对中国 1998—2009 年 31 个省份的农业全要素生产率进行测算，认为考虑资源环境约束的农业全要素生产率显著低于传统不考虑资源环境约束的测算结果，而且东部地区要高于中西部地区。李谷成（2014）把农业污染作为非合意产出要素，采用非径向、非角度 SBM 方向性距离函数法对资源与环境双重约束下农业绿色生产率增长进行核算，认为环境规制与农业发展的波特"双赢"假说是存在的，对农业增长的作用是顺周期的，每个阶段都表现出了不同增长模式。区域差异明显，东部 AGTFP 增长快于中部和西部，西部最慢。叶初升等（2016）采用 SBM 模型、方向性距离函数和 GML 指数对中国 ATFP 进行了测算，得出结论是不考虑污染因素的 ATFP 会被高估近一倍。郭海红等（2018）采用 EBM 模型和 ML 指数测算了 2005—2015 年中国 AGTFP 水平。大部分学者测算结果表明，考虑环境因素的 AGTFP 一般情况下比 ATFP 低，在少数环境规制严格的时期和地区 AGTFP 增长比 ATFP 高。

（三）AGTFP 的区域差异及收敛性研究

收敛性也被称为趋同性，是根据长期均衡理论，不同水平的经济增长最终会趋向同一水平。由于不同地区的资源禀赋、投入要素等抑制性，使得农业区域之间的差异较大，研究 AGTFP 区域差异及收敛性具有重要意义，正是因此，国内外学者对此进行了大量研究。

学者的研究层面各有不同。一是以宏观层面（国家）作为研究对象，以 Rezitis（2005）、Alexiadis（2010）为代表，研究对象涉及欧盟 14 国、全球 50 个国家、美国及 9 个欧洲国家等。二是以中观层面（地区）为研究对象，以李谷成（2009）、Liu 等（2011）、田伟等（2012）、韩海彬等（2013）、聂弯（2017）、葛鹏飞等（2018）为代表。采用的方法以 σ 收敛、β 收敛（绝对 β 收敛和条件 β 收敛）、俱乐部收敛以及面板单位根随机收敛为主。对 ATFP 的长期动态分布也有了一些研究，如尹朝静等（2014）运用核密度估计法与马尔科夫链方法对中国省际 ATFP 增长的分布形状与内部流动性两个方面的动态演化趋势进行了研究，并得出省际 ATFP 两极分化明显，呈现出"俱乐部趋同"的现象的结论。史常亮等（2016）基于 SFA 模型和 Malmquist 指数测算了中国 ATFP，并对地区差异进行了随机收敛性检验，认为中国农业地区差异明显，不存在随机收敛趋势。考虑环境因素的 AGTFP 的收敛性的研究呈增长趋势，如韩海彬等（2013）利用 Malmquist–Luen-berger 生产率指数方法在单元调查法的基础上对环境约束下的中国农业全要素生产率进行了测算并进行了收敛性分析，认为环境约束下中国各地区 ATFP 都存在 σ 收敛和绝对 β 收敛，但是 σ 收敛趋势并不稳定。潘丹等（2013）基于环境污染视角对 ATFP 收敛性进行了检验，认为各地区考虑环境污染因素后的农业全要素生产率不存在绝对收敛和随机收敛，呈现出显著的条件 β 收敛性特征。唐德祥等（2016）对西南地区的农业面源污染利用清单分析法进行核算，采用 Malmquist–Luenberger 生产率指数法对农业全要素生产率进行核算，并进行收敛性检验，认为环境约束下西南地区农业全要素生产率存在 σ 收敛和绝对 β 收敛，但是 σ 收敛趋势并不稳定。郭海红等（2020）采用核密度函数和马尔科夫链分析中国 2005—2015 年 AGTFP 区域差异的动态演变，结果表明 AGTFP 区域间差异不会自动消失，长期内难以达到稳态。

（四）AGTFP 影响因素研究

对 AGTFP 影响因素的考察需要综合考量"资源—能源—环境—经济"系统，对此目前尚没有统一的理论框架，学者往往基于数据的可得性和研究目的选取合适的影响因素。归纳起来主要侧重于制度因素、政策因素、自然因素、气候因素、劳动力因素、空间因素。

Chen P. C. 等（2008）运用产出导向的 Malmquist 指数测算并分解了中国的农业生产率，认为技术进步是 ATFP 的主要推动力量，回归分析表明农业税收减免、政府在 R&D 基础设施的投资、市场机制完善、教育投资及灾害减少等因素会影响农业 TFP。陈刚等（2010）及彭代彦等（2013）考察劳动力因素的影响效应，分别研究了教育和老龄化的不同影响。潘丹（2012）把空间因素纳入到农业绿色生产率的影响因素中，选取空间地理因素、农村经济发展水平、农业产业结构、农业灌溉设施投资、农村制度、城乡收入差距、工业发展程度、对外开放水平、产业集聚、农村人力资本以及资源环境治理政策等几个方面采用空间面板计量模型进行回归，得出地理因素对中国农业绿色生产率具有显著的影响、区域间农业绿色生产率具有显著的空间正相关关系的结论。李谷成（2014）对 1978—2008 年中国 AGTFP 采用横截面固定效应模型分析制度因素包括家庭联产承包责任制、农产品价格体制改革、农村工业化变量、农业公共投资变量、农业税费改革、农业开放度变量等对 AGTFP 的影响，认为不同时期各制度变量作用不尽相同。梁俊（2015）考虑了制度因素、政策因素和气候因素，选取了农业贸易条件、农村工业化变量、农业公共投资、农业税负、农业基础、农业结构、受灾率等方面的变量，选取面板数据截面固定效应模型进行估计，认为农业税的减免促进了 AGTFP 增速的提高，农业财政支出的影响并不显著。此外，工业化、城市化的推进和农业贸易条件阻碍了 AGTFP 的增速。Dhehibi B. 等（2016）运用增长会计法对埃及农业的 TFP 进行了测算并分析了其影响因素，认为农业基础设施是制约农业全要素生产率的关键因素。Lopez-Rodriguez J. 等（2017）基于欧洲 26 个国家 2004—2008 年的面板数据开创性地分析了非 R&D 创新行为对 ATFP 的影响，认为非 R&D 的作用要弱于 R&D 的影响作用。吴传清等（2018）基于 SBM 模型和 GML 指数以长江经济带为样本，测算其 AGTFP 并利用 FGLS 分析其影响因素，并提出机械化水平、人力资本存量、财政支出水平是关键的影响因素。

（五）粮食安全与农业绿色全要素生产率关系研究

粮食安全的保障需要各产业协调推动，但首要的是提高农业 TFP 水平（POSTnote，2006）。未来农业及粮食安全只有借助新的农业技术（Garnett et al.，2013）。农业生产率提高可以通过两种渠道促进粮食增产，一是在同样的资源水平下提高粮食产量（朱晶等，2017）；二是通过提高农民生产积极性促进粮食生产的正向反馈效应（Lambert et al.，2010）。加大农业科技投入，既可以提高农业产出效率，还可以开发后备粮食资源（展进涛等，2019；孔祥智等，2000）。由于农业生产率对粮食安全的重要性，如何提升农业全要素生产率（ATFP）更好保障粮食安全成为研究的热点（Kolawole，2014）。但是，基于化肥、农药等生化技术带动的农业增长模式会付出严重的环境代价，而忽视资源、能源消耗和环境约束度量农业全要素生产率，容易导致测度结果偏离实际农业生产（郭海红，2021）。因此，充分考量资源、能源和环境约束，测算所得即农业绿色全要素生产率。由此可见，研究粮食安全时，存在就粮食论粮食的单向思维，而粮食安全是农业发展的首要任务，农业三产紧密关联，农业生产经营行为密不可分，有必要基于强可持续发展的理念深度分析粮食安全对农业绿色全要素生产率的影响机制。

（六）文献述评

综上，已有研究取得了丰富的理论成果，为实践提供了有力的支撑，但仍存在不足：

第一，对于粮食安全内涵的认识不够全面，囿于产量等指标。对粮食安全评价体系缺少共识性认识。

第二，对比 ATFP 和 AGTFP 的测算的相关研究，研究数量上，AGTFP 的相关研究要少得多。研究对象上，AGTFP 以宏观视域的国家为主，中观视域的省际和区域比较相对较少。研究的时间上，没有统一的标准。变量选取方面是 AGTFP 和 ATFP 的最大不同。研究方法上，采用 SFA、DEA、非径向、非角度的 SBM 模型的较多。SFA 的优点在于考虑了随机干扰因素，可描述多种生产单元的生产过程，但是 SFA 法假设随机干扰因素服从断尾正态分布，适合多投入、单产出形式，在环境约束下存在期望产出和非期望产出的情形难以做出测算和解释。传统的 DEA 模型如 CCR 模型和 BCC 模型只能测算静态的技术效率，难以反映其动态情况。非径向、非角度的 SBM 模型能够避免径向的、角度的传统 DEA 的会高估 AGTFP 的缺陷，但不管是传统的 DEA 模型还是 SBM 模型都不能处理投入和产出变量同时具有径向和非径向特征的情况。因此对变量的合理取舍和选用合适的方法对全面客观衡量 AGTFP 具有重大影响。

第三，AGTFP 区域差异及收敛性研究方面存在以下几点不足：其一，现有文献对 AGTFP 收敛性的研究较少，主要以传统的 TFP 以及能源、碳排放约束下的 ATFP 的收敛性为主。其二，对地区的收敛性检验方法主要以新古典经济学为基础的 σ 收敛、β 收敛（绝对 β 收敛和条件 β 收敛）、俱乐部收敛，主要从时序视角考察区域差异的收敛性，从空间视角考察 AGTFP 区域收敛性的鲜见。

第四，对粮食安全对农业绿色全要素生产率的作用机制的分析匮乏，且多考虑因素的线性影响机制，而忽视对因素的中介、调节作用及空间交互作用产生的非线性影响。对区域异质性重视不足，难以诊断区域差异根源。

第四节　本书的边际贡献

第一，基于结果导向界定粮食安全为数量、质量、结构安全的有机融合，并构建系统的评价指标体系，从单个维度和多个维度两个层面对中国粮食安全基本情况进行科学的评价。

第二，在 AGTFP 测算的变量选取方面，考虑到农业生产系统的复杂性，注重农业高产出的同时，也需关注资源、能源和环境污染的多重约束，把"资源—能源—环境—农业经济"纳入一个分析框架才能真正体现 AGTFP 内涵。因此，在传统的生产要素理论基础上把水资源、电能源作为投入要素，构建生产要素五元论，同时把农业面源污染和碳排放作为非期望产出要素，构建 AGTFP 理论分析框架，以完善 AGTFP 理论。

第三，在测算方法方面，农业产出既有期望产出也伴随非期望产出，当存在非期望产出时，农业投入要素中的土地和水等资源要素和非期望产出之间不可分，它们之间是径向的，但其他的投入要素比如劳动力、资本和产出之间是非径向的，而 EBM（Eslion-Based Measure）模型既考虑了投入产出径向又考虑了非径向的情况，可以一定程度上弥补 SFA、传统 DEA 以及 SBM 的缺陷。因此，本书将 EBM 模型拓展至包含非期望产出的 EBM 模型并融入熵权法对其改进用于测算静态 AGTFP，同时结合全局 Malmquist-Luenberger 指数（GML）动态测算 AGTFP 增长并分解，以探究 AGTFP 增长源泉。

第四，基于强可持续发展理念，静态与动态结合、线性与非线性结合，对粮食安全对农业绿色全要生产率的影响机制进行全景式揭示和解释，深化粮食安全与农业绿色全要素生产率关系研究。

第五，从产业经济学和空间经济学双重视域，融合空间相关性和空间异质性，诊断区域差异的根源，为因地制宜的政策设计提供参考。

第五节 研究方法

根据研究内容，采用多种方法综合进行理论和实证研究。

一 文献研究法

首先，对国内外文献进行梳理，识别研究的学术问题并找出本书的切入点。其次，在研究方法的选取上，基于文献研究结合 AGTFP 的特点选用合适的测算指标、计量模型。最后，在关键影响因素的识别上，也基于大量文献研究的结果，科学选取有价值的关键因素，师出有名，更有说服力。

二 比较研究法

第一，本书为更好地考察资源环境因素的影响，把 AGTFP 和 ATFP 进行了比较。第二，从时间和空间两个维度比较了 AGTFP 及其分解情况的变化趋势，为更好地缩小区域差异，实现农业统筹协调发展做参考。

三 计量经济分析法

基于改进的 EBM 模型和 GML 指数法分别从静态和动态测算 AGT-FP。采用新古典收敛法（绝对 σ 收敛、绝对 β 收敛和条件 β 收敛）、俱乐部收敛分析 AGTFP 随时间演化趋势，采用核密度函数法分析 AGTFP 地区差异随时间动态演变趋势。

四 空间计量分析法

采用莫兰指数和 LISA 聚类分析 AGTFP 的空间效应。构建动态空间收敛模型检验 AGTFP 的动态收敛性，构建空间马尔科夫链解析 AGTFP 的空间流动性，构建空间面板模型检验空间相关性和空间溢出效应。构建空间杜宾模型萃取 AGTFP 的关键影响因素并分析影响机理。

第二章　理论基础

　　绿色全要素生产率的理论和方法来自于经济增长理论，绿色全要素生产率的增长已然成为衡量经济是否健康发展的重要标志。本章对产业经济理论、经济增长理论、生产率理论、资源环境经济理论以及测算方法等 AGTFP 相关理论进行梳理，为更科学、准确地度量粮食安全及 AGTFP，并进一步对时空分异规律深入探究、影响机制解析等相关研究奠定牢固的理论基础。

第一节　产业经济理论

一　产业组织理论

　　产业组织理论关注的核心问题是在生产要素投入既定的条件下，应该采取什么途径增加产出、扩大有效供给、提高生产效率。相关产业组织问题涉及生产要素如何有效配置，企业组织结构如何优化，生产效益如何提高，生产的积极性如何激发等。解决一系列问题的关键在于产业内部各组织之间的相互关系的结构是否合理。在产业组织理论中代表性的理论是 SCP 理论，SCP 理论是由哈佛大学学者乔·贝恩（Bain，1958）创立，他在吸收和继承新古典经济学派的马歇尔的完全竞争理论、张伯伦的垄断竞争理论和克拉克的有效竞争理论的基础上提出，故被称为哈佛学派，该理论以新古典学派的价格理论为基础，基于实证研究的手段，从结构、行为、绩效方面对产业进行分析，构建了市场结构（Structure）—市场行为（Conduct）—市场绩效（Performance）的理论分析框架（也被称为 SCP 范式），该理论着力强调市场结构起的作用，认为市场结构会决定产业内组织的竞争状态，并影响企业在市场中的行为及战略选择，而企业的市场行为直接决定其市场绩效，若要改变市场绩效，则需要依赖产业政策调整市场结构。所以，市场结构可以决定市场行为和市场绩效。该理论认为，产业内部的企业不可能是完全同质的，一定会具有规模和产品的差异化，因企业间规模的差异会导致垄断。不同产业的规模经济要求也具有不同的要求，故而不同产业会具有完全不相同的市场结构特征，不同产业的市场竞争格局与规模经济之间的关系会促成不同产业的集中程度的差异，产业集中度的大小与企业在市场竞争中追求规模经济的效果有关，如果某企业可以在规模经济上达到垄断地位，则可能会利用其垄断地位与其他垄断者合谋以达到获取超额利润的目的，进而搭建产业进入壁垒以获取长期化的超额利润。可见，SCP 范式把产业组织的规模经济促成的结构特征作为企业获取长期利润的来源。此外，SCP 范式还从特定行业结构、企业行为、经营绩效三个方面分析了产业内行业或企业在受到外部冲击时的行为变化及战略调整。其中，行业结构指外部环境变化对企业所在行业结构产生的影响，涵盖行业竞争态势、产品需求、细分市场及经营模式等的变化。企业行为指的是企业受到外部环境冲击及行业结构发生变化后，企业可能采取的如业务整合、业务扩张或缩紧、管理变革等系列措施。经营绩效则指的是在外部环境变化后企业在利润、成本、市场规模等方面的变化。外部冲击指的是政治、经济、文化、技术等外部环境的变化。

二　产业结构调整理论

产业结构调整理论关注的核心问题是不同发展速度的国家或地区如何保持经济地位，发达国家考虑如何保持领先地位，发展中国家则考虑如何缩短与发达国家之间的差距实现赶超。而一国经济的发展不能单纯追求数量提升，还要追求以产业结构升级为标志的质量升级，但在供求结构差异的影响下，不同产业之间的产值增速会有明显差异，生产效率较高、经济和社会效益较好的产业增速会比较快；反之，则较慢。产业增长速度高于产业平均增速的产业占国内生产总值的比例会逐渐提高，因而，会促进产业结构逐渐向高级化演进，因此，产业结构调整与经济增速之间具有互为因果、相互促进及相互制衡的内在关系，一方面，产业结构调整为经济增速提升产生结构性的助力作用；另一方面，经济增速为结构调整提供市场或社会需求条件。产业结构调整理论中比较有代表性的理论包括刘易斯的二元结构转变理论、赫希曼的不平衡增长理论、配第—克拉克定律及库兹涅茨的人均收入影响理论。

（一）刘易斯理论

刘易斯理论建立在三个假定条件上：一是农业边际劳动生产率近乎零或等于零。二是农业部门转移出来的劳动力的工资水平取决于农业的人均产出水平。三是农业收入中的储蓄倾向低于城市工业中的利润储蓄倾向。因第一个假定和第二个假定，则农业剩余劳动力对工业的供给价格低，加上工业的边际劳动生产率要远高于农业剩余劳动力的工资，因而，工业发展就可以从农业中掠取廉价的劳动力，并在劳动力供给价格与边际劳动力利润差额中获取利润。因第三个假定，工业发展对农业剩余劳动力的吸纳能力提升，并进一步产生累积效应，继而，农业劳动力的边际生产率不断提升，工业劳动力的边际生产率不断降低，最终农业与工业劳动力的边际生产率相等，工业与农业的二元经济结构转变为一元经济结构。

（二）赫希曼的不平衡增长理论

该理论认为，因发展中国家资源的稀缺性难以对所有部门进行投资，而只能把有限的资源选择性地投入到某些行业，促进有限资源的价值最大化，从而形成不平衡增长的局面。而且，发展中国家有限的资本会在社会资本与直接生产之间进行替代性配置，所以，产生两种不平衡增长的路径：一种是"短缺式发展"，先对直接生产资本投资，进而引起社会资本短缺，社会资本短缺进一步引起直接生产成本的提升，进而促使投资转向社会资本，以实现直接生产资本和社会资本间的平衡，继而，再对直接生产进行投资引发新一轮的不平衡增长。另一种是"过剩式发展"，通过先向社会资本投资，待社会资本和直接生产资本均衡后再进行第二轮投资。

（三）配第—克拉克定律

配第—克拉克定律由英国经济学家配第和克拉克共同研究而得名，其核心观点是：伴随着人均收入水平的不断提升，劳动力会首先由第一产业向第二产业转移；随着人均收入水平进一步提升，劳动力会大量转移到第三产业。相较农业，工业收入更多；相较工业，商业收入更多。

工业比农业的附加值高、商业比工业的附加值高。世界各国的国民收入水平的差异及所处的经济发展阶段不同，其关键在于产业结构的不同。

（四）库兹涅茨的人均收入影响论

库兹涅茨基于配第—克拉克定律，以人均国内生产总值份额为基准，研究了总产值变动和就业人口结构变动之间的规律，即产业结构变动受人均收入的影响。

第二节　经济增长理论

经济长期增长的动力来源是经济增长理论一直在探寻的核心问题。围绕这一问题，经济增长理论和模型不断推陈出新，大致有六种典型性代表：古典经济增长理论、新古典经济增长理论、新经济增长理论、现代经济增长理论、可持续增长理论、绿色增长理论。

一　古典经济增长理论

Adam Smith（1776）界定经济增长为"社会总财富的增加和国民收入的增长"，经济增长的直接动力源泉来自于劳动者数量的增加和劳动效率的提高。尤其重要的是劳动效率的提高。为此，他提出著名的分工理论，认为劳动分工可以提高劳动熟练程度，减少更换工作时间，带来工具改良和发明，促进劳动效率的提高，增加资本积累。此外，他认为资本积累可促进分工提高劳动效率，增加资本存量，间接促进经济增长。David Ricardo（1817）侧重于分配问题，提出"报酬递减规律"，认为"随着人口的增加，土地的产出值会减少，资本家利润减少，资本积累减少，经济增速放缓，甚至出现人口、资本增长停滞状态"。Thomas R. Malthus（1788）在人口内生的假定条件下，认为人口数量会随经济增长而呈增长趋势，而土地产出是边际递减的，人口增长会超过产出增长，到一定程度会出现经济产出不能支撑人口生存的状况，死亡率随之上升，经济增长出现停滞状态。Karl Marx（1867）对前人的研究有所延伸，把经济增长动因归于人口、资本积累及劳动生产率。指出劳动生产率提高的根源在于技术进步，技术进步的推动在于资本家对剩余价值的追求。马克思意识到技术进步的重要作用，但对技术进步的连续性没有做深入探讨。总之，古典经济增长理论把经济增长的因素归于人口、土地和资本，对分工也有一定程度的重视，但对技术和资源的作用没有深入研究，且结论具有较强的悲观色彩，否定了经济的可持续发展性。

20 世纪 30 年代的全球性经济危机引发了经济理论的革命性创新——"凯恩斯革命"，以凯恩斯的储蓄等于投资（I=S）的静态均衡为基础进行动态分析成为热潮。其中英国 Harrod（1939）和美国 Domar（1946）分别提出哈罗德模型和多马模型，合称哈罗德—多马模型。模型的基本公式表达为：

$$g = s/v \tag{2-1}$$

其中，g 表示经济增长率，s 表示储蓄率，v 表示增量的资本—产出比率。

"哈罗德—多马模型"的基本前提假定是资本和劳动不能替代，生产技术水平一定，也就是 v 在一定条件下固定，因此经济增长率 g 只与储蓄率 s 有关，经济增长的唯一动力源泉是资本积累，把其他因素排除在外，经济增长呈"刀锋"式特点。

二 新古典经济增长理论

在修正哈罗德—多马模型的基础上，美国索罗（Solow）和英国斯旺（Swan）在 1956 年提出了新古典增长理论模型，通常称为索罗模型。模型的表达式为（2-2）：

$$\frac{\Delta Y}{Y} = \alpha \frac{\Delta K}{K} + \beta \frac{\Delta L}{L} + \frac{\Delta A}{A} \tag{2-2}$$

其中，$\frac{\Delta Y}{Y}$ 代表经济增长率，$\frac{\Delta K}{K}$ 代表资本增长率，$\frac{\Delta L}{L}$ 代表劳动增长率，$\frac{\Delta A}{A}$ 代表技术进步增长率，α 和 β 代表资本和劳动的产出弹性系数，该模型把资本、劳动和技术进步纳入一个分析经济增长的框架中，认为广义技术进步或者说是全要素生产率是唯一可以保持经济稳定增长的外生变量，长期经济增长中劳动和资本要素不会起决定作用，对技术进步的决定性作用十分推崇。相较哈罗德—多马模型，索罗模型更完善的地方是综合考虑了资本、劳动、技术进步的作用，特别强调技术进步对经济长期增长的决定性作用，而且认为技术水平也是可变的，引入外生变量技术进步，奠定了外生经济增长理论的基础。但是索罗模型也有缺陷：一是它假定劳动和资本可以互相替代，要素可以实现完全利用，违背现实情况。二是储蓄和技术进步都是被排斥在经济系统之外的外生因素，全要素生产率只是提及，并未做深入探究。三是无法解释经济区域差异。因此，新古典经济增长理论对长期经济增长的解释乏力。

三　新经济增长理论

为更合理地解释经济的长期增长，以阿罗（Kenneth J. Arrow，1962）、宇则弘文（Hirofumi Uzawa，1965）、谢尔（Karl Shell，1967）、罗默（Romer，1986）、卢卡斯（Robert J. Lucas，1988）为代表的学者强调技术进步的决定作用，把技术进步作为内生变量，这就是新经济增长理论也称内生增长理论。阿罗的"干中学"模型认为企业既可以通过生产经验累积来提高技术水平，也可以通过向其他企业学习提高技术水平进而提高生产效率，技术进步是资本积累的附属品。在此基础上，罗默（1986）认为，知识积累是独立于劳动、资本之外的生产要素，因知识的外溢性使得知识资本具有边际效率递增性，因此增加知识资本的投入可以保持经济长期增长。同时，他认为可通过 R&D 活动促进技术创新，技术创新是技术进步的来源，技术进步是经济增长的源泉。卢卡斯则排除了劳动、资本、自然等因素的影响，把人力资本作为经济增长的内生要素，提出人力资本理论。人力资本也具有正向的溢出效应，增加人力资本投入可实现收益递增，进而保持经济长期增长。由此可以看出，新经济增长理论从内生的视角探寻经济长期增长的动力因素，有较大的进步。但从文献梳理来看，学者并没有形成统一理论框架，分别从不同的角度来解析经济长期增长动力因素，这是该理论的不足之处，但也反映了视角的延展，为找到经济增长的路径奠定了基础。另外，该理论没有提及资源环境因素对经济增长的约束性作用，对制度的作用和全要素生产率的作用也没有考虑，导致该理论可操作性不强。

四　现代经济增长理论

1972 年，罗马俱乐部的梅多斯《增长的极限》的发表引起世界范围内对"资源—环境—经济增长"之间关系的讨论，越来越多的学者关注增长的极限，现代经济增长理论应运而生。代表性的如 Becker

（1982）、Ligthart 和 Ploey（1994）、Schou（1996）、Bovenberg 和 Smulders（1996）、Aghion 和 Howitt（1998）。现代经济增长理论把资源环境约束性以及制度因素纳入内生经济增长理论的框架中，既弥补了内生经济增长理论的不足，又保留了其核心思想，对寻找到经济长期可持续发展的路径具有重要的指导意义。但由于资源环境与经济增长之间的关系比较复杂，目前尚没有完整的理论分析体系。

五　可持续增长理论

现代经济增长理论认识到资源环境的约束，但尚没有形成共识性的认识框架，在生态环境、自然环境日趋恶化的趋势下，资源和能源的承载力有限已成为共识，经济与社会发展不能以耗费资源和能源为代价。资源、能源、环境的可持续性才是社会可持续发展的前提。在 1987 年世界环境与发展委员会第八次会议上，就"人类发展未来"展开了积极的讨论并发布"我们共同的未来"的报告，其中详细阐释了资源、环境与经济增长之间的关系，并首次提出可持续发展理念，并引起广泛关注和深度研究，形成可持续发展理论。可持续发展理论的观点是，经济发展不单单是经济增长，而应该是平衡经济、社会、环境关系，实现协同发展的发展模式，其终极目的是社会福利增加，人民生活富裕，生活质量提高，其发展的前提条件是生态环境的优化。三者是耦合协调关系，既不是单纯地注重经济增长忽视资源环境约束，也不是单纯地为了保护环境节约资源而降低经济增长速度。在有效利用有限的资源、能源的基础上，注重环境保护，保持稳定的经济增长速度，才是可持续发展的内在要求，注重经济增长速度，也注重经济增长质量。有观点认为，施行严格环境规制会产生反向影响，导致难以承受的高成本，甚至会使一些企业退出市场，制约经济发展。实际上，相较环境破坏产生的成本，因环境规制产生的成本低得多。另外，环境规制倒逼高污染、高能耗行业退出的同时，带来节能环保型行业的新契机，并可成为经济增长的新高地。在资源、能源、环境的约束下，需要把环境污染、资源浪费纳入核算体系，迫切需要科学的核算方式。以可持续发展理念为指导，由"褐色"经济转向"绿色经济"成为必然，绿色发展理念成为世界范围内广泛认可的新型发展理念。基于此，农业生产中也需要降低对资源、环境、能源的负向影响，对农业生产效率的评价也需要纳入对资源、环境等要素的考量，抵制"高投入、高能耗、高污染"的粗放式生产方式，追求"低投入、低能耗、低污染"的绿色增长方式。

六　绿色增长理论

1962年，雷切尔·卡逊著作的《寂静春天》出版，被界定为生态经济学著作，书中探究了农业生产过程中的化肥、农药等生化用品的过量使用问题，认为过量的化肥、农药使用直接地会破坏耕地结构和土壤环境，间接地会污染农业、农村生态环境，进而导致生物物种减少甚至灭绝，对农业生产造成恶性影响，对经济社会发展带来灾难性影响。此观点引起巨大社会反响，更新了公众对环境污染的认知。尽管此书的观点没有获得学术界的广泛认可，甚至遭到一些生产厂商及政界人士的抵制，但是经济发展与资源环境间的制衡关系可看作是绿色增长理论的源头，在此之后屡屡发生的环境污染事件，进一步激起学术界对经济发展与资源环境间制衡关系的关注，二者之间的制衡关系得到广泛认可。此后，1972年联合国召开的"人类环境大会"开启了环境保护时代，环境保护、污染治理成为经济发展关注的重大议题。在1989年英国经济学家皮尔斯所著的《绿色经济蓝皮书》中提出"绿色经济"，它是需要经济、社会、自然系统协调发展的经济增长模式，如果经济增长速度超过自然资源的承载力，经济和社会发展会因自然资源的约束而出现永久停滞的状态。它从环境经济学视角对可持续发展进行了深化，强调可持续性的经济发展模式，奠定了绿色增长的理论基础，开启了经济研究的新视角，但是它把"绿色"限定在了环境污染上，强调环境保护的意义，尚没有把环境因素纳入经济分析框架中，更没有研究经济与环境之间的作用机制，把环境保护作为经济发展的外生变量，对绿色增长关注点主要在于环境经济学视角下的环境政策的制定，还没有深化到经济视角的经济与环境之间的相互作用关系的研究。

之后，随着可持续发展和绿色经济的提出，环境因素受到广泛关注，但很长一段时间里，学术界仍然把经济增长和生态环境当作两个独立体，为数较少的学者研究二者之间互动关系，更难以深化到实践中给出切实的政策建议。因此，尽管环境问题受到重视，但发展理念并没有很大变化，资源、能源持续高投入而导致环境污染加剧、资源能源紧张对生产活动产生严重制约，资源、能源、环境对经济的反作用力日趋强烈，促使学界探讨资源、环境与经济发展之间的互动关系，促生"资源—环境—经济"一体的绿色经济研究范式。各国政府也扩大绿色增长导向的政策范围，宏观调控、微观助力推进资源环境约束下的经济可持续性增长。至此，绿色增长的内涵真正由环境污染治理拓展至经济与资源、环境之间均衡发展的增长模式，并逐渐衍生出"循环经济""生态经济""绿色产业"等绿色发展概念，绿色延伸到各个生产部门。值得一提的是，"绿色增长"理念的深化和延伸主要归于世界性危机频发，相当一部分绿色政策的根本目的还是经济增长，资源环境因素没有放到等量级的程度。随着绿色政策的实施，经济并没有在世界性危机背景下实现突破式增长，而资源环境保护的效果是可见的明显，生态环境改善也能大大提高居民获得感成为广泛认同的观点，至此，"资源—环境—经济"才真正被作为同量级的系统对待，资源环境被看成是经济增长不可或缺的前提条件，而不是"配角"。在农业领域，界定农业绿色增长为：在土地、水等资源和生态环境的承载力范围内，农业经济量和质保持可持续增长的增长模式。

第三节　生产率理论

生产率理论的发展是紧随经济增长理论的演变历程而发展的，从古典经济增长理论对劳动效率的关注开始，生产率理论沿着单要素生产率理论—全要素生产率理论—绿色全要素生产率理论的发展历程不断完善。

一　单要素生产率理论阶段

古典经济学的代表人物之一亚当·斯密提出分工理论，认为分工可以简化劳动，可以促进机器的发明，可以提高劳动生产率，强调劳动生产率对经济增长的作用。另一代表人物萨伊（Say）认为社会必不可少的三要素为劳动、土地、资本，并把生产要素看作是创造商品价值的不可或缺的要素，要素在创造效用的过程中提供生产性服务并获得收入，分别为工资、地租和利息，并把它们界定为创造效用的生产费用，由此决定商品价值，这便是价值论。基于价值论，劳动与产出比界定为劳动生产率，资本与产出比界定为资本生产率。由此可见，价值论衍生出了以边际效用价值为基础的边际生产率理论。其实早在 19 世纪 70 年代，庞巴维克（Bohm Bawerk，1963）基于边际效用价值论提出迂回生产提高生产效率，这也成为边际生产率理论的奠基。杜能（Thunen，1826）最早提出边际生产率的概念，后被广泛应用于生产和分配理论中。另有伍德·期图尔特（Stuard）基于克拉克边际生产率提出边际生产率理论。马克思和恩格斯则在劳动价值论的基础上，阐释价值和使用价值、具体劳动和抽象劳动、活劳动和物化劳动等与生产率之间的相互作用关系，进而阐释生产率的具体内容。由此可见，马克思和恩格斯的生产率理论具有严格的假设前提，即劳动价值，生产率更严格限定为劳动生产率。可以看出，早期生产率理论都以生产费用论、边际效用论等价值论为基石，侧重边际生产率的内容和特征的阐释，目的更强调收入分配。边际生产率理论在生产率理论中成为主流，对生产率理论发展具有不可磨灭的重要贡献和重要影响，也被认为是单要素生产率理论的发端，也可认为单要素生产率是边际生产率理论的延伸和拓展，但是单要素生产率理论无法解释要素本身对总产出的贡献，具有一定的局限性。

二 全要素生产率理论阶段

新古典经济理论把资本、劳动和技术进步纳入分析经济增长的一个框架中，特别重视技术进步因素对经济增长的贡献，而单要素生产率理论无法解释。Tinbergen（1942）把时间趋势加入到"柯布—道格拉斯"生产函数中，以此代表生产率水平，首次提出多要素生产率的说法。此后，Robert M. Solow（1957）基于技术中性、生产者均衡、规模报酬不变的假设，结合"柯布—道格拉斯"生产函数，把经济总产出中去除劳动和资本要素之外的"增长余值"界定为全要素生产率，也称技术进步，通常也称索罗余值。索罗的全要素生产率的测算方程为：

$$TFP_t = \frac{dY_t}{Y_t} - \alpha_{kt}\frac{dK_t}{K_t} - \alpha_{lt}\frac{dL_t}{L_t} \tag{2-3}$$

式中，TFP 表示全要素生产率，Y、K、L 分别表示总产出、资本、劳动，α 表示规模报酬不变假设下的劳动和资本的产出贡献份额。

在新古典增长理论的假设条件下，市场出清、资本和劳动可以达到最佳使用效率，根据索罗的测算函数可以直接测算全要素生产率。但是在实际应用时，索罗的算法有较大误差。因为希克斯中性以及生产者均衡等假定条件在实际中并不存在，所以按照索罗的算法得出的全要素生产率实际内涵更丰富，如规模效率、资源配置效率等。正是因此，引领学者对全要素生产率的理论和合理准确的测算展开深入研究。如 Jorgenson 和 Griliches（1967）等把新古典投资理论融合到全要素分析体系中。Aigner（1977）运用随机前沿函数法测算全要素生产率，使全要素生产率的研究领域从理论延伸到应用。Charnes Cooper 和 Rhoades（1978）基于数学规划法提出 DEA-CCR 模型，Banker Charnes 和 Cooper（1984）提出 DEA-BCC 模型，越来越多的学者把数学方法运用到全要素生产率的测算中，力求结果能更贴近现实。

　　虽然全要素生产率经常被看作是技术进步，但本书认为全要素生产率与技术进步不能相提并论。二者的差异为：其一，从计量口径来说，相较全要素生产率，技术进步的统计口径更宽泛，在经济、社会、科技等诸多领域都可以有不同的界定。全要素生产率相较而言更为狭窄，通常指的是投入要素与产出要素的比率。其二，从测算难度来说，技术进步通常较难测算，一般通过代理变量来表示。而全要素生产率的测算方法较多，是可以较容易测算出来的。其三，从增长率的测度看，技术进步的增长率可以直接测量，而全要素生产率增长率测算通常需要设定函数的具体形式，假设前提比较严格，需要给定投入要素价格，具有较强的相对性。当然，二者也有很多联系，具体地：其一，投入产出视角测算的技术进步等同于全要素生产率。其二，技术进步仅是全要素生产率提升的一种驱动因素，技术效率、规模效率等也可以驱动全要素生产率提升。其三，TFP 分解所得的技术进步只能反映技术进步的一部分，除此之外，投入要素的增加等也可驱动技术进步。也就是说，狭义上，投入产出视角的技术进步和全要素生产率的含义接近。广义上，技术进步只是全要素生产率增长的驱动要素之一，除此之外的技术利用效率、管理能力、政策调控能力、有效的制度安排等也可以促进全要素生产率增长。由此比较可以对全要素生产率有更清晰的认识，为了对全要素生产率内涵有更全面的了解，尝试概括其基本特征，主要体现在三个方面：其一，前提条件严苛。对全要素生产率测算时通常假定规模报酬不变，这个假定通常为了简化测算过程，与实际生产过程可能会有差异。其二，测算结果的相对性。全要素生产率通常测算的是所有投入要素的产出率，而所有投入要素是相对的，实际中所有投入要素很难全部涵盖，通常根据测算目的、测算方法、数据可得、理论基础等选择性地筛选投入要素，由于投入要素的局限性，全要素生产率的测算结果是相对的。其三，全要素生产率测算和影响机制分析的复杂性。全要素生产率的测算结果取决于投入要素，而投入要素又受多样化的因素影响，而且，除了投入要素之外的其他因素如结构调整、资源配置、政策变迁、制度优化等对全要素生产率也具有较大影响，除此之外的其他不确定因素也会对全要素生产率带来影响，因此全要素生产率的测算和影响机制分析比较复杂，甚至会有同一地区、同一时期测算的全要素生产率结果不同的结果。

三　绿色全要素生产率理论阶段

现代经济增长理论把资源环境约束和经济增长纳入一个分析框架，寻求经济长期发展的动力源，相应地，资源环境因素也被学者纳入全要素生产率的分析框架中，考虑资源环境因素的全要素生产率研究成为研究的热点。对环境因素的处理也不断改进。一部分学者如 Bergetal（1992）、Mohtadi（1996）、Ramanathan（2005）、陈诗一（2009）等把环境要素作为投入变量纳入生产函数中测量全要素生产率，但污染排放具有产出特性使这种处理显然会扭曲投入产出关系，导致测算结果脱离实际。还有一部分学者利用负产出法、线性数据转化处理法及非线性数据转化处理法等函数转换法把越少越好的污染等"坏产出"转换为越多越好的期望"好产出"，这种做法主观性较强，测算结果不符合实际。为探寻合理的测算资源环境约束下的全要素生产率方法，Chung 等（1997）把方向距离函数引用到全要素生产率的测算中，构建了基于 DEA 和方向距离函数的环境资源约束下的全要素生产率测算方法，被称为 Malmquist-Luenberger（ML）生产率指数。该方法把污染排放等环境因素作为非期望产出纳入全要素生产率测算框架，沿着特定方向可使得非期望产出减少的同时，期望产出同比例增加，测算结果更贴合实际。自此以后，Jeon 和 Sickles（2004）、Fare 等（2005）、Yoruk 和 Zaim（2005）、Kumar（2006）先后基于 DEA 的方向距离函数对资源环境约束下的全要素生产率展开研究，并称为绿色全要素生产率。由此步入绿色全要素生产率时期。中国学者在绿色全要素生产率的研究方面也做了不少尝试。胡鞍钢等（2008）采用方向距离函数对考虑了环境因素的升级技术效率进行了分析。李俊等（2009）采用基于规划法的双曲线产出效率模型对省际绿色全要素生产率分析，认为绿色全要素生产率指标与 GDP 指标没有显著的相关性。陈诗一（2010）运用产出距离函数把能源要素作为投入要素，环境污染要素采取四种方法（不考虑污染因素、污染作为投入要素、污染作为自由处置的期望产出、污染作为弱处置的非期望产出）处理，考察了中国工业 1980—2008 年的生产率及分解，得出考虑环境约束的实际全要素生产率比传统不考虑环境因素的估算值低了很多的结论。胡晓珍（2011）基于熵值法提取环境污染指数并将其作为非期望产出要素，采用 DEA-Malmquist 指数模型测度了中国 29 个省份的绿色全要素生产率，并分析了区域差异和时间变化趋势，认为考虑环境污染因素后，中国的全要素生产率增长率显著下调，中国省域整体上不存在绝对收敛趋势，只有东部地区呈现较典型的俱乐部收敛趋势。李玲（2012）采用 SBM 函数和 Luenberger 指标，同时考虑能源消耗和环境污染因素测算了中国工业分行业的绿色全要素生产率，并对长期变化趋势做了分析，认为工业整体绿色全要素生产率在 1998—2008 年呈缓慢增长态势，工业增长从粗放型向集约型转变刚刚开始。王奇等（2012）采用随机前沿生产函数法，把氮、磷、硫作为要素投入考察了中国农业 1992—2010 年的绿色全要素生产率，认为全国范围内农业绿色全要素生产率与传统的 TFP 没有差异，区域范围内略有不同。王兵等（2014）采用参数化共同边界与 Luenberger 生产率指标相结合的方法，分析环境约束下 2000—2010 年中国区域绿色发展效率和绿色全要素生产率增长情况，得出结论：一是东部地区的绿色发展效率高于中西部地区；二是东部绿色全要素生产率是正增长的，而西部地区是负增长的。李谷成（2014）采用非径向、非角度的 SBM 函数，把农业污染要素作为非合意产出，对资源环境双重约束下的中国农业绿色全要素生产率进行测算，并阐释了农业绿色全要素生产率增长的制度动因。汪锋等（2015）采用超越对数生产函数对中国分省的绿色全要素生产率进行核算并探寻了其影响因素，认为中国的绿色全要素生产率呈稳步增长趋势，经济增长正逐渐由资本、劳动、能源和以 CO_2 排放量为代表的环境容量等要素投入转变为可持续的绿色全要素生产率驱动模式。陈超凡（2016）采用 SBM 函数和 ML 指数结合的方法，对中国工业 2004—2013 年的绿色全要素生产率进行了测算，并运用 SYS-GMM 模型考察了影响因素，得出的结论是中国工业绿色全要素生产率在研究期内出现倒退不收敛情形，绿色全要素生产率低于传统的全要素生产率。冯杰（2017）等采用基于强可处置性假设的方向性距离函数模型（S-DDF）、基于弱可处置性假设的方向性距离函数模型（W-DDF）和基于强可处置性假设下的松弛型模型（SBM）三种 DEA 方法对中国省际绿色全要素生产率进行了测算并做了比较，认为 SBM 模型符合绿色全要素生产率的现实含义。

第四节　资源环境经济理论与 AGTFP

一　资源与环境

资源与环境频现于各种文献中，一方面表明资源与环境的重要程度，另一方面表明资源与环境理论的发展。但对资源与环境之间的关系仍须明确。目前关于资源与环境的关系有下列三种观点：第一种观点认为资源属于环境，该观点表明资源对人类主体地位的客观关系。第二种观点认为环境是资源的一种。该观点强调环境对生产过程的重要性。第三种观点认为资源与环境是截然不同的，应该分别研究。然而，资源与环境并没有隶属关系，二者是对立统一的。从资源环境经济学角度看，资源是经济领域中可利用的自然因素和社会因素，如空气、土壤、水、劳动力、技术等。环境是外界对人类经济活动提供的可能性和约束性。二者具有依存关系，一方面，资源是环境中可利用的部分，资源是环境的重要构成；另一方面，资源边界会因科学技术的发展而拓展，资源与环境可以同步使用。因此，一般情况下把资源与环境看成一个密不可分的整体更科学。

二　经济系统

经济系统是生产力和生产关系在一定地理环境和社会制度下的有机组合。传统的不考虑资源与环境的影响的经济系统可以抽象为家庭、厂商两个部门和商品与要素两个市场，其中，家庭部门作为生产要素的所有者和商品的消费者，作为要素提供者，追求收入最大化。作为消费者，追求效应最大化。厂商作为生产要素的使用者和商品的生产者，以利润最大化为追求目的。两部门通过要素市场和商品市场产生关联和相互作用，在要素市场上，家庭部门向厂商提供各类生产要素，厂商向提供要素的家庭支付等价货币并获得所需生产要素。家庭对要素的供给和厂商对要素的需求关系决定了要素市场上要素的数量和价格。在商品市场上，厂商向家庭提供商品和服务并获得收益，家庭向厂商支付货币并获得所需商品和服务，家庭所需与厂商所供的匹配关系决定了商品市场上商品数量和价格。由此可见，经济系统是由实物、货币及逆向而动而连接形成的循环系统。经济系统具有两大基本特征：一是稀缺性。因人类需求和欲望是无穷的，而满足人类需求和欲望的物质和文化需求需要从自然界获取必需的资源，相较人类需求，资源是有限的，由此决定了经济系统具有稀缺性的基本特征。也因稀缺性决定了经济系统需要和资源、环境系统相协调。二是经济行为主体的逐利性和经济系统的协调性。其一，个人、家庭、厂商等经济行为主体都有自己追求的利益，并在经济行为中努力维护自身的利益，这也是经济行为主体逐利性的来源。其二，作为社会经济系统的一部分需要和整体有机协调，需要兼顾自身和他人、个体和社会、经济和环境之间的整体利益关系；若反之，则整个经济系统难以为继。

三 资源环境经济系统

传统的经济系统重点放在生产和消费上，忽视经济系统所依赖的外部环境系统，对外部环境系统中的资源与环境对经济系统的影响没有重视。而经济系统和资源环境系统是密不可分、相互依存的，相互之间可以交互进行物质、能量和信息交换。资源环境是经济活动赖以进行的基础，忽视资源环境约束，以资源浪费、环境破坏为代价的经济活动，势必造成资源枯竭、环境污染，导致资源环境承载力超载，对经济活动带来不可估计的负面影响。长期以来，水、空气等资源当作无限使用的"无偿资源"，环境被当作无成本的自然废弃物净化之地，然而，不管是从时间还是空间视角看，这种以环境资源无限利用为代价的经济发展方式都是有限的，最终导致"环境退化—资源质量降低—可再生资源再生能力减弱—资源短缺"的恶性循环。究其根本原因，一方面在于资源特别是自然资源与环境等具有非排他性、非竞争性等公共物品属性，产权模糊及市场失灵等外部性导致"公地悲剧"。另一方面在于环境资产管理的社会贴现率与私人贴现率的失调，在资源利用过程中重视近期的、直接的经济效果，轻视长远的自然和社会影响。而经济学家提出的把经济发展导致的环境退化作为特殊的福利经济问题，通过偿付环境损害费用，或者把环境作为"商品"需有偿使用，都没有把握环境问题的本质。资源经济学的观点是，环境应该被看成是资产，是具备多功能的资产，其多功能体现在：一是可为经济活动提供位置空间，如农业用地、基础设施建设等。二是提供公共消费品，如空气、怡人风景等。三是提供自然资源，如水、能源、原材料等。四是接收废弃物。环境的诸多功能间存在相互竞争关系，同一功能的使用者也存在竞争关系，由此，环境被当作公共物品无偿使用的代价是可用资源减少，环境质量下降，反过来又会制约经济活动和社会活动。资源与环境本应是一个不可分割的整体。水等自然资源无一不是载于特定环境中的某种形态且充当环境中物质与能量间转换、传递的媒介，二者还可以相互转化，具有互融、互联的一体关系，通常资源流失与环境污染都是同时或先后出现的。因此，把资源与环境作为一体统一管理才是实现可持续发展的根本，也是资源与环境管理的核心。实现资源可持续利用和有效环境管理的根本在于资源与环境利用规则的厘定，深刻认识经济系统与资源环境系统之间的相互依存关系，只有这样才能既促进经济发展，又能合理利用资源、保护环境，绿色、可持续发展目标才有可能实现。

四　资源环境经济系统与 AGTFP

农业生产活动与自然环境密不可分，属于经济与自然再生产的融合过程，农业生产活动对自然环境具有双重作用：一方面，农业生产活动所需的水、空气、CO_2 等资源取自自然环境，对自然环境具有依赖作用。另一方面，农业生产活动对自然环境具有直接影响，其一反映在农作物等自然生长规律会在一定程度上改变环境中水、碳等作用规律。其二是在农业生产中现代农业技术含量越来越高，提高效率的同时加大了自然环境的负担，导致严峻的农业面源污染，累加农业生产对自然环境的依赖性，会对农业生产过程形成反作用力，降低农业生产效率。因此农业生产活动与资源、环境等关系需要合理考量，才能切实认知农业生产效率。

第五节　农业特质理论

一　农业产业的弱质性

农业相较工业、服务业等其他产业的弱质性特征明显，在生产、消费、流通领域均表现明显。生产领域的弱质性。从生产过程看，农业生产过程表现为植物、动物等的生长、发育过程，自然环境的作用在农业生产过程中必不可少，农业对自然环境的依赖性较强，本质上是自然再生产过程，因此，农业生产过程中的劳动时间仅限于农业生产过程中的一段时间，并不等同于农产品的生产时间，生产时间和劳动时间的不一致决定了农业劳动分工难以实现，由此，因分工滞后形成累积效应，累积效应到达某种程度，会对农业的生产效率产生消极的影响，相较工业、服务业等农业的生产效率较低。从风险程度看，农业的自然再生产性质决定了农业生产受自然环境的影响较大，一方面，农业生产离不开水、土壤、光照等自然条件，这些自然条件是农业生产的本源。另一方面，劣性的自然条件如干旱、洪涝、台风、霜冻、沙尘暴等会对农业生产造成毁灭性影响，而且这些自然条件是难以把控的，即便在科学技术水平较高的条件下也难以完全把控。农业生产容易受到病虫灾害的威胁，病虫灾害对种植业、林业、畜牧业、渔业的影响不是随时有，但一旦发生，对农业就会带来打击性影响。由此可见，自然条件的不确定性、病虫害的侵害性等因素导致农业生产的高风险性。

消费领域的弱质性。消费领域的弱质性主要体现在农产品消费的弱质性。农产品相较工业品或服务需求具有更低的需求价格弹性，而且按照恩格尔定律，随着收入水平的提高，食品的消费支出在总的消费支出中所占比例会呈下降趋势。而工业品的消费并不符合这个规律，收入水平越高，对工业品或服务需求反而会有所增加，因此，农业相较工业和服务业，比较利益的差距会呈增加之势，农业发展速度低于非农业。由此，农业在消费领域也具有弱质性。

农业的弱质性还体现在农产品的消费领域。农产品的消费特点与工业品的消费特点完全不同。根据恩格尔定律，随着人们收入的增长，用于食品消费的支出占总支出的比重反而降低。但是，大多数工业品却不具有这样的有限性，人们对工业品的消费往往表现出多多益善的消费态势，因此农产品的价格弹性与收入弹性低于工业品的价格弹性与收入弹性。这使得农业与工业比较利益的差距进一步拉大，导致农业部门的发展落后于非农业部门。农产品自身需求价格弹性较小的特点决定农业在消费领域的弱质性。

流通领域的弱质性。农业生产的季节性、周期性特征明显，而农产品交换却具有连续性的特征，生产和交换的不对称导致农业生产者难以对农产品价格做出及时、准确的判断和决策，农业生产者的生产决策调整只能在上一个生产周期结束后的下一生产周期进行，决策滞后性严重。在竞争市场中，农业生产者和农产品经营者均无法对农产品价格走势进行准确判断，导致农产品难以根据市场价格实现有效供给，农产品稀缺或过剩的情况难以规避，农产品流通也具有高风险，这种高风险性也会对农业生产者和农产品经营者的生产、经营、投资等活动产生负面影响。由此，流通领域的高风险进一步强化农业的弱质性。

因农业在多领域的弱质性造成其与其他非农产业比较很难具有比较利益，导致与其他产业竞争中处于劣势地位。比如在土地利用方面，随着城镇化的扩展，非农产业用地量日渐增长，加上土地的稀缺性，导致土地价格飞涨，但因土地在农业用和非农业用的报酬率差距较大，农业用地不断被挤占，农业用地流失严重。再比如在劳动力和资金等要素流动方面，因农业的比较利益相对较低，农业劳动力和农用资金大比例地流向非农产业，导致农业生产要素质量日渐低下，对农业发展后劲造成直接冲击，导致农业生产效率低下。再比如在农业技术进步方面，农业技术特别是农业绿色技术科技研发周期较长，投入较高，导致农业技术研发的市场力量不够活跃。由此可见，农业具有天然的弱质性特点，攻克其弱质性，一方面需要不断提高农业科学技术水平；另一方面，需要发挥政府的力量，在相关政策上予以支持。

二　农业的外部性

根据外部性理论，农业具有正外部性。农业的正外部性反映的是农业生产活动会给其他非农部门带来收益，且无须其他非农部门为此支付任何费用。它的外部性主要体现在三个方面：第一，农业对其他非农产业的支持。特别是在工业化初期阶段，该特点表现尤为突出。在很多实施工业化的国家都采取过农业的剩余价值无偿转移到工业上，通过农业为工业发展提供原始积累，农业发展对工业发展产生正外部性。中国就是典型例证，在 20 世纪 90 年代初施行的"优先发展工业"战略，便是通过工农产品的"剪刀差"把农业资金转移到工业领域，从而为中国工业提供了巨量的原始资本。第二，农业对生态环境的正外部性作用。主要反映在提供生态景观和保护生态环境等方面。一方面，农业会提供花卉、森林、农田、耕地、草地、绿植等景观，景观除了本身的公共物品属性外，还会带动农业旅游、休闲、观光、田园文化等产业发展，其正外部性的作用明显。另一方面，农业生产所具有的自然属性特点决定了它在净化空气、涵养水源、减少噪声、降低水土流失、保护生物多样性等诸多方面具有保护作用，农业的生态保护作用对人类的生产和生活还会产生良性连锁反应。第三，农业对人文环境的正外部性作用。特别是在中国，中国拥有悠久的农耕文化，正是农耕文化促进了中华民族的繁衍生息，也带来了丰富的文化瑰宝。具体表现在，一方面，保障了粮食安全，而粮食安全是国家和谐稳定的"压舱石"，农业是粮食供给来源。另一方面，农业是农耕文化传承的不可缺少的介质，农业种植、养殖、农田耕播等农业生产活动可以为农耕文化传承提供鲜活的传承环境。

第六节　AGTFP 测算方法的理论依据

全要素生产率的测算方法需要借助数学方法来进行，根据是否估计前沿生产函数的参数，分为参数法和非参数法。参数法包括代数指数法、索罗余值法、增长率回归法、随机前沿生产函数法。非参数法主要数据包络分析（DEA）法。

一　代数指数法

Abramvitz（1956）认为可以通过代数公式即总产出加权指数/总投入加权指数直接测算 TFP，该法被称为代数指数法。如果用 p_t 表示价格，q_t 表示产量，p_tq_t 表示总产出，如果以 w_i 表示第 i 种投入要素的价格，x_i 表示第 i 种投入要素的数量，则总投入要素加权总和为 $\sum w_ix_i$，那么在完全竞争市场、规模报酬不变、要素可以互相替代的假设条件下，全要素生产率的测算式为：

$$TFP_t = p_0 q_t / \sum w_{i0} x_{it} \tag{2-4}$$

式中，p_0 代表基期的产品价格，w_{i0} 代表基期投入要素价格。按照这一思路，相继提出一些指数方法如 Laspeyres 指数法、Paasche 指数法、Fisher 指数法和 Tornqvist 指数法。代数指数法表达形式简单、直观，但因其前提假设条件过于理想化，脱离实际，且不能对要素生产率分解，因此，代数指数法只处于概念化阶段，实证应用很少。

二　索罗余值法

索罗余值法由索罗（1957）在古典经济增长理论的框架下提出。索罗认为在估算的生产函数的基础上用总产出增长率减去总投入增长率的余值即全要素生产率的增长情况，并把全要素增长界定为技术进步。比较常用的生产函数包括 C-D 生产函数和超越对数生产函数。结合 C-D 生产函数对索罗余值的算法做说明。C-D 函数形式为：

$$Y_t = A K_t^{\alpha} L_t^{\beta} \tag{2-5}$$

式中，Y_t 表示总产出，K_t 表示资本，L_t 表示劳动，α 和 β 分别表示资本和劳动的产出弹性系数。公式（2-5）取自然对数得到式（2-6）：

$$\ln Y_t = \ln A + \alpha \ln K_t + \beta \ln L_t + \varepsilon_t \tag{2-6}$$

ε_t 代表随机误差项。规模报酬不变时 $\alpha + \beta = 1$，由此得到式（2-7）：

$$\ln (Y_t / L_t) = \ln A + \alpha \ln (K_t / L_t) + \varepsilon_t \tag{2-7}$$

对式（2-7）求微分即得技术进步意义下的全要素生产率的测算表达式（2-8）：

$$TFP_t = dA/A = dY_t / Y_t - \alpha dK_t / K_t - \beta dL_t / L_t \tag{2-8}$$

索罗余值法开创了经济增长全员分析的先河，在全要素生产率的测算上是一大突破，但依然存在较大的局限性，一是基于古典经济学的完全竞争市场、规模报酬不变以及希克斯技术中性的假设算出，这些假设条件脱离实际。二是把全要素生产率增长等同于技术进步，对技术效率的影响没做考虑。三是由于采用的生产函数大都是几何形式，索罗余值法根本上说也属于几何指数法，像代数指数法一样仍然不能分解。

三　增长率回归法

增长率回归法（Growth Regressions）是通过建立回归方程估算全要素生产率（Mankim Romer & Weil，1992），着重探讨全要素生产率技术和资本劳动比收敛状况（Bernard et al.，1996），该方法中，全要素生产率不被作为残差估计，不受噪声影响，而且该方法不需要使用物质资产存量数据，使得整个测算过程免受存量数据测算误差的干扰，因而测算的结果更精准。

增长率回归方程（MRW 模型）是建立在索罗模型的基础上的，假定函数式为（2-9）：

$$Y = K^{\alpha}(AL)^{1-\alpha} \tag{2-9}$$

式（2-9）中 $0<\alpha<1$，AL 代表有效劳动，函数中劳动增长率(n)、资本折旧率(δ)、储蓄率(s)以及技术进步均是外生变量，假定技术前沿增长率是固定的，记为 g。$\tilde{k}=\dfrac{K}{AL}$代表单位有效劳动的资本率，$\tilde{y}=\dfrac{Y}{AL}$代表单位有效劳动的产出，则 $\tilde{k}$ 可以表示为式（2-10）：

$$\tilde{k} = sf(\tilde{k}) - (n+\delta+g)\tilde{k} \tag{2-10}$$

对式（2-10）两边取对数，得到式（2-11）：

$$\ln\tilde{y}(t) - \ln\tilde{y}(0) = (1-e^{-\lambda\tau})(\ln\tilde{y}^* - \ln\tilde{y}(0)) \tag{2-11}$$

其中，$\tilde{y}$（0）代表基期产量，＊表示达到稳态。式（2-11）表示若基期的有效劳动的产量少于稳态时的产量，则 $\tilde{y}$ 会以 λ 的速度趋向稳态。由此，资本累积所驱动的增长会逐渐降低。稳态下的单位有效劳动量可以用式（2-12）表达：

$$\ln y^* = \ln A(0) + gt + \frac{\alpha}{1-\alpha}\ln s - \frac{\alpha}{1-\alpha}\ln(n+g+\delta) \tag{2-12}$$

其中，A（0）代表基期全要素生产率，收敛方程式为（2-13）：

$$GB_{y_i} = c + by(0)_i + \frac{\alpha}{1-\alpha}\ln s_i - \frac{\alpha}{1-\alpha}\ln(n_i+g+\delta) + e_i \tag{2-13}$$

其中，GB_{y_i} 代表资本边际产量增长率，$b=(1-e^{-\lambda\tau})$，$\ln A$（0）$_i = c+\varepsilon_i$，c 为常数，ε_i 为随机过程，A（0）既代表不同区域的技术水平，也反映不同区域因要素禀赋、社会制度及其他条件对全要素生产率的影响，通过最小二乘法可估算不同区域的全要素生产率数值。另有 Islam（1995）假定不同经济体间生产率差异不是随机过程，并可以通过固定面板效应估计，由此拓展了 MRW 模型，用式（2-14）表示：

$$y_{it} = \beta y_{it-1} + \sum_{j=1}^{2} \gamma^j x_{it}^j + \eta_t + \mu_i + v_{it} \tag{2-14}$$

式中，v_{it} 代表残差项。

$$u_i = (1-\beta) \ln A (0)_i \tag{2-15}$$

$$\eta_t = g(t_2 - \beta t_1) \tag{2-16}$$

$$x_{it}^1 = \ln(s_{it}) \tag{2-17}$$

$$x_{it}^2 = \ln(n_{it} + g + \delta) \tag{2-18}$$

$$\gamma^1 = (1-\beta)\frac{\alpha}{1-\alpha} \tag{2-19}$$

$$\gamma^2 = -(1-\beta)\frac{\alpha}{1-\alpha} \tag{2-20}$$

$\beta = e^{-\lambda\tau}$ 表示收敛速度。$\qquad\qquad$ (2-21)

$$\tau = (t_2 - t_1) \tag{2-22}$$

如果 $\gamma^1 = -\gamma^2$，则得到式（2-23）：

$$y_{it} = \beta y_{it-1} + \psi x_{it}^j + \eta_t + \mu_i + v_{it} \tag{2-23}$$

其中，$x_{it} = \ln(s_{it}) - \ln(n_i + g + \delta)$。全要素生产率可通过式（2-24）测算而得。

$$TFP_i = \widehat{A}(0)_i = \exp\left(\frac{\widehat{\mu_i}}{1-\widehat{\beta}}\right) \tag{2-24}$$

四　随机前沿生产函数法（SFA）

理论上，生产函数描述的是一定的投入要素组合与最大产出量之间的关系，索罗余值法估算的生产函数是最优的前提假设条件下的。实际上，若干随机干扰因素会使生产函数不能达到最优，只能达到平均意义上的投入产出关系和技术关系。为缩小理论和实际之间的偏差，学者做了很多尝试。Aigner 等（1977）考虑了随机干扰因素基于横截面数据首先提出随机前沿生产函数法，后经 Meeusen 和 Brocck（1977）、Kumbhakar（1990）、Fare 和 Grosskopf（1994）等不断完善，Battese 和 Coelli（1995）提出可以采用面板数据的随机前沿函数，并具备分析技术效率影响因素的功能。Kumbhakar（2000）在总结前人研究的基础上把 SFA 的研究又推进一大步，把全要素生产率分解为技术进步、技术效率、配置效率和规模效率四部分。根据 Kumbhakar（2000），随机前沿生产函数的一般形式见式（2-25）：

$$y_{it}=f(x_{it},\ t,\ \beta)\exp(v_{it}-u_{it})\ (i=1,\ 2,\ \cdots,\ N;\ t=1,\ 2,\ \cdots,\ T)$$

$$(2-25)$$

其中，Y_{it} 表示 i 生产单元 t 时期的总产出；$f(\cdot)$ 表示合适的前沿生产函数，可以是 C-D 函数、超越对数生产函数等。x_{it} 表示 i 生产单元 i 时期的投入；t 表示技术进步的时间趋势；β 表示生产函数中估计的参数；v_{it} 表示随机噪声；u_{it} 表示非负的技术无效率因素，通常假定 $v_{it}\sim iid.\ N(0,\ \sigma_v^2)$，$u_{it}\sim iid.\ N(0,\ \sigma_u^2)$。基于随机前沿生产函数对全要素生产率的分解过程如下：

第一，技术效率为实际产出期望与随机前沿面产出期望的比值，以 TE_{it} 表示 i 个生产单元 t 时期的技术效率，则：

$$TE_{it}=\frac{E[f(x_{it},\ t)\exp(v_{it}-u_{it})]}{E[f(x_{it},\ t)\exp(v_{it})\mid u_{it}=0]}=\exp(-u_{it})\qquad(2-26)$$

因为 $u_{it}\geqslant 0$，所以 $0<TE_{it}\leqslant 1$。当 $u_{it}=0$，$TE_{it}=1$ 时，决策单元处于生产前沿面上，技术有效率。当 $u_{it}>0$，$TE_{it}<1$ 时，决策单元处于生产前沿面下面，技术无效率。

从时期 $t-1$ 到 t 的技术效率变化指数 ΔTE 表达式为（2-27）：

$$\Delta TE=\exp(-u_{it})/\exp(-u_{it-1})\qquad(2-27)$$

第二，技术进步指数根据时间趋势参数推算，因技术进步是非中性的，取时期 $t-1$ 到 t 的几何平均值。技术进步指数记为 TP_t，表达式为（2-28）：

$$TP_t=\left[\left(1+\frac{\partial f(x_{it-1},\ t-1,\ \beta)}{\partial(t-1)}\right)\left(1+\frac{\partial f(x_{it},\ t,\ \beta)}{\partial t}\right)\right]^{1/2}\qquad(2-28)$$

第三，去除技术效率和技术进步的剩余为规模经济，规模经济指数 SE 表达为（2-29）：

$$SE_t=\frac{f(x_{it},\ t,\ \beta)-\beta_t}{f(x_{it-1},\ t-1,\ \beta)-\beta_{t-1}(t-1)}\qquad(2-29)$$

结合式（2-27）、式（2-28）、式（2-29）全要素生产率的测算表达式为（2-30）：

$$TFP_t=\Delta TE\times TP_t\times SE_t\qquad(2-30)$$

SFA 法的优势在于改善了索罗余值法的缺陷,考虑了随机干扰因素,可描述多种生产单元的生产过程,把全要素生产率分解为技术效率、技术进步和规模效率,能较全面反映全要素生产率的内涵,使其对现实和政策的指导意义增强。但是 SFA 法本质上是基于一定生产函数形式的计量方法,函数的设定形式对测算结果影响较大,随机干扰因素服从断尾正态分布的假设条件要求较高,适合多投入、单产出形式,在环境约束下存在期望产出和非期望产出的情形难以做出测算和解释,这是该法的缺陷所在。

五 数据包络法(DEA)

数据包络分析法(Date Envelopment Analysis, DEA)从运筹学中延伸出来,涉及数学、管理学、经济学、运筹学的交叉领域,它由数据驱动,无须设定函数形式和要素价格信息,依据一组同类生产单元间的输入输出的统计数据估计有效前沿面,并以此判断生产单元在不在前沿面上,可以对多样本跨期进行效率评价,对 SFA 法的缺陷可以一定程度上弥补。最早的 DEA 模型由 Charnes、Cooper 和 Rhodes(1978)提出,可测算规模报酬不变条件(CRS)下的综合技术效率,被称为 CCR 模型。随后,Banker、Charnes 和 Cooper(1984)提出了可变规模报酬(VRS)条件下的 DEA 模型,可测算 VRS 条件下的纯技术效率,被称为 BCC 模型。CCR 模型和 BCC 模型只能测算静态的技术效率,难以反映全要素生产率的动态情况。为了切实衡量全要素生产率的动态变化情况,学者相继构建了基于 DEA 的指数,这些指数的建立通常建立在一定的距离函数之上,因此结合距离函数梳理测算全要素生产率的指数的演变。

(一)Shard 距离函数及 Malmquist 生产率指数

Shephard(1970)在生产函数的基础上提出距离函数,即 Shard 距离函数,表达式为(2-31):

$$D_0^t(x_i^t,\ y_i^t) = \inf\{\delta:\ (y_i^t/\delta,) \in p^t(x_i^t)\} = \sup\{\delta:\ (\delta y_i^t) \in p^t(x_i^t)\}^{-1}$$

$$(2\text{-}31)$$

Shard 距离函数的线性规划法求解式为(2-32):

$$(D_0^t(x_i^t,\ y_i^t,\ b_i^t))^{-1} = \text{Max}_{z,\delta}\delta$$

$$s.t. \begin{cases} -\delta y_i + YZ \geq 0 \\ -x_i + XZ \geq 0 \\ Z \geq 0 \end{cases}$$ (2-32)

当 $\delta_i = 1$ 时，DMU 处于生产前沿面上；当 $\delta_i > 1$ 时，DMU 位于生产前沿面下。

Malmquist 生产率指数最早由 Malmquist（1953）提出，由 Caves 等（1982）率先引入生产率测算中，后经 Fare（1994）发扬光大，延伸到可以针对面板数据测算动态效率变化的研究中。Caves 等（1982）认为投入导向的 Malmquist 指数为两期 Shephard 距离函数的比值。但要对全要素生产率进一步分解，需要参照两期的技术前沿求解四个距离函数，为规避参照技术前沿的随意性，Färe 等（1998）界定 Malmquist 指数为连续两期参照的技术前沿数据的几何平均值，并把 Malmquist 指数分解为技术进步指数和技术效率指数。$t+1$ 期的 Malmquist 指数的表达式为（2-33）：

$$M_{i(t+1)}(x_i^t,\ x_i^{t+1},\ y_i^t,\ y_i^{t+1}) = \left[\frac{D_i^t(x_i^{t+1},\ y_i^{t+1})}{D_i^t(x_i^t,\ y_i^t)} \times \frac{D_i^{t+1}(x_i^{t+1},\ y_i^{t+1})}{D_i^{t+1}(x_i^t,\ y_i^t)}\right]^{1/2}$$

(2-33)

其中，x_i^t、x_i^{t+1} 分别代表第 i 个决策单元的第 t 期和第 $t+1$ 期的投入向量，y_i^t、y_i^{t+1} 分别代表第 i 个决策单元的第 t 期和第 $t+1$ 期的产出向量。$D_i^t(x_i^t,\ y_i^t)$、$D_i^{t+1}(x_i^{t+1},\ y_i^{t+1})$ 分别代表参照第 t 期技术水平的 t 时期和 $t+1$ 时期的距离函数。当 $M_{i,t+1}(x_i^t,\ x_i^{t+1},\ y_i^t,\ y_i^{t+1}) > 1$ 时表示决策单元的生产效率有所提升；当 $M_{i,t+1}(x_i^t,\ x_i^{t+1},\ y_i^t,\ y_i^{t+1}) < 1$ 时表示决策单元的生产效率有所下降。

如果在规模报酬不变的假定条件下 Malmquist 指数可以分解为技术效率变化指数（TEC）和技术进步变化指数（TC），表达式为（2-34）：

$$M_{i(t+1)}(x_i^t,\ x_i^{t+1},\ y_i^t,\ y_i^{t+1}) = \frac{D_i^{t+1}(x_i^{t+1},\ y_i^{t+1})}{D_i^t(x_i^t,\ y_i^t)} \times \left[\frac{D_i^t(x_i^t,\ y_i^t)}{D_i^{t+1}(x_i^t,\ y_i^t)} \times \frac{D_i^t(x_i^{t+1},\ y_i^{t+1})}{D_i^{t+1}(x_i^{t+1},\ y_i^{t+1})}\right]^{1/2}$$

(2-34)

$$TC = \frac{D_i^t(x_i^t,\ y_i^t)}{D_i^{t+1}(x_i^t,\ y_i^t)} \times \frac{D_i^t(x_i^{t+1},\ y_i^{t+1})}{D_i^{t+1}(x_i^{t+1},\ y_i^{t+1})}$$

(2-35)

如果在规模报酬可变的条件下，技术效率变化指数还可以分解为纯技术效率变化指数（PTEC）和规模效率变化指数（SEC）。纯技术效率变化指数衡量的是规模报酬可变的条件下决策单元与生产前沿面间的距离。规模效率变化指数衡量的是规模报酬不变和可变条件下的生产前沿面间的距离。分解的表达式为（2-36）：

$$M_{v,c}^{t,t+1} = \frac{D_v^{t+1}(x_i^{t+1},\ y_i^{t+1})}{D_v^{t}(x_i^{t},\ y_i^{t})} \times \left[\frac{D_c^{t}(x_i^{t},\ y_i^{t})}{D_c^{t}(x_i^{t},\ y_i^{t})} \times \frac{D_c^{t+1}(x_i^{t+1},\ y_i^{t+1})}{D_v^{t+1}(x_i^{t+1},\ y_i^{t+1})} \right]^{1/2} \times$$

$$\left[\frac{D_c^{t}(x_i^{t},\ y_i^{t})}{D_c^{t+1}(x_i^{t},\ y_i^{t})} \times \frac{D_c^{t}(x_i^{t+1},\ y_i^{t+1})}{D_c^{t+1}(x_i^{t+1},\ y_i^{t+1})} \right]^{1/2}\ \text{记为：}\ M_{v,c}^{t,t+1} = PTEC \times SEC \times TC$$

$$(2-36)$$

Malmquist 生产率指数可以实现跨期动态效率测算，且可以分解为技术进步指数和技术效率指数，能较全面反映全要素生产率的内涵，受到广泛关注和应用。但 Shephard 距离函数和 Malmquist 生产率指数是基于决策单元的邻近单元构成的前沿面测算，只能考虑投入或产出一个方面，投入导向和产出导向的 Malmquist 指数差别会较大，缺乏稳定性。此外，对污染排放的负外部性没有考虑，有学者把污染排放归到投入要素中测算 Shephard 距离函数和 Malmquist 生产率指数，结果没有说服力。为更切实衡量环境污染的影响，学者做了新的尝试。

（二）方向距离函数及 Malmquist-Luenberger 生产率指数

为全面、准确测算包含资源、环境污染因素的全要素生产率，Chambers 等（1996）和 Chung 等（1997）先后提出非径向的方向距离函数（Directional Distance Function，DDF）既考虑了非期望产出要素，又可以同时处理投入产出变化情况。方向距离函数的表达式为（2-37）：

$$D_0^{t}(x_i^{t},\ y_i^{t},\ b_i^{t};\ g) = \sup\{\beta:\ (y_i^{t},\ b_i^{t}) + \beta g \in P^{t}(x_i^{t})\} \qquad (2-37)$$

$D_0^{t}(x_i^{t},\ y_i^{t},\ b_i^{t};\ y_i^{t},\ -b_i^{t}) = \sup\{\beta:\ (y_i^{t},\ b_i^{t}) \in P^{t}(x_i^{t})\} = \sup\{\beta:\ ((1+\beta)y_i^{t},\ (1-\beta)b_i^{t}) \in P^{t}(x_i^{t})\}$，其中，$g = (g_y,\ -g_b)$ 代表产出增长的方向向量；x_i 表示第 i 个决策单元的投入要素；y_i 表示期望产出；b 表示非期望产出；λ 表示在不确定投入要素的条件下追求的期望产出的最大增长比例或非期望产出的最大减少比例。可以通过求解线性规划式（2-38）求得距离函数值，进而得到第 i 个决策单元的相对效率值。

$$D_0^t\ (x_i^t,\ y_i^t,\ b_i^t,\ g_y,\ -g_b)\ =\ \max\lambda$$

$$s.t.\begin{cases} \sum_{j=1}^{n}\lambda_j x_j^t \leqslant x_i^t \\ \sum_{j=1}^{m}\lambda_j y_j^t \geqslant y_i^t + \lambda g_y \\ \sum_{j=1}^{L}\lambda_j b_j^t = b_i^t - \lambda g_b \\ \lambda_j \geqslant 0,\ j=1,\ 2,\ \cdots \end{cases} \tag{2-38}$$

式（2-38）中非期望产出的等式约束假定为弱处置性，期望产出和投入的约束为不等式说明其是可自由处置的。距离函数值越大表明决策的效率越低，距离函数值为 0 时效率最高，处于前沿生产面上。以方向距离函数为基础，结合 Luenberger（1992）的利润函数 Chung 等（1997）构建了 t 时期到 $t+1$ 时期的 Malmquist-Luenberger（ML）生产率指数，表达式为（2-39）：

$$ML_{t,t+1}=\left[\frac{1+D_0^t(x_i^{i,t},\ y_i^{i,t},\ b_i^{i,t};\ y_i^{i,t},\ -b_i^{i,t})}{1+D_0^t(x_i^{i,t+1},\ y_i^{i,t+1},\ b_i^{i,t+1};\ y_i^{i,t+1},\ -b_i^{i,t+1})}\times \right.$$
$$\left.\frac{1+D_0^{t+1}(x_i^{i,t},\ y_i^{i,t},\ b_i^{i,t};\ y_i^{i,t},\ -b_i^{i,t})}{1+D_0^{t+1}(x_i^{i,t+1},\ y_i^{i,t+1},\ b_i^{i,t+1};\ y_i^{i,t+1},\ -b_i^{i,t+1})}\right]^{1/2} \tag{2-39}$$

ML 指数也可以分解为技术效率变化指数和技术进步变化指数，表示为式（2-40）：

$$ML_{t,t+1}=TEC\times TC \tag{2-40}$$

$$TEC_{t,t+1}=\left[\frac{1+D_0^t(x_i^{i,t},\ y_i^{i,t},\ b_i^{i,t};\ y_i^{i,t},\ -b_i^{i,t})}{1+D_0^{t+1}(x_i^{i,t+1},\ y_i^{i,t+1},\ b_i^{i,t+1};\ y_i^{i,t+1},\ -b_i^{i,t+1})}\right] \tag{2-41}$$

$$TC_{t,t+1}=\left[\frac{1+D_0^{t+1}(x_i^{i,t+1},\ y_i^{i,t+1},\ b_i^{i,t+1};\ y_i^{i,t+1},\ -b_i^{i,t+1})}{1+D_0^t(x_i^{i,t+1},\ y_i^{i,t+1},\ b_i^{i,t+1};\ y_i^{i,t+1},\ -b_i^{i,t+1})}\times\right.$$
$$\left.\frac{1+D_0^{t+1}(x_i^{i,t},\ y_i^{i,t},\ b_i^{i,t};\ y_i^{i,t},\ -b_i^{i,t})}{1+D_0^t(x_i^{i,t},\ y_i^{i,t},\ b_i^{i,t};\ y_i^{i,t},\ -b_i^{i,t})}\right]^{1/2} \tag{2-42}$$

为得到 ML 指数，需要先计算四个方向距离函数值，分别为式（2-43）、式（2-44）、式（2-45）、式（2-46）：

$$D_0^{\ t}(x^{i,t},\ y^{i,t},\ b^{i,t};\ y^{i,t},\ -b^{i,t}) \tag{2-43}$$

$$D_0^{t+1}(x^{i,t+1},\ y^{i,t+1},\ b^{i,t+1};\ y^{i,t+1},\ -b^{i,t+1}) \tag{2-44}$$

$$D_0^{t+1}(x^{i,t},\ y^{i,t},\ b^{i,t};\ y^{i,t},\ -b^{i,t}) \tag{2-45}$$

$$D_0^{t}(x^{i,t+1},\ y^{i,t+1},\ b^{i,t+1};\ y^{i,t+1},\ -b^{i,t+1}) \tag{2-46}$$

TEC 测量的是跨期技术效率的变化，当 *TEC*>1 时，表示效率改进；当 *TEC*<1 时，表示效率降低。*TC* 测量的是技术进步动态变化情况，当 *TC*>1 时，表示生产前沿面沿着期望产出增加非期望产出减少的方向外移；当 *TC*<1 时，生产前沿面反方向内陷；当 *ML*>1 时表示全要素生产率提高；当 *ML*<1 时表示全要素生产率下降。

（三）SBM 方向性距离函数和 Luenberger 生产率指数

Shephard 距离函数和方向性距离函数在投入过度和产出不足的情形下，会导致生产率测算结果偏高或偏低的情况，也就是说在投入或产出非零松弛的情况下，这两种函数无能为力。为改善这种情况，基于 Tone（2001）非径向、非角度的基于松弛向量效率测度函数的基础上，Fare 和 Grosskopf（2009）、Fukuyama 和 Weber（2009）提出了适用范围更广的非径向、非角度的 SBM 方向性距离函数，该函数同时考虑了资源环境约束的情况，使得测算结果更贴合实际。SBM 函数的表达式为（2-47）：

$$\vec{s}_v^{t}(x^{t,\ k'},\ y^{t,\ k'},\ b^{t,\ k'},\ g^x,\ g^y,\ g^b)=\max_{s^x,\ s^y,\ s^b}\frac{\dfrac{1}{N}\sum_{n=1}^{N}\dfrac{s_n^x}{g_n^x}+\dfrac{1}{M+1}\left[\sum_{m=1}^{M}\dfrac{s_m^y}{g_m^y}+\sum_{i=1}^{I}\dfrac{s_i^b}{g_i^b}\right]}{2}$$

$$s.t.\begin{cases}\displaystyle\sum_{k=1}^{K}\lambda_k^t x_{kn}^t+s_n^x=x_{k'n}^t,\ \ \forall n;\\[2mm]\displaystyle\sum_{k=1}^{K}\lambda_k^t y_{km}^t-s_m^y=y_{k'm}^t,\ \ \forall m;\\[2mm]\displaystyle\sum_{k=1}^{K}\lambda_k^t b_{ki}^t+s_i^b=b_{k'i}^t,\ \ \forall i;\\[2mm]\displaystyle\sum_{k=1}^{K}\lambda_k^t=1,\ \lambda_k^t\geqslant 0,\ \ \forall k;\\[2mm]s_n^x\geqslant 0,\ \ \forall n;\ s_m^y\geqslant 0,\ \ \forall m;\\[2mm]s_i^b\geqslant 0,\ \ \forall i。\end{cases} \tag{2-47}$$

其中，$\vec{s}_v^t$ 表示 VRS 条件下的方向性距离函数。在没有权重之和为 1

的约束条件下，$\vec{s_c}$ 表示 CRS 条件下的方向性距离函数。（$x^{t,k'}$，$y^{t,k'}$，$b^{t,k'}$）分别表示投入向量、期望产出向量和非期望产出向量；（g^x，g^y，g^b）分别表示投入收缩、期望产出扩张、非期望产出收缩的方向向量；（s_n^x，s_m^y，s_i^b）分别表示投入、期望产出和非期望产出的松弛变量。松弛变量数值越大，说明决策单元离前沿面越远，效率越低。所以，SBM方向距离函数可以测度无效率水平，测量的结果更符合实际。基于Cooper（2007）的观点可以把无效率值分解投入无效率（IE_x）、期望产出无效率（IE_y）和非期望产出无效率（IE_b）。表达式为（2-48）：

$$IE_x = \frac{1}{2N}\sum_{n=1}^{N}\frac{s_n^x}{g_n^x};$$

$$IE_y = \frac{1}{2(M+L)}\sum_{m=1}^{M}\frac{s_m^y}{g_m^y};$$

$$IE_b = \frac{1}{2(M+L)}\sum_{l=1}^{L}\frac{s_l^b}{g_l^b}; \qquad (2-48)$$

M 指数和 ML 指数都需要考虑投入还是产出角度，而在 SBM 函数的基础上，Chambers 等（1996）提出的 Luenberger 生产率指标不需要考虑测算角度，既可以考虑投入也可以考虑产出，且其结构形式采用加法形式与 SBM 函数结构一致，因而 Luenberger 生产率指标可以认为是 M 指数和 ML 指数的一般化。Chambers 等（1996）的 t 时期到 t+1 时期的 Luenberger 生产率指标，记为 LTFP。表达式为（2-49）：

$$LTFP_t^{t+1} = \frac{1}{2}\left\{\left[\vec{s_c^t}(x^t,\ y^t,\ b^t;\ g)-\vec{s_c^t}(x^{t+1},\ y^{t+1},\ b^{t+1};\ g)\right]+\right.$$

$$\left.\left[\vec{s_c^{t+1}}(x^t,\ y^t,\ b^t;\ g)-\vec{s_c^{t+1}}(x^{t+1},\ y^{t+1},\ b^{t+1};\ g)\right]\right\} \quad (2-49)$$

为测算 LTFP 的值，需要测算四个在 CRS 条件下的 SBM 方向距离函数，它们分别是 $\vec{s_c^t}(x^t,\ y^t,\ b^t;\ g)$，$\vec{s_c^{t+1}}(x^{t+1},\ y^{t+1},\ b^{t+1};\ g)$，$\vec{s_c^t}(x^{t+1},\ y^{t+1},\ b^{t+1};\ g)$，$\vec{s_c^{t+1}}(x^t,\ y^t,\ b^t;\ g)$，其中前两个是当期的 SBM 方向距离函数，后两个是跨期的 SBM 方向距离函数。

Grosskopf（2003）进一步把 Luenberger 生产率指标进行分解，技术效率指数变化（LEC）分解为纯效率变化指数变化（LPEC）、规模效率变化（LSEC）；技术进步变化指数（LTP）分解为纯技术进步变化指数（LPTP）和技术规模变化指数（LTPSC）。表达式为（2-50）：

$$LTFP = \underbrace{LPEC + LSEC}_{LEC} + \underbrace{LPTP + LTPSC}_{LTP} \tag{2-50}$$

由此可见，Luenberger 生产率指标的分解可以深入探究全要素生产率的来源。除此之外，Luenberger 生产率指标还可以分解生产率指标的实际来源，也就是可以考察投入产出要素中实际导致全要素生产率提升或下降的要素，还可以深入分析导致技术效率提升和技术进步变化的因素。这一突出优势可以用于农业绿色全要素生产率的提升路径的挖掘，基于此，对农业绿色全要素生产率进行测算。

（四）EBM 函数

在存在非期望产出的情况下，资源、能耗和污染排放是"不可分的""径向"的关系，而除了能源之外的传统投入要素如劳动、资本等和产出之间是"可分的""非径向"关系，但 DEA 模型和 SBM 距离函数都不能测度处理存在径向和非径向关系的投入产出关系。基于此，Tone 和 Tsutsui（2010）提出了一种同时包含径向与非径向两类距离函数的混合函数模型。由于模型中使用了 ε 参数，Tone 称为 EBM（Epsilon-Based Measure）函数，函数形式见第三章。

由于农业经济、资源、环境之间关系的复杂性，既有期望产出又有非期望产出，径向和非径向关系同时存在，本书采用在 EBM 模型的基础上融入熵权法改进用于测算静态农业绿色全要素生产率，并在此基础上基于 Global Malmquist-Luenberger（GML）指数测算动态农业绿色全要素生产率并分解，以此探寻农业生产效率来源及影响动因。

第七节 资源配置理论

一 资源稀缺性理论

从经济学角度，只有经济物品具有稀缺性，比如劳动力、资本、土地、企业家才能等生产要素，再比如基于这些生产要素生产的劳务或物品的稀缺性。从定性角度，人的需求和欲望是无限的，而满足需求和欲望的资源是有限的，二者之间的矛盾也就是稀缺性的根源。从西方经济学角度，稀缺性通常反映在价格上，价格是供需关系的反映，如果某种物品没有价格，则它不具有稀缺性。比如，地租是土地稀缺性的反映，如果某块土地地租为 0，则该土地不具有稀缺性，对该土地没有需求。一旦对该土地有需求，则地租不为 0，著名的水和钻石的"价值悖论""新旧葡萄酒价格之谜"都可以从西方经济学的稀缺性理论来阐释。根据稀缺性定价已成为市场经济中定价的基本原则，其本质是供需不匹配，供给不足难以满足有效需求。以农业生产的重要资源——土地为例，土地资源的稀缺性也可从供需两方面解释：供给方面，土地资源因其自然属性供给数量固定，而且土地的位置、质地差别程度较高，有效供给有限。需求方面，土地利用方式具有广泛性、社会性。经济社会发展各领域都对土地有需求，城镇化、工业化的基础是土地资源，经济发展也依赖于土地资源，人口数量增加对土地资源也有相应增加需求。由此可见，对土地自愿的供需难以有效匹配，导致供需缺口较大，土地资源稀缺性明显。

在农业生产活动中，土地资源也具有非常明显的稀缺性，反映在农业用地和工业用地之间的竞争、耕地的破坏、污染加剧和特定某一地区生产同种农作物的博弈。从另一个层面来说，正是因为土地资源的稀缺性倒逼保护有效保护土地资源、合理利用土地资源、提高农业生产技术含量，以提高农业生产效率。

二　资源优化配置理论

因资源稀缺性，一种产品或部门投入资源增加势必造成另一种产品或部门投入资源的减少，故资源需要在不同产品或部门间有效配置，配置较优的方式，以实现社会整体的高效率，从这个层面而言，社会不断发展的过程也是资源不断优化配置的过程，也是通过资源优化配置最大化地满足人类生存发展需要的过程。而在完全自由竞争市场中，经济体都是"理性经济人"，可以进行完全自由的市场选择，市场可以完全由价值规律调节，供需双方遵循同一市场规则的情况下，可以通过"看不见的手"——市场的力量来配置资源，最终通过优胜劣汰的法则，实现资源优化配置。由此可见，市场是资源有效配置的有效途径。若发挥市场的力量，需要具备法治、公平、竞争、开放的基本特点，在这样的市场中，可以自发优选产品生产者和经营者，驱动产品生产者和经营者不断优化配置内部资源，并能集结外部社会资源，促成整个市场资源优化配置。同时，市场的资源优化配置功能也受时空等环境制约，因为市场中的所有经营主体及所有资源配置行为都在一定时空条件下才可以展开，尤其是在全球经济一体化的背景下，市场竞争主体、经营主体、交易主体、中介服务主体等很有可能分属不同的空间范围内，其所处的空间范围的变化会直接影响市场环境的变化，这些变化对资源优化配置都会产生影响，而且影响难以在瞬间呈现出来，因此，叠加时间、空间及其引起的经济、社会等诸多因素的影响，会产生"蝴蝶效应"，对市场的资源优化配置功能产生制约作用，而且市场本身的自发性、盲目性和滞后性的特点，使得市场的配置可能不一定是"优化"的，反而是"劣化"的，导致"市场失灵"。

在市场这只"看不见的手"失灵时，就需要发挥政府这只"看得见的手"的作用，它的作用主要体现在从宏观层面上对市场进行统筹把控，把控经济和社会的可持续发展，把控市场供给和需求的总量平衡。具体地，体现在统筹制定社会发展战略、统筹制定经济社会发展规划、统筹把控经济结构和生产力布局等方面。而在中观和微观层面，资源优化配置主要还得依靠市场这只"看不见的手"的力量，在改善技术、提高经营管理效率、提高劳动效率、降低生产成本、增加经营效益等方面发挥作用，此外，在优化微观经营主体的资产结构、促进创新等方面也发挥其资源配置作用。通过市场机制优化配置资源可促使企业等微观经营主体和市场直接对接，可以根据市场供求关系变化、市场价格信息自主地在竞争中合理优化资源配置。由此可见，资源优化配置可以产生积极的作用，一是可以驱动科学技术改进、经营管理水平提高进而提高劳动效率。企业是以利润最大化为经营目标的市场经营主体，在竞争的市场中，具备劳动效率高、产品的个别价值（个别劳动时间）相对较低的企业具有竞争优势，从而获得更高的经营收益。反之，则在竞争中陷入被动局面。因此，企业从自身利益出发，自然而然会主动引进或开放新技术，改善管理水平，提高劳动效率。二是可以优化生产要素配置，有效对接供需。市场上的价格波动实际上是供需关系的反映。企业可以通过市场上的价格升降进行产品品种、数量、方向、规模等经营决策，并优化配置生产要素。若价格上涨，则是供不应求的反映，会引导企业做出扩大规模的决策，反之亦然。针对市场调节经营决策，既是企业发展的内在要求，也是市场的资源配置作用的体现。三是通过市场的竞争机制，改善企业经营能力。因资源稀缺性，需要考虑资源配置的机会成本，为此企业的生产经营必然因有限资源而竞争，从而以外部力量的形式倒逼企业在经营活动中改善经营状况、降低成本、加强竞争意识，改善经营能力。

在农业生产活动中，水、土地、劳动力等资源均是稀缺的，本书运用资源优化配置理论，阐释资源对 AGTFP 的作用机理，探究 AGTFP 增长的驱动因素。

第八节　外部性理论

一　空间外部性理论

（一）马歇尔的产业区位理论

马歇尔（1920）基于新古典经济理论，在《经济学原理》中指出，在安全竞争和规模保持不变的假设前提下，分工可以促进外部规模经济。刘长全（2009）认为马歇尔提出的外部性即空间外部性，在空间接近的活动中生发。这种空间外部性产生于四个方面：一是多方共享的劳动力市场，降低招募成本，减少劳动力供需双方矛盾和受市场扰动的影响。二是多方共享的中间投入品和专业化服务。三是知识、技术、信息的溢出效应刺激创新。四是共享的基础设施。在空间流动性日益频繁的情景下，外部规模经济更利于产业空间集聚（Gordon et al.，2000）。Fujita 等（2002）基于空间不可能定理提出经济活动的空间布局、空间关联、空间特征等都可以从空间外部性角度进行阐释。梁琦（2004）提出空间外部性可以解释不能用自然禀赋解释的产业空间集聚现象。虽然研究方法、研究角度、研究内容相差各异，但相关研究的结论具有共识性认识，均认为空间外部性与产业集聚间具有正向促进关系。

（二）杜能的农业区位理论

德国杜能（1826）提出农业区位论，农业区位即农业生产活动的空间分布及空间的相互关系。该理论阐释了区位对农业生产成本和收益的影响，进而导致农业土地类型和土地经营集约程度的差异，并提出

"中心—外围"学说。其假设前提是：城市处于中心地带，农村处于外围地带。中心城市兼具工业品供给和农产品需求双重功能，马车这种传统运输方式在实现其双重功能中扮演不可或缺的角色，因此，农业经营者因逐利性，势必考虑如何降低运输成本。为说明该理论核心观点，做一简化处理。如果农业生产过程中的成本用 c 代表，则 c 包含生产成本 (e) 和运输费用 (t)，农业生产产品销售价格由 p 表示，且它们均指代单位经营面积的成本，则单位经营面积所获收益 v 取决于 p 和 c，用关系式可以记为：$v=p-c=p-(e+t)$，其中，中心城市是唯一的农产品和农业生产资料销售市场，对农产品的销售价格 p 具有决定性作用，这表明各地农产品销售价格在一定时期内是无差别的，农业生产成本 e 是无差别的，故此，农业经营所获收益取决于运输费用 t。实现收益最大化，势必想办法运输费用最小化。杜能指出，农户作为农业生产经营者，在完全竞争假设条件下，无力影响农产品价格，而生产成本和运输费用都离不开距离的影响，因此，与中心城市距离相同的农村生产格局一致，不同的农业生产决策产生于与中心城市距离不一的农村里，因而，形成一种因距离差异而形成的农产品品类差异的空间差异化圈层。该理论强调距离对农业生产布局的影响，开辟了新研究视域，但忽视了外部性因素。

（三）D-S 模型

D-S 模型是由 Dixit 和 Stiglitz（1975）提出的，其假定前提条件是产品异质、不完全竞争、规模报酬递增，实质是规模经济与多样化消费间两难冲突决策。该模型指出，即使自然条件和技术条件不具有比较优势的情况下，在市场规模较大的地区集中化生产可以产生规模效应，从而促成专业分工和贸易往来。而在规模大的统一市场中可以根据多样化的消费需求进行差异化生产，并获取垄断利润。此后，Krugman（1979，1980）不断对 D-S 模型论证和拓展，并把运输费用融入其中，发现扩大市场规模可以一定程度上对生产经营活动产生促进作用，并提出"本地市场效应"，规模经济产生于市场规模较大的国家或地区，并强调地区政策和基础设施对区域专业化水平的正向影响。

（四）新经济地理学理论

Krugman（1991）把"冰山运输成本"融入 D-S 垄断竞争模型中，

提出"中心—外围"(C-P)模型,旨在阐释向心力与离心力作用下空间集聚的产生及在市场和地理互相联系的情况下报酬递增影响产业空间集聚的途径。模型假定有两个部门,其一是位于中心的工业部门,其二是处于外围的农业部门,初始的外部条件基本相同,在基本要素、中间投入品及技术等共同力量的影响下,最终形成完全不同的生产结构的过程。新经济地理学赖以产生的理论基础是 D-S 模型,D-S 模型中提出的要素流动机制、要素累积机制、垂直关联机制是产业空间集聚的核心机制,在新经济地理中被不断拓展,在要素流动机制方面,劳动力流动模型(FL 模型)(Krugman,1991)和资本流动模型(FC 模型)(Baldwin et al.,2003)就是典型代表。虽然二者前提假设条件不同,但是两种模型都认同本地市场效应和要素的跨区流动是产业空间集聚的驱动源泉。当然,模型也存在很大局限性,如 FL 模型的观点是因路径依赖和自我预期的影响下收益递增和运输费用减少对产业空间集聚会产生直接促进作用,但难以解释劳动力等要素不流动的区域中的产业集聚现象。在垂直关联机制方面,基于中心—外围(Krugman et al.,1995)、企业家(Ottaviano et al.,1999)、资本(Robert-Nicoud,2006)提出的垂直关联模型都在一定程度上完善了 D-S 模型中的垂直关联机制,他们特别提出产业的前后联系对产业空间集聚也会产生促进作用,如在产业中投入品的供需上升,对产业集聚形成有直接影响。该类模型的前提假设是要素可以自由流动,产业存在前后向联系,如果这些前提条件均不具备的情况下,产业空间集聚该如何解释?Baldwin(1997,1999)提出资本创造模型(CC 模型),提出了在不存在要素自由流动和产业前后向联系的情况下,要素累积与本地市场互动是促成产业空间集聚的重要动因。

(五)空间非均衡与极化理论

空间非均衡与极化理论与空间外部性理论紧密相依,二者密切不可分割。代表性的有"中心—外围"理论、空间非均衡增长及增长极理论。侧重从空间经济视角阐释区域经济发展水平差异的原因,比如邻近区域呈现"中心区""外围区"的极化(Krugman,1991)。Perroux(1950)认为,经济增长不会同时在所有地方呈现,而是会以不同的强度呈现在某一增长极上,进而通过各种方式扩散,从而对整个经济产生影响。他把经济空间描述为抽象的空间，存在若干中心、极或力场，实际上他描绘的经济空间指的是作为"力场的空间"，增长极指的是经济空间中起推动或支配作用的经济部门，而不是具体的某个区位，它可以促成一定范围内的经济空间，甚至可促成经济区域或经济网络。增长极的推动或支配作用源于创新能力，由具有创新能力的元素构成的经济部门带来。具体地，增长极的形成需要具备五个条件：一是具备创新能力。经济空间内具有创新能力的企业集群或企业家群体。二是存在空间报酬递增效应。因为空间报酬递增效应会对邻近区域产生吸引力，促进地区优势资源集聚。三是具有规模经济效应。经济空间具有规模经济程度的资本、技术、人才、土地等存量，可以不断提高经济效益和技术水平，达到规模经济水平。四是经济空间的经济或技术发展处于高级阶段，可因要素的流动对邻近区域产生支配效应。五是具有"外溢效应"。通过空间联动或要素循环累积，可以向邻近区域输出多元化的要素，带动并促进邻近区域技术等进一步扩散，形成"乘数效应"。因增长极的作用促成多样化的空间，如强强联合形成的"极核"、强弱联合或弱弱联合形成的多样空间，正是多样化空间的交互作用促成区域经济的非均衡性。增长极理论不同于经济均衡分析，倡导区域经济非均衡增长，融入空间变量拓展了区域经济研究的思路。然而，"增长极"根植于抽象的经济空间，而不是实际的地理空间，实际操作难度较大。布德维尔（J. R. Boudville，1957）由佩鲁的经济空间延伸到地理空间提出区域发展极理论。他认为经济空间应该既包含经济要素之间的抽象的结构关系，也包含区位结构。增长极既涵盖经济空间上的企业集群，也涵盖地理空间上产业集聚的城镇，它是位于某一地理空间的产业综合体，通过它们可促成区域成为"增长中心"。该理论拓展了佩鲁的增长极理论，但对于经济空间过于具体化和地理化的划分，忽视了经济空间的抽象性。此外，缪尔达尔（1957，1968）提出的地理二元结构理论认为，区域非均衡发展归因于多样化的因素如生产水平、投入产出水平、收入水平、政策体系、制度体系等的动态的相互作用、循环累积效应，由此效应形成发达地区和不发达地区并存的二元结构。二元结构会产生"回波效应""扩散效应"。该理论一定程度上弥补了佩鲁的增长极理论，而且还突出政府的作用，认为积极的干预可以扩大增长极的"扩散效应",被称为"诱导式的增长极"。中国学者根据中国情况也提出了一些具有典型意义的区域非均衡增长理论,如夏禹龙等(1982)的梯度转移理论、陆大道(1986)的点轴系统理论以及窦欣(2009)的层级增长极网络理论,这些理论既是对增长极理论的拓展,也对中国区域经济发展战略产生了积极的影响。

二 技术外部性理论

关于技术外部性相关理论有:Jacobs 外部性和 M-A-R 外部性。Jacobs 外部性,一方面指的是因行业差异而形成的企业间技术和知识的外溢;另一方面指的是存在知识反馈的经济体间的技术或知识外溢,这种外溢因行业间差异形成的企业集聚而产生的(Jacobs,1969)。其实质是因多样化经济体间的竞争导致技术和知识外溢增加,外溢又带动学习和创新,进一步带动技术和知识累积—扩散(Lucas,1988),它强调差异性、多样化的作用。M-A-R 外部性是指特定的空间内特定产业的集聚带来的产业内部企业间的溢出效应(马歇尔,1890;Arrow,1962;Romer,1986),它着力于专业化的作用。虽然两种技术外部性理论着眼点不同,但二者都强调知识和技术外溢对产业集聚的作用,并认为知识或技术外溢会促进知识或知识的传播和应用,扩大对其价值认知,也可降低技术商用的成本(Audretsch et al.,1996),也可认为产业空间集聚与知识溢出存在内生关系。Berliant 等(2006)在一般均衡搜寻模型的基础上,对产业空间集聚和知识溢出间的内生关系进行了探究,得出新知识可以通过人员集聚快速传播,并加速知识外溢,带动产业空间集聚,反过来提高知识交换频率,刺激新知识产生。

第九节 比较优势理论

大卫·李嘉图(David Ricardo,1817)在贸易理论中提出比较优势理论,认为国际贸易的根本原因是生产技术的相对差别,以及由此形成的比较成本的差异。国际贸易发生的每个国家是本着比较成本较低的原则,集中生产并输出具有比较优势的产品而输入具有比较劣势的产品。具体地,根据比较优势准则,若 M 国家相较 N 国家在 A 产品和 B 产品相较另一个国家比较都处于绝对劣势,而且 M 国家在 A 和 B 上的劣势程度不一，A 的劣势程度更高，具有相对优势的 N 国家在 A 和 B 产品上的优势程度也不一，A 产品的优势程度更高，则 M 国家在产品 B 上具有比较优势，N 国家则在产品 A 上更具有比较优势，M 国家会集中生产和输出 B 产品，N 国家则会集中生产和输出 A 产品，最终 M 国家和 N 国家都可以因国际贸易而获得经济效益。也就是说，基于"两利相权取其重，两害相权取其轻"的原则，M 国家和 N 国家都可以提高自己国家整体福利水平。该理论阐释了国际贸易形成的条件和贸易的结局，在相对成本的前提下推进了相对优势理论的发展。

对于中国 AGTFP 而言，中国耕地面积相对比较大，机械化程度相对较高，农产品种类多样化，耕地面积比较大，但不同区域的 AGTFP 差异较大，不同区域间的 AGTFP 是否具有比较优势，尚需深入分析和识别，这也是本书第三章着力分析的问题。

第十节 经济增长与收敛理论

一 新古典经济增长理论与收敛性

Solow（1956）和 Swan（1956）在规模报酬不变、要素边际收益递减、平滑替代弹性的假设前提下构建了新古典经济增长理论的框架，其中经济增长用资本积累指代，资本积累取决于投资收益率，投资收益率取决于资本劳动比率。因要素收益边际递减，资本劳动比率提高会导致资本边际收益率下降，在资本边际收益率处于较低水平比如低于某一贴现率或接近零时，资本积累速度不会高于劳动力投入增长速度，资本劳动比率趋于稳定，经济增长趋于稳定。由此，人均资本比率较低的经济体增长速度更快，最终不同经济体的人均收入水平呈现收敛，且这种收敛趋势并不依赖其他条件。此理论被后人认为是条件收敛，也就是不同经济体在相同的稳态参数的情况下，才会出现收敛趋势。如果存在不同的稳态结构参数的情景下，离稳态情况差距越大的情况下，单位劳动资本率越低的经济体会有越高的人均劳动资本水平。这也是对新古典增长框架下的收敛理论的补充。总体而言，新古典增长理论中的收敛机制是因资本边际收益递减，初始人均资本相对较少的经济体的人均资本增长率会高于初始人均资本相对较多的经济体，则人均资本产出等终将趋于收敛。

二 内生增长理论与收敛性

20 世纪 80 年代内生增长理论的提出是针对新古典增长模型中将技术进步作为外生变量的局限而提出的，主要探究技术进步的内生决定机制。代表性的有 Romer（1986）和 Lucas（1988），但是他们并没有把技术进步直接引入经济增长模型中。在他们提出的内生增长模型中，人力、物质等资本的边际收益率不一定是递减的，而且生产过程中存在人力资本的正外部性以及知识外溢等因素，会降低资本边际收益下降的情况。到了 90 年代，新古典经济增长理论下的完全竞争假设条件逐步被放宽，越来越多的学者尝试在不完全竞争条件下研究经济增长，代表性的如 Romer Aghion 和 Howitt、Grossman 和 Helpman 等，根据他们的理论，技术进步源于有目的、有规划的研发活动，研发活动终将以垄断权力的形式作为回馈。若假设知识是无边界的，则经济长期内会一直保持正的增长率。对经济增长的收敛性，内生增长理论与新古典经济增长理论不同，因各种干扰因素使得要素边际收益率并不一定递减，则不同经济体间的人均收入、人均资本产出率等差异会持久存在，并且会随时间推移呈逐渐扩大之势。若基于内生增长理论，近些年世界范围内的新兴经济体人均收入水平的增长速度超越发达经济的现象难以合理解释。因此，近年来一些学者如 Grossman 和 Helpman（1991）、Barro（1992）在内生增长理论的框架中引入技术扩散机制，阐释了落后的经济体赶超发达经济体的原因，其原因在于技术进步具有外溢、扩散效应，落后经济体可以通过模仿或学习的方式获取前沿技术，并获得技术进步带来的收益，进而以较高的增速实现对发达经济体的赶超。该理论的内核是，技术模仿相较技术研发成本更低，落后经济体离技术前沿距离越大且具备充分的学习和吸收能力，其技术学习速度就更快，因而落后经济体会逐渐赶超发达经济体。由此可见，纳入技术扩散机制的内生增长理论中对经济增长收敛的机理的阐释与新古典经济增长理论中的阐释相近，二者不同的是，内生增长理论把经济增长收敛的根源归结为技术扩散，新古典经济增长理论把经济增长收敛的根源归结为要素边际收益递减。

农业 AGTFP 衡量的很重要的一方面是农业经济增长，经济增长的收敛理论同样适用于 AGTFP，本书主要从绿色技术进步的视角分析 AGTFP 区域差异收敛的机理，因农业生产的开放性，如果某地区率先采用绿色前沿技术，因技术的外溢，其他地区会模仿式学习，并带来后发优势，从而因绿色技术扩散促生区域农业 AGTFP 收敛成为可能，但是，也有一种可能，绿色技术落后的地区模仿式学习技术先进的地区，只能生产绿色技术含量较低的农产品，区域间长期呈扩散状态。把握 AGTFP 收敛的规律，对提出 AGTFP 改进的针对性政策建议具有指导作用，这也是本书第四章将要深入研究的问题。

第十一节 本章小结

对经济增长动力因素的不断探寻促进了经济增长理论的不断发展，全要素生产率理论伴随经济增长理论的发展而不断发展，从全要素生产率内涵的界定、理论演变及测量方法三方面梳理了全要素生产率理论的历史及发展态势，为农业绿色全要素生产率的测算等相关分析奠定了理论基础。

第一，产业组织理论关注的核心问题是在生产要素投入既定的条件下，应该采取什么途径增加产出、扩大有效供给、提高生产效率。在产业组织理论中代表性的理论是 SCP 理论，该理论着力强调市场结构起的作用，认为市场结构会决定产业内组织的竞争状态，并影响企业在市场中的行为及战略选择，而企业的市场行为直接决定其市场绩效，若要改变市场绩效，则需要依赖产业政策调整市场结构。产业结构调整理论关注的核心问题是不同发展速度的国家或地区如何保持经济地位，发达国家考虑如何保持领先地位，发展中国家则考虑如何缩短与发达国家之间的差距实现赶超。

第二，从经济增长理论的演进历程来看，对技术进步在经济增长中的作用的认识不断深化推动了经济增长理论的完善。古典经济增长理论重视资本积累的作用忽视技术进步的作用；新古典经济增长理论假定技术进步外生性并纳入生产函数对技术进步测算，得出的结论无法解释现实的经济差异；新经济增长理论将技术进步内生化并探讨了技术进步的源泉，但忽视了资源环境因素的约束和制度因素对生产效率的影响；现代经济增长理论把资源环境因素纳入到经济增长的分析框架中，对资源—环境—经济之间的关系进行分析，但尚未形成成熟的理论框架体系。随着对资源—环境—经济之间关系认识的加深，延伸出可持续增长理论、绿色增长理论，对资源环境的重视程度和经济同等程度。

第三，全要素生产率理论的不断发展紧跟经济增长理论的发展步伐。对其内涵的界定从投入要素到投入要素之外的所有要素包括技术进步及制度因素。全要素生产率理论经历了单要素生产率理论、全要素生产率及绿色全要素生产率三个阶段。从古典经济增长理论阶段的萨伊提出劳动生产率、资本生产率对生产效率的测算开始标志着单要素生产率理论的开始，在此基础上产生的边际生产率理论给多要素生产率奠定了良好的基础，但是单要素生产率理论无法解释要素本身对总产出的贡献，具有一定的局限性。索罗以测算函数直接测算全要素生产率推动了全要素生产率的理论和测算研究不断发展，但是在实际应用时，索罗的算法有较大误差。乔根森提出超越对数生产函数以及法雷尔的前沿生产函数等均对全要素生产率的测算不断完善。现代经济增长理论把资源环境因素纳入到经济增长的分析框架中，考虑资源环境因素的绿色全要素生产率成为研究的热点。

第四，资源环境经济理论表明，把资源与环境作为一体统一管理才是实现可持续发展的根本，也是资源与环境管理的核心。实现资源可持续利用和有效环境管理的根源在于必须客观地把握资源、环境、经济的内在联系。农业生产活动对自然环境具有双重作用，农业生产活动与资源、环境间关系需要合理考量，才能切实认知农业生产效率。水、土地、劳动力等资源的稀缺性决定了资源有效配置的必要性，优化配置所需资源，是提高 AGTFP 的根本。

第五，全要素生产率的测算方法不断完善，不仅使得要素生产率的测算结果更贴合实际，也使得全要素生产率的内涵更加丰富和明确。测算方法从参数法的代数指数法、索罗余值法、随机前沿生产函数法到非参数的数据包括分析法，对假设条件限定性越来越宽松，测算因素考虑得越来越全面，测算结果也更符合实际。考虑资源环境因素的绿色全要素生产率的提出，更促使测算方法的不断完善，SBM 模型、EBM 模型以及 ML 指数、Luenberger 生产率指标的运用,使得测算结果的准确性有了较大提高,但现有的方法都存在一定的不足,也为方法的拓展提供了空间。

第六,从空间和技术两个角度梳理了外部性相关理论,空间外部性相关理论包括马歇尔的产业区位理论、杜能的农业区位理论、D-S 模型、新经济地理学理论、空间非均衡性及极化理论。技术外部性理论包括 Jacobs 外部性理论和 M-A-R 外部性理论,虽然角度不同、方法不同、结论不同,但对 AGTFP 的空间相关性和空间依赖奠定了理论基础。

第七,基于收敛假说,可用"绿色技术进步—绿色技术溢出—AGTFP 收敛"描述 AGTFP 区域收敛的机理,农业生产具有开放性,先发地区的绿色技术溢出会带给落后地区一定程度的后发优势,低成本的技术扩散使区域农业经济收敛成为可能。但是,也有一种可能,绿色技术落后的地区模仿式学习只能生产绿色技术含量较低的农产品,区域间长期呈扩散状态。

第三章　中国粮食安全状况及评价

已有的关于粮食安全的认识多侧重于其某个方面的属性，有的侧重于数量，有的侧重于质量，有的侧重于供求关系，有的侧重于流通，有的侧重于贸易。本书认为粮食安全是个复杂的系统工程，应是涵盖粮食产量安全、粮食质量安全、粮食结构安全、粮食贸易安全、粮食生态安全等多个层面的安全。基于粮食安全内涵的界定，本章从产量、质量、结构、贸易、生态五个方面对粮食安全的基本情况进行全面分析，并采用熵权法对中国粮食安全整体水平进行科学评价，以把握中国粮食安全的现实状况，为后续研究提供事实依据。

第一节　中国粮食安全现状分析

一　粮食产量安全情况

（一）粮食产出总体情况

粮食产量安全情况主要从粮食总产量、粮食播种面积、粮食单产水平及人均粮食产量几个方面来刻画，中国粮食生产总体情况如图 3-1 和表 3-1 所示。由图 3-1 可见，粮食播种面积整体上呈现微幅增长，1997—2021 年年均增长仅 0.17%，而且在 1999—2003 年明显减少。而粮食总产量除了 1999—2003 年微幅下降，其余 19 个年份保持了平稳增长的良好态势，年均增长率达到 1.36%，到 2021 年粮食总产量达到 68284.7 万吨，为历史最高水平。人均粮食产量在 2003 年以后平稳增长，到 2021 年人均粮食产量达 483 千克，人均粮食产量远超国际公认的 400 千克的粮食产量安全警戒线。粮食单产水平在 2000 年以后一步一个台阶稳步上升，年均增长率达 1.18%，到 2021 年粮食单产水平达774 千克/亩，也创历史最高水平，反映了粮食生产效率的不断提高，这也是粮食产量安全的重要保障。需要说明的是，1999—2003 年，粮食播种面积、粮食总产量、人均粮食产量呈现了三量下降的基本事实，这是中国粮食生产滑坡最严重的时期。究其原因，除去一部分自然条件的影响之外，主要在于粮食种植面积的明显减少，一部分归因于经济作物和优质高效农产品对粮食作物的替代；一部分归因于城镇化对耕地的侵袭，尤其是伴随着一些地区的经济开发区建设进程的推进，无序的规模扩张大量地挤占了耕地；一部分归因于部分区域的"退耕还林，退耕还草"政策推行。2004—2015 年，粮食播种面积平稳增加，粮食总产量和粮食单产水平均稳步提升，这与一系列的强农惠农富农政策、适宜的气候条件、农业科技水平的不断提升、新型生产手段的投入都具有密切的关系，特别是党中央对农业农村经济发展相关政策的重大调整，明确了"以工促农，以城带乡"的基本方向，加之各项惠农政策的密集出台，促进农业基础设施建设不断升级，加大对粮食生产的投入，大大促进了粮食生产的积极性，也促进了粮食产量和单产水平不断提升。

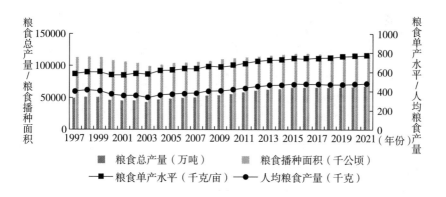

图 3-1　1997—2021 年粮食生产状况

注：粮食单产水平和人均粮食产量见次坐标轴。

资料来源：笔者根据《中国统计年鉴》整理。

表 3-1   1997—2021 年中国粮食生产状况

年份	粮食总产量（万吨）	粮食播种面积（千公顷）	粮食单产水平（千克/亩）	人均粮食产量（千克）
1997	49417.1	112912.1	583.55	401.7
1998	51229.53	113787.4	600.3	412.5
1999	50838.58	113160.98	599.01	405.8
2000	46217.52	108462.54	568.15	366
2001	45263.67	106080.03	568.92	355.9
2002	45705.75	103890.83	586.59	357
2003	43069.32	99409.87	577.67	334.3
2004	46946.95	101606.04	616.07	362.2
2005	48402.19	104278.38	618.88	371.3
2006	49804.23	104957.7	632.69	379.9
2007	50413.89	105998.63	634.15	382.5
2008	53434.27	107544.49	662.48	403.4
2009	53940.85	110255.08	652.32	405.2
2010	55911.3	111695.44	667.43	418
2011	58849.33	112980.35	694.51	437.5
2012	61222.62	114368.05	713.75	452.1
2013	63048.22	115907.56	725.27	462.5
2014	63964.86	117455.17	726.12	466.3
2015	66060.27	118962.82	740.4	478.7
2016	66043.5	119230.06	738.56	475.9
2017	66160.73	117989.08	747.65	473.9
2018	65789.23	117038.21	749.49	469
2019	66384.32	116063.61	762.62	471.6
2020	66949.14	116768.15	764.47	474.4
2021	68284.7	117631	774	483

资料来源：笔者根据《中国统计年鉴》整理。

（二）粮食产出水平评价

粮食总产量可以评价一国的粮食总体供给能力，而粮食产量的波动情况则可以衡量粮食数量的稳定程度，表 3-2 列示了 1997—2020 年粮食总产量的变化，可见，粮食总产量总体上保持了增长趋势，但同比增长率并不完全为正，因此有必要考量粮食产出的决定因素。粮食产量是否稳定取决于粮食生产过程中的投入与产出变动关系。根据粮食播种面积变化情况，除了在 1999—2003 年和 2017—2019 年粮食播种面积减少外，其余年份粮食播种面积呈现了不断增加趋势，稳定增加的播种面积对粮食产量安全起到了重要保障。从粮食生产投入要素情况看，农业从业人员从 2003 年以后一直呈递减的趋势，这对粮食生产产生了不小压力，但同时看到，农业机械总动力除了 2016 年减少外，其余年份都保持了稳定的增长，农业机械化对劳动力产生了一定程度的替代作用。以支农支出比例度量的农业科技投入率从 2003 年之后飞速增长，2003年、2004 年、2007—2010 年、2012 年、2013 年、2015 年、2017 年的农业科技投入率、增长率达到 10% 以上，可见，农业科技投入是促进粮食产量稳步提升的关键要素。化肥施用率的增长率在 1997—2015 年持续增长，但增幅不断降低，2016 年以后化肥施用率呈逐渐下降趋势，这说明化肥等生物化学要素并不是粮食增产的主要原因。良好的气候条件也是粮食稳定增长的重要因素，从表 3-2 可见，农业受灾率由 1997 年的 34.7% 下降到 2020 年的 11.92%。从粮食生产集中度看，1997—2020年，粮食生产集中度呈稳步增加趋势，到 2020 年，粮食生产集中度达到67.76%，粮食生产集中度越高越利于提高粮食生产的专业化程度，同时也会增加粮食产量的波动性，对粮食产量带来潜在威胁。

表 3-2　　　　　　　　1997—2020 年粮食产出安全评价　　　　　单位：%

年份	粮食总产量变化率	粮食播种面积变化率	粮食单产水平变化率	农业机械总动力变化率	化肥施用量增长率	农业从业人员变化率	农业科技投入率	农业受灾率	粮食生产集中度
1997	-2.05	0.32	1.92	9	3.99	0.06	—	34.7	62.25
1998	3.67	0.78	2.87	7.6	2.59	0.97	—	32.2	61.21
1999	-0.76	-0.55	-0.21	8.38	0.99	1.68		31.96	62.37
2000	-9.09	-4.15	-5.15	7.3	0.54	0.77		34.99	62.17
2001	-2.06	-2.2	0.14	4.94	2.59	0.99		33.53	62.18
2002	0.98	-2.06	3.1	5	2.01	0.66		30.36	62.24

年份	粮食总产量变化率	粮食播种面积变化率	粮食单产水平变化率	农业机械总动力变化率	化肥施用量增长率	农业从业人员变化率	农业科技投入率	农业受灾率	粮食生产集中度
2003	-5.77	-4.31	-1.52	4.24	1.66	-1.19	15.45	35.76	60.99
2004	9	2.21	6.65	6.03	5.1	-3.8	24.06	24.17	62.25
2005	3.1	2.63	0.46	6.83	2.8	-3.99	10	24.97	62.56
2006	2.9	0.65	2.23	6.03	3.39	-4.49	8.93	27.01	64.49
2007	1.22	0.99	0.23	5.61	3.65	-3.79	26.88	32.02	64.56
2008	5.99	1.46	4.47	7.31	2.57	-2.63	31.84	25.71	64.92
2009	0.95	2.52	-1.53	6.46	3.16	-3.45	41.68	30.03	64.9
2010	3.65	1.31	2.32	6.04	2.91	-3.32	17.12	23.6	65.34
2011	5.25	1.15	4.06	5.34	2.56	-5.22	2.49	20.25	65.76
2012	4.03	1.23	2.77	4.94	2.36	-3.54	15.45	15.4	65.75
2013	2.98	1.35	1.61	1.31	1.25	-6.65	13.04	19.15	66.12
2014	1.45	1.34	0.12	3.99	1.43	-6.15	1.35	15.07	66.93
2015	3.28	1.28	1.97	3.4	0.44	-4.26	17.23	13.05	67.01
2016	-0.03	0.22	-0.25	-12.96	-0.63	-2.38	9.26	15.71	67.33
2017	0.18	-1.04	1.23	1.58	-2.09	-2.93	15.14	11.11	67.62
2018	-0.56	-0.81	0.25	1.61	-3.52	-3.84	8.92	12.55	67.71
2019	0.9	-0.83	1.75	2.38	-4.42	-4.42	7.67	11.61	67.88
2020	0.85	0.61	0.24	2.79	-2.83	-5.02	2.34	11.92	67.76

资料来源：根据《中国统计年鉴》整理。

二 粮食质量安全情况

粮食质量安全可分为粮食营养安全和粮食食品安全，目前国际上的指标主要侧重于粮食营养含量及营养状况的度量，而对粮食在生产、储藏、加工等诸多环节可能产生的有害物质却常常忽视，但这些有害物质很可能会成为影响人类健康的潜在因素，并成为食品安全问题。因此，本书中的粮食质量安全问题主要关注粮食生产过程中的可能产生的有害物质的情况，诸如化肥、农药、农用塑料薄膜、柴油等使用情况，其原因在于，化肥、农药、农用塑料薄膜、柴油等很难全部被吸收利用，据

农业农村部数据，我国化肥当季利用率在 35%左右，农药利用率在
30%左右，农用塑料薄膜会引起"白色污染"，未被当季吸收利用的化
肥和农药一部分会留存在土壤中被下季农作物吸收利用，但累计利用率
最高也只有 60%—70%，其余部分很大程度上会随着地下水及地表径流
污染水体，进一步会引起土壤板结、土质酸化、水体污染，甚至面源污
染。根据中国国土部调查数据，中国目前有 5000 万亩土地存在不同程
度的污染问题，随着酸、盐、除草剂、杀虫剂、重金属等流入土壤中，
进而在粮食作物中累积残留，并通过食物链进入人体中，对人类身体健
康带来巨大威胁，像"铬大米"等就是典型实例。1997—2020 年的粮
食质量安全的具体情况如图 3-2 所示。化肥折纯施用量、农用塑料薄
膜使用量、农药使用量、农用柴油使用量年均增长率分别为 1.21%、
3.19%、0.41%、1.79%。其中，化肥折纯施用量、农用塑料薄膜使用
量、农药使用量 1997—2020 年呈现了"平稳变化—快速增加—不断减
少"的阶段性特征，其中以 2015 年为拐点，2015 年为化肥、农药、农
膜使用量的最高点，自此之后，明显减少，化肥和农药使用实现"零
增长"到"负增长"，为粮食质量安全提供了良好的土壤条件。这与党
中央出台的系列政策具有一定关系，比如 2016 年推出的《粮食行业
"十三五"发展规划纲要》，就对粮食质量提出了明确的监管要求，明
确了"机构成网络、监测全覆盖、监管无盲区"的总方针，大大提高
了粮食质量安全的总体水平。但当前，化肥、农药、农膜等总量仍处于
高位水平，到 2020 年化肥折纯施用量为 5250.7 万吨，农药使用量为
131.3 万吨，按种植面积平均算，中国农作物每公顷化肥施用量达
506.11 千克/公顷，为英国的 2.05 倍、美国的 3.69 倍。中国农作物每
公顷农药使用量为 10.3 千克/公顷，为日本的 2.77 倍、美国的 4.68
倍。中国化肥、农药使用量均远高于世界发达国家水平。

三 粮食结构安全情况

粮食结构主要通过粮食品种结构、粮食品质结构、粮食区域结构、
粮食生产方式转变等方面呈现其鲜明的特征。

（一）粮食品种结构发生明显变化

粮食各品种产量的基本情况如图 3-3 所示。可见，不同粮食作物
的生产情况具有一定的差异，谷物产量一直呈现良好的增长势头，在

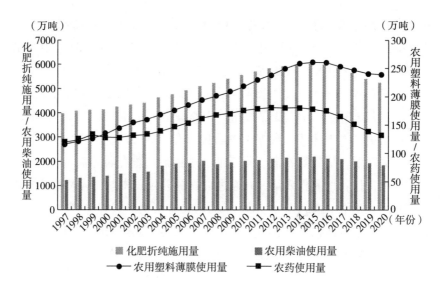

图 3-2　粮食质量安全情况

资料来源：根据《中国统计年鉴》整理。

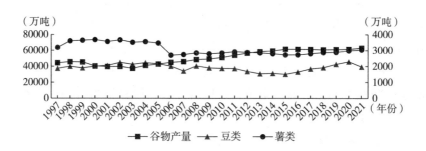

图 3-3　粮食分品种产量

注：豆类、薯类见次坐标轴。

资料来源：根据《中国统计年鉴》整理。

1997—2021 年年均增长率达 1.49%，为粮食作物中增长势头最好的品类，到 2021 年谷物产量达 63275.7 万吨，相较 1997 年增产 18926.4 万吨。豆类则呈现徘徊式下降趋势，到 2021 年产量为 1965.5 万吨，相较 1997 年仅增产 90 万吨。薯类则呈现"M"形的较大幅度波动，2005—2006 年薯类产量巨幅下降，2006 年以后微幅增长，到 2021 年薯类产量仅为 3043.5 万吨，相较 1997 年减产 148.8 万吨。在谷物中，三大主粮的生产结构也呈现了差异性变化趋势（见图 3-4）。其中，稻谷产量占比呈现逐步下降态势，年均降幅为 1.1%，到 2021 年稻谷占比仅为 31.17%；小麦产量占比变化不大，但也呈降低趋势，年均降幅为 0.91%；而玉米产量占比则明显上升，从 1997 年占比 25.27% 到 2021 年占比达 39.91%，年均增幅达 2.69%。这与玉米的产量较高，其经济效益更高具有一定关系，比如玉米可以用作生产生物乙醇。

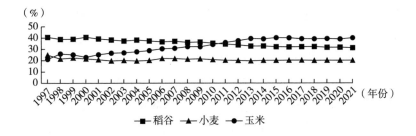

图 3-4　中国粮食生产结构

资料来源：根据《中国统计年鉴》整理。

（二）粮食品质结构不断升级

粮食品牌化建设进程不断加快，全国各地涌现出了一大批具有较强的市场竞争力并具有明显的区域和地方特色的优质品牌。区域性品牌方面，黑龙江省推行优质粮食品牌战略，已具有绿色、有机、无公害粮食美誉。湖南省则已在 50 多个县建设 150 万亩高品质、优等性、标准化的水稻生产基地，打造高质量水稻品牌。河南省为小麦主要生产省份，其优质小麦比重已从 2000 年的 13.8% 提高到 2021 年的 80% 以上。地方特色的优质品牌频现，比如稻谷和大米方面，黑龙江省的"北大荒""五常""古龙""响水""查哈阳"等；吉林省的"御圣一品""金榜稻谷"；湖南省的"金健""金霞""聚宝""盛湘""天龙"；江苏省的"景山""盱宝""星鹰""楚雪"；江西省的"玉珠""三湾""十八滩""仙湖绿月"；湖北省的"国宝"；等等。再如玉米和小麦品牌方面，河南省的"优谷源"面粉；吉林省的"陆路雪"糯玉米等也享有盛名。随着农业供给侧改革的深入及乡村振兴战略推进，粮食品质结构不断优化升级，粮食品牌化建设已经迈入高速、高质的发展阶段。

(三) 粮食区域结构特征日渐突出

一方面,粮食功能区的结构发生变化。因全国各地自然资源禀赋条件迥异,且各地的城镇化水平、工业化程度差异明显,各地粮食投入水平显著不同,因而粮食生产的空间格局发生了明显的变化。根据韩一军等 (2017),在 1980 年,粮食主产区、粮食主销区和粮食平衡区的粮食产量分别占全国粮食产量的比例为 69.3%、16.5%、14.2%,而在 1997 年三大粮食功能区各占比为 71.18%、10.61%、18.22%,到了 2021 年,粮食主产区占比达到了 78.5%,粮食平衡区占比达到了 17.2%,而粮食主销区占比仅为 4.3%。粮食主销区和粮食平衡区的人均粮食占有量分别低于全国平均水平的 70% 和 10% 左右。另一方面,"南粮北运" 逐渐演化为 "北粮南运" 的空间格局。随着珠三角和长三角快速的城镇化和工业化进程的推进,耕地面积不断减少,粮食产量逐渐降低,南方很难承担起粮食保障的重担,曾经的鱼米之乡蜕变为工业化城镇,到 2008 年,北方粮食面积和产量已占全国的 54.79% 和 53.44%,粮食面积和产量双双超过南方,纵观 1997—2021 年粮食产量排名前 10 的省份中,仅江苏省和安徽省排在前 10 位,其余 8 个省份均为北方省份,北方承担起了粮食主产区的重任。如果采用经验估计法,即粮食总产量/(常住人口×400 千克),测算全国 31 个省份的粮食自给率,结果表明,到 2021 年,自给率在 100% 以上的省份有 18 个,占比为 58.06%,按自给率高低顺序排列分别为黑龙江、吉林、内蒙古、新疆、安徽、河南、辽宁、山东、河北、宁夏、甘肃、江西、湖北、湖南、江苏、四川、云南、山西,其中黑龙江的粮食自给率最高,达到 629.4%,而处于粮食主产区的 13 个省份并没有完全实现真正意义上的粮食供给剩余。参照中国社会科学院研究员李国祥的测算方法,能够实现粮食自给有余的省份仅有黑龙江、吉林、内蒙古、新疆、安徽、河南、辽宁共 7 个省份,山东、河北等 11 个省份能实现自我平衡,而北京、上海、浙江、广东、福建、海南是粮食最为短缺的省份。可见,东部地区、冀鲁豫地区在全国粮食安全保障中的作用越来越明显,京津地区、南方大部分地区则恰好相反,粮食供需矛盾日益增加,这种区域分化导致 "南粮北运" 逐渐演化为 "北粮南运",并且呈日益明显的发展趋势。

（四）粮食生产方式转变

传统的粮食生产方式以小规模家庭经营为主，这种生产方式的特点是稳定性强、内敛性强，劳动力、种子、肥料等生产要素以家庭为单位进行配置，生产结构以家庭需要进行匹配，导致物质、能量循环基本处于封闭状态。随着市场化改革进程的推进、工业化水平的快速提升、农产品流通体制改革的纵向深入、农业生产要素供给能力的不断提高，以追求效率和效益双向提升为基本目标的粮食生产方式不断探索，逐渐呈现专业化、规模化、社会化的显著特征。

1. 专业化

由于中国地域辽阔，各地的地质条件、资源条件、气候条件等迥异，因地制宜地种植匹配的粮食作物是最佳的选择，因此各个省份基本按照区域特点进行专业化的种植，特别是在种植的品种方面，基本上每个粮食主产省份每年集中的品种在1—2个，像产粮大省黑龙江省就把玉米和水稻作为主要粮食品种，这两个品种的种植面积也都非常大。随着种植面积的提高，专业化程度也不断提升，黑龙江（玉米和水稻）、吉林（水稻）、河南（小麦和玉米）、江苏（稻谷和小麦）的专业化程度达到了 68.12%、72.36%、83.29%、84.64%。

2. 规模化

为推动适度规模经营，中办、国办、农业农村部多次印发相关指导意见，例如 2014 年的《关于引导农村土地经营权有序流转发展农业适度规模经营的意见》、2016 年的《关于完善农村土地所有权承包权经营权分置办法的意见》、2018 年修改的《农村土地承包法》及 2021 年年初出台的《农村土地经营权流转管理办法》都明确了鼓励土地适度规模经营的基本方向，加之"城镇规划区内建设用地、农村耕地和乡村建设用地"（以下简称"三块地"）改革的深入及土地经营权的规模流转，粮食生产规模也不断加大，据农业农村部数据，到 2021 年年底，全国已有 1239 个县（市、区）18731 个乡镇建立农村土地经营权流转市场或服务中心，全国家庭承包耕地流转面积超过 5.55 亿亩。像青岛等多地已开展"土地银行"模式的多种探索与实践，这对促进适度规模经营都是有力的"助推器"。与此同时，家庭农场和农民合作社等各类新型农业经营主体也苗壮成长，截至 2021 年 7 月，全国纳入家庭农场名录系统的家庭农场超过 380 万个；依法登记的农民合作社达到 224.7 万家，辐射带动近一半农户，组建联合社 1.4 万家。多样化的适度规模经营面积已超过 30%。

3. 社会化

随着粮食生产规模的扩大，粮食生产的社会化服务程度也不断提升，社会化服务涵盖的内容包括产前、产中、产后的系列内容，如产前的生产资料供应（种子、化肥、农药、农用塑料薄膜等）、产中的技术支持（耕种、栽培、病虫害防治等）、产后的销售物流加工等（销售、运输、配送、加工）多种内容。通过资源整合，农业社会化服务呈现出多元化、高层次、富种类的特点，以生产托管为主的新型社会化服务体系不断完善，截至 2020 年 12 月，全国服务组织总量超过 90 万个。培育壮大农业产业化龙头企业，截至 2020 年 12 月，全国经县级以上农业农村部门认定的龙头企业超过 9 万家，培育农业产业化联合体 7000 多个。随着农业社会化服务水平的不断提高，粮食生产效率也持续提升，粮食生产成本也不断降低，粮食生产的专业化程度也随之不断扩大。

四 粮食消费安全情况

随着新型城镇化和农业农村现代化进程的推进，粮食消费呈现出了一系列新的变化，如总量稳步增长、结构明显变化、品质不断提高、消费替代性越来越强，这也对粮食生产提出了新的要求。粮食安全的重要目标是保障低收入人群的消费安全，本书主要从居民消费购买能力、消费结构、粮食价格变化、人均粮食满足率等方面分析粮食消费安全的基本情况（见表 3-3）。

表 3-3			粮食消费安全情况			单位：%
年份	城镇居民家庭人均可支配收入增长率	农村居民家庭人均纯收入增长率	城镇居民家庭恩格尔系数	农村居民家庭恩格尔系数	粮食价格上涨率	人均粮食满足率
1997	6.64	8.51	48.8	56.3	-7.9	96.9
1998	5.13	3.44	46.6	55.1	-3.1	102.7

续表

年份	城镇居民家庭人均可支配收入增长率	农村居民家庭人均纯收入增长率	城镇居民家庭恩格尔系数	农村居民家庭恩格尔系数	粮食价格上涨率	人均粮食满足率
1999	7.91	2.23	44.7	53.4	-3.6	98.4
2000	7.28	1.95	42.1	52.6	-9.9	90.2
2001	9.23	5.01	39.4	49.1	1.5	97.2
2002	12.29	4.61	38.2	47.7	-1.4	100.3
2003	9.99	5.92	37.7	46.2	2.2	93.6
2004	11.21	11.98	37.1	45.6	26.5	108.3
2005	11.37	10.85	37.7	47.2	1.4	102.5
2006	12.07	10.2	36.7	45.5	2.5	102.5
2007	17.23	15.43	35.8	43.0	6.4	100.7
2008	14.47	14.98	36.3	43.1	6.9	105.5
2009	8.83	8.25	37.9	43.7	5.7	100.4
2010	11.26	14.86	36.5	41.0	11.7	103.2
2011	14.13	17.88	35.7	41.1	12.3	104.7
2012	12.63	13.46	36.3	40.4	3.8	103.3
2013	7.74	19.11	36.2	39.3	4.9	102.3
2014	8.98	11.23	34.1	30.1	3.1	100.8
2015	8.15	8.89	33.6	30	2	102.7
2016	7.76	8.24	29.7	33	0.4	99.4
2017	8.27	8.65	29.3	32.2	1.5	99.6
2018	7.84	8.82	28.6	31.2	0.7	99
2019	7.92	9.6	27.7	30.1	0.6	100.6
2020	3.48	6.93	27.6	30	1.2	100.6
2021	8.16	10.5	29.2	32.7	1.2	100.7

资料来源：根据《中国统计年鉴》整理。

（一）居民收入水平稳步提升，对粮食购买能力提供了稳固保障

居民收入水平很大程度上反映粮食购买能力，居民收入水平的提高

是粮食消费安全的基本保障。从表 3-3 可以看出，城镇居民家庭人均可支配收入增长率在 1997—2021 年连续增长，在 2002 年、2004 年、2005 年、2006 年、2007 年、2008 年、2010 年、2011 年、2012 年共 9 个年份的同比增长率均在 10% 以上。农村居民家庭人均纯收入增长率在 1997—2021 年也连续增长，在 2004 年、2005 年、2006 年、2007 年、2008 年、2010 年、2011 年、2012 年、2013 年、2014 年、2021 年共 11 个年份同比增长率在 10% 以上。可见，无论是城镇还是农村，居民的收入水平都在稳步提升。对比粮食价格上涨率，除了在 1997—2000 年和 2002 年粮食价格同比在下降外，其余年份粮食价格同比都在上涨，而且在 2004 年同比增长率达到 26.5%，因此，考虑粮食价格上涨因素，无论是城镇居民还是农村居民的粮食购买能力并不是一直处于上升状态，存在很大的不稳定因素。

（二）食物消费结构呈多元化态势，但粮食消费仍占主导地位

居民消费结构主要采用恩格尔系数来考察。城镇居民家庭和农村居民家庭的恩格尔系数见表 3-3，可见无论是城镇居民家庭的恩格尔系数还是农村居民家庭的恩格尔系数均呈逐步下降趋势，城镇居民家庭的恩格尔系数年均下降 2.12%，农村居民家庭的恩格尔系数年均下降 2.24%，说明无论是城镇居民还是农村居民，在日常消费中食物支出占比都在下降，相应地，其他品类的消费支出不断增长，居民的生活水平都在稳步提升。具体到食物品类的消费结构（见图 3-5，囿于数据短缺，仅列示 2013—2021 年情况），2013—2021 年，我国居民人均消费结构呈现多元化态势，粮食、蔬菜及食用菌、肉类、禽类、水产品、蛋类、奶类、干鲜瓜果类、食糖均有涉及，粮食（原粮）消费呈下降趋势，粮食消费占比由 40.86% 下降到 34.89%，蔬菜及食用菌消费占比变化不大，从 26.79% 到 26.49%，肉类占比增长明显，从 7.03% 到 7.94%，水产品占比由 2.86% 上升到 3.43%，蛋类消费占比由 2013 年的 2.25% 提高到 2021 年的 3.18%，干鲜瓜果类占比明显提高，在 2013 年占比为 11.18%，到了 2021 年占比达到 14.72%，奶类和食糖变化不大。可见，在多元化的食物消费结构中粮食消费仍然占主导地位，肉类、水产品、蛋类、干鲜瓜果类等非粮食消费对粮食消费产生了一定的替代作用，而且伴随着消费观念的不断升级，这些非粮品类对粮食消费

的替代空间还会进一步扩大，一定程度上，这种替代作用缓解了粮食需求的压力，同时也对粮食生产结构带来了新的要求。因为，肉类蛋类奶类消费的增长很大程度上要依赖粮食产品的转化，畜牧业的发展离不开粮食生产托底，蔬菜水果产业、青储玉米等非粮食饲料作物产业等的发展需要占用一定的耕地资源和水资源，这又与粮食生产在资源利用上存在一定程度的竞争关系。此外，中国长期形成的以植物蛋白为主的膳食结构和消费习惯短时间内变化的可能性较小，所以，长期内粮食消费在食物消费结构中的主导地位发生变化的可能性不大。

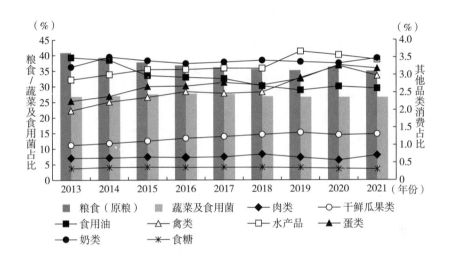

图 3-5 消费结构变化

注：粮食（原粮）、蔬菜及食用菌消费占比参见主坐标轴，其余的参见次坐标轴。

资料来源：根据《中国统计年鉴》整理。

（三）城乡粮食消费结构差异不断缩小，粮食商品需求呈加大趋势

从城镇居民家庭和农村居民家庭恩格尔系数对比可以发现，粮食消费存在城乡差异，在人均口粮消费方面，农村居民人均消费口粮数量远高于城镇居民家庭人均消费口粮数量，达城镇居民的 2 倍左右，而肉类、蛋类、奶类、水产品等则明显低于城镇居民家庭消费量，约为城镇居民的 2/3。而且农村居民家庭粮食消费的用途主要是自用，商品性用途少之又少，城镇居民的粮食消费用途则主要是商品性用途，随着城乡

融合战略的不断推进、城乡要素的不断流动，城乡粮食消费结构会呈现新的变化，商品性消费用粮的数量会呈增加趋势，根据韩一军的测算，每增加一个农村劳动力流入城市，商品性用粮的消费量会增加 200 千克以上。

（四）人均粮食满足率较高，粮食消费安全有保障

因粮食产量连续多年增加，人均粮食满足率（见表 3-3）虽略有波动，但在 1997—2021 年，除了 1997 年、1999 年、2000 年、2001 年、2003 年、2016 年、2017 年、2018 年以外的 16 个年份的人均粮食满足率都在 100% 以上，因此，从粮食供给角度反映了粮食消费安全有充分的保障。

五　粮食贸易安全情况

自中国加入世贸组织以后，中国已成为世界范围内农业开放度最高的国家之一，农产品贸易快速发展，推动粮食贸易高速跟进，对外贸易规模日渐加大，粮食贸易格局不断演化，粮食贸易也迈入新阶段，呈现出一些鲜明的特点。

（一）粮食贸易规模不断提高，进口占绝对优势

从贸易总量看，在 1997—1998 年，从粮食进出口数量看，中国是粮食净出口国，但 1999—2003 年，中国粮食产量连续 5 年减产，这也刺激了粮食进口量的提升，到 2003 年粮食进口量达到了 2283 万吨，自此以后，2008—2022 年，中国一直处于粮食净进口国的状态。囿于数据，仅列示 2014—2022 年粮食进出口情况（见表 3-4），可见 2014—2022 年粮食进口量呈现微幅增减波动，但进口量远超出口量，到 2022年粮食净进口量达到 14365 万吨，粮食贸易规模在波动中不断增加。在粮食出口方面，中国粮食出口量先增后减，在 2003 年最高，达到 2231万吨，2004—2007 年波动减少，2008 年以后骤然减少，自此之后粮食出口总量逐渐减少，2014—2022 年在微幅波动中减少，粮食出口量占粮食总产量的比例很低，基本在 0.5% 以下。在粮食进口方面，中国粮食进口量先降后升，2002 年，粮食进口总量为 1417 万吨，2002 年到2010 年进口量连续增长，到 2010 年粮食进口量达 6050 万吨，2011 年略微下降，2012—2015 年连续增长，2014 年已突破 1 亿万吨，2015—2022 年，粮食进口总量在升降中微幅波动，到 2022 年年底，粮食进口

总量为 14687 万吨，相较 2002 年增长了 9.36 倍，年均增长率达 12.87%。总体来看，中国粮食贸易在 2008 年以后呈净进口状态，净进口总量在波动中呈现不断增长趋势，中国粮食出口竞争力处于比较劣势地位，粮食进口总量则因国内市场需求的拉动呈不断提升趋势。

表 3-4	2014—2022 年粮食进出口情况		单位：万吨
年份	粮食进口	粮食出口	粮食净进口量
2014	10042	211	9831
2015	12477	164	12313
2016	11468	190	11278
2017	13062	280	12782
2018	11555	249	11306
2019	11144	318	10826
2020	14262	354	13908
2021	16454	331	16123
2022	14687	322	14365

资料来源：根据中国海关总署数据整理。

（二）粮食品种贸易结构不均衡，时序波动性较大

从进口结构看（具体参见图 3-6 和表 3-5）。2014—2022 年，小麦在 2018 年以后进口数量明显提升，到 2022 年进口总量达 996 万吨，相较 2014 年增加 696 万吨，小麦占比从 2.98% 到 6.78%；玉米在 2018 年以后进口量骤然上升，到 2022 年，进口总量达到 2062 万吨，相较 2014 年增加 1802 万吨，进口量占比从 2.59% 到 14.04%；大豆进口量在 2015—2019 年平稳增长，占比从 65.47% 到 79.42%，但在 2019 年以后明显下降，到 2021 年占比为 58.66%，2022 年占比再次上升，其比例为 62.01%；食用植物油进口总量在 2021 年达最高点，为 1039 万吨，但占比在 2019 年以后逐渐下降，到 2022 年占比仅为 4.41%。可见，大豆是主要进口粮食品种。

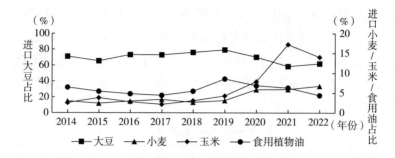

图 3-6　2014—2022 年中国粮食进口结构变化

资料来源：笔者根据中国海关总署数据整理。

表 3-5		海关进口主要农产品数量		单位：万吨
年份	小麦	玉米	大豆	食用植物油
1997	186	0	280	275
1998	149	25.1	320	206
1999	45	7.0	432	208
2000	88	0	1042	179
2001	69	0	1394	165
2002	63	1.0	1131	319
2003	45	0	2074	541
2004	726	0	2023	676
2005	354	0	2659	621
2006	61	7	2824	669
2007	10	4	3082	838
2008	4.3	5	3744	816
2009	90.4	8	4255	816
2010	123	157	5480	687
2011	125.8	175.3	5264	657
2012	370	520.8	5838	845
2013	554	326.6	6338	810
2014	300	260	7140	650
2015	301	473	8169	676
2016	341	317	8391	553

续表

年份	小麦	玉米	大豆	食用植物油
2017	442	283	9553	577
2018	310	352	8803	629
2019	349	479	8851	953
2020	838	1124	10031	983
2021	977	2835	9652	1039
2022	996	2062	9108	648

资料来源：中国海关总署。

　　从出口结构看，中国出口粮食以小麦、稻谷、玉米和大豆产品为主，总计占粮食出口总量的比重在 80% 以上，四种主要出口粮食所占比重呈先升后降趋势。出口谷物以小麦、稻谷、玉米为主，三种谷物占谷物出口总量的比重在 90% 以上。分品种看，小麦的出口量相较而言较低，在 2007 年达最高，为 307 万吨，占谷物出口量的比重为 29.8%，之后波动式下降，到 2022 年占比为 14.3%。大豆出口量较低，在 2008 年出口量最高，达 48.5 万吨，2009 年以后波动中呈明显下降趋势，大豆出口量占粮食出口总量的比例不到 10%。稻谷和大米出口量呈现先降后升再降的波动趋势，2018—2022 年出口量在 200 万—250 万吨，所占粮食出口总量比重先升后降再升再降，2014 年占比为 19.91%，到 2015 年占比仅为 17.5%，之后一直到 2019 年，稻谷和大米出口量占粮食出口总量比重一直高速上升，到 2019 年，占比达 86.48%，2020 年，再次明显下降，占比仅为 64.97%，2021 年回升到 73.11%，2022 年再次下降，占比为 68.01%，波动状态明显。玉米产品出口波动最为剧烈，从出口量最多的谷物产品演化为仅进口谷物产品，在 1997—2009 年，玉米一直维持净出口，是粮食出口最多的品种，在 2003 年出口量达到 1639 万吨，其余年份在 200 万—900 万吨，在 2005 年，玉米出口量占粮食出口总量的比例达到 81.6%。但在 2009—2011 年，玉米出口量骤然下降，此时间段内，玉米出口量占粮食出口总量比例不到 10%，而在 2012 年又增至 19.2%，2013—2016 年不断下降，到 2016 年，玉米出口量占粮食出口量仅为 0.5%，2017—2022 年略有回升，但幅度不大。玉米出口总量也呈现了巨幅的波动，2002 年同比增长 95%，2004 年同比下降 86%，2005 年同比增长 260%，可见，玉米出口量的巨幅波动是谷物出口波动的最主要原因。尤其是在 2004 年以后，受 1999—2003 年粮减产的影响，国家为调配国内粮食市场，取消了玉米出口配额和出口补贴，玉米出口量明显减少，从 2010 年开始，玉米成为净进口谷物产品。总体来看，中国主要粮食品种进出口贸易结构不均衡，进出口贸易总量和比例波动非常明显。稻谷和大米呈净出口状态，大豆呈净进口状态，玉米在 2010 年以后呈净进口状态且规模日益增加，小麦呈净出口和净进口交替状态。

（三）进口来源地集中化，出口市场相对分散化

一方面，中国粮食进口来源地非常集中，主要集中在土地资源比较丰富的国家，根据海关总署 2021 年和 2022 年数据（见表 3-6），美国、乌克兰、加拿大、欧盟、法国、澳大利亚六个国家和地区的进口谷物总量占进口谷物总量的比例都在 80% 左右，其中，小麦进口量比较大的国家是美国、加拿大、澳大利亚，占小麦进口量的比例在 90% 以上；稻谷和大米进口量比较多的国家集中在越南、泰国、巴基斯坦，占总进口量的比例在 90% 以上；大豆进口量比较高的国家集中在巴西、阿根廷、美国，占总进口量的比例在 95% 以上。另一方面，粮食出口市场相对分散，出口国家和地区涉及亚洲、美洲、非洲、欧洲等多个国家和地区。相对来说，日本、韩国、朝鲜、中国香港等是粮食主要出口国和地区；埃塞俄比亚、中国香港是小麦主要出口国和地区；韩国、日本、朝鲜、马来西亚、印度尼西亚是玉米主要出口国；日本、朝鲜和中国香港是稻谷和大米的主要出口国和地区；日本、韩国、美国是大豆主要出口国。除此之外，俄罗斯、南非、欧盟、菲律宾、印度尼西亚等地也都有涉猎，出口市场相对分散。

表 3-6	谷物主要进口国占比	单位：%
国家	2021 年	2022 年
美国	40.39	39.42
乌克兰	15.42	8.35

续表

国家	2021 年	2022 年
加拿大	8.58	7.35
欧盟	7.36	5.04
法国	6.99	4.77
澳大利亚	5.97	14.29
合计	84.71	79.22

资料来源：中国海关总署。

（四）粮食供给能力不均衡，部分品种对外依存度较高

根据供需理论，供应高于需求说明粮食安全系数较高。从粮食产量看，中国粮食总产量稳中有增，但是粮食需求量的增速显然要高过供给量的增速，粮食对外依存度呈明显上升趋势（见图3-7），所以，中国粮食国内需求缺口依然不小。从图3-7可以看出，在2011年，中国粮食需求量在64951万吨，对外依存度为9.84%。到2021年，中国粮食需求量达到84821万吨，年均增速为2.71%，而2011—2021年粮食产量的年均增速仅为1.50%，且对外依存度为19.40%，年均增长率达5.24%。

图 3-7 粮食需求量及对外依存度

资料来源：根据中国海关总署数据计算整理。

评价粮食贸易安全的重要指标是粮食自给率及粮食对外依存度，二

者是相辅相成的关系，通常粮食自给率越高，粮食对外依存度越低，粮食进口贸易安全性越高。根据中关村国科现代农业产业科技创新研究院的研究成果，表3-7列示了2000年以来主要粮食品类的对外依存度情况，可见不同的粮食品类的对外依存度发生了颠覆性变化，在2000年，大豆的对外依存度为39.85%，到2021年，大豆的对外依存度达到87.60%。在2000年，玉米的对外依存度为-10.95%，自给率最高，到2021年，玉米的对外依存度达到2.40%。在2000年，稻谷的对外依存度为-2.11%，到2021年，稻谷的对外依存度上升到1.60%。小麦的对外依存度从2000年的0.87%上升到2021年的4.30%。可见，玉米、小麦、稻谷三大主粮的对外依存度不高，仍以国内供应为主。结合2021年粮食供需情况看（见表3-8），说明主要谷物粮食中，小麦、玉米、稻谷的国内供应程度较高，可以满足消费需求，而大豆仍然是高度依赖进口的主粮。

表3-7　　　　　**2000—2020年主要年份主要粮食作物对外依存度**　　　单位：%

年份	大豆	玉米	小麦	稻谷
2000	39.85	-10.95	0.87	-2.11
2010	78.37	0.75	1.04	-0.18
2015	87.37	1.75	2.19	2.02
2019	83.09	1.79	2.34	-0.17
2021	87.60	2.40	4.30	1.60

资料来源：国科现代农业产业科技创新研究院。

表3-8　　　　　　　**2021年中国粮食供需基本情况**　　　　单位：%

类别	品种	粮食消费占比	自给率	库销比	进口依赖度
谷物	小麦	20.1	120.2	92.1	4.3
	玉米	39.3	88.7	47.5	2.4
	稻谷	31.6	104.8	86.4	1.6
豆类	大豆	3.2	17	9.9	87.6

资料来源：笔者根据中国海关总署数据计算整理。

六　粮食生态安全情况

中国自然资源丰富，但人口数量较大，一方面，受耕地、水资源、气候条件等资源环境因素约束，粮食安全面临严峻的挑战；另一方面，因化肥、农药等流失导致农业面源污染及农业碳排放，对粮食生产的生态系统带来严重的冲击。本部分主要从水资源、耕地、面源污染、农业碳排放等方面分析粮食生态安全的基本情况。

（一）水资源日渐短缺

一方面，水资源数量有限。可用水资源减少和行业用水竞争等原因导致农业用水资源紧张。一是可利用水资源紧张。我国水资源总量较大，2000—2021年维系在25000亿—35000亿立方米，但可利用水资源比例一直在19%—27%波动，而且农业用水总量占总用水量比例呈明显下降趋势，在2000年，农业用水总量为3783.54亿立方米，农业用水占比达68.82%，到2021年，水资源总量为29638.2亿立方米，可利用水资源总量为5920.2亿立方米，占比为19.97%，农业用水量为3644.3亿立方米，占总用水量的比例仅为61.55%。从水资源供求情况看，农业用水资源实际处于供不应求的状况，根据韩一军等（2017），农业用水每年短缺量在300亿—400亿立方米。二是农业与非农用水博弈加剧。从用水用途看，用水主要包括农业用水、工业用水、生活用水、生态用水等类型。中国用水结构变化见图3-8，可见农业用水占比呈下降趋势，而工业生产用水、生活用水、生态用水比例不断提高，特别是生活用水和生态用水比例的快速上升，给农业用水带来一定程度的压力。三是水资源区域分布不平衡。我国水资源呈现南多北少、东多西少的空间格局，而耕地数量则呈北多南少、西多东少的空间布局，这导致水土组合不合理，北方耕地面积占全国比例为64%，水资源总量占全国比例却低于20%，北方平均每亩耕地用水量仅为南方的1/3，而北方却承担着粮食主产的重要功能，加之降水量的区域不均，如黄淮海三大流域的耕地面积占全国比例在39%左右，而水资源量仅为7.5%左右，这些因素会导致农业用水区域性紧张，对粮食整体安全带来巨大压力。

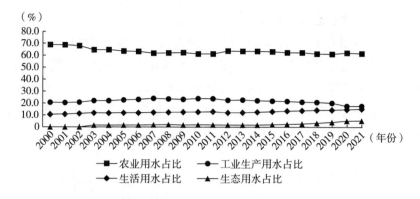

图 3-8 2000—2021 年用水结构变化

资料来源：根据《中国统计年鉴》整理。

　　另一方面，水资源质量恶化趋势明显。水资源是数量与质量的有机统合。而水资源的质量水平不断下滑，特别是废水导致的水资源污染问题给水资源质量带来严峻挑战。2000—2015 年废水排放量和主要污染物排放情况见图 3-9，可见废水排放量的年均增速达 3.88%，废水中主要污染物化学需氧量排放总量年均增速达 2.91%，氨氮排放量年均增速达 1.5%。从废水排放结构看，工业废水占比呈明显的下降趋势，2000 年工业废水占比为 46.77%，到 2015 年占比仅为 27.13%；生活污水占比呈明显上升趋势，在 2000 年占比为 50.81%，到 2015 年占比达72.78%。主要污染物中，工业废水中化学需氧量占比不断下降，而农业废水中化学需氧量排放量占比不断上升，到 2021 年占比达到50.23%；工业废水中氨氮排放量占比呈减少趋势，而生活废水中氨氮排放量占比不断增加，农业废水中氨氮排放量占比也不断提高。到2020 年，全国废水中化学需氧量排放量达到 2564.76 万吨，氨氮排放量达到 98.41 万吨，农业废水中化学需氧量排放量占比达 52.12%，农业废水中氨氮排放量占比 35.79%。究其原因，随着农业产业结构调整，禽畜养殖业在农林牧渔业占的比重逐渐加大，禽畜养殖业收入占农民收入比重超过 30%。禽畜养殖业高速发展的同时，产生的环境污染尤其是水污染问题也日益严重，仅化学需氧量污染物排放总量就已经超过工业和生活污染物中化学需氧量的总量。此外，广大农村的污水处理设施相对落后，农村居民的生活污水基本以漫流或自然渗透的方式直接向农田和水体排放，禽畜养殖业的现代化的污染处理措施相对较为薄弱，大部分也是粗放式的直接排放，这都导致严重的面源污染，农业生产特别是粮食生产环境的生态承载力超载，给粮食安全带来极大威胁。

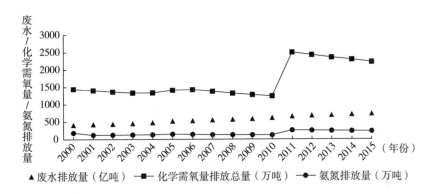

图 3-9 2000—2015 年废水和主要污染物排放情况

资料来源：根据《中国统计年鉴》整理。

（二）耕地资源面临约束

一是耕地数量约束。1997—2021 年中国耕地面积变化情况如图 3-10 所示，可以看出耕地面积除了在 1997—1998 年没有变化，为14.26 亿亩，1999 年明显增加到 19.51 亿亩，1999—2007 年保持不变，2008 年下降到 18.26 亿亩，一直到 2013 年耕地面积没有增减，2014 年增加到 20.25 亿亩，一直到 2017 年耕地面积维持不变，2018 年再次减少，2018—2021 年耕地面积保持在 19.19 亿亩。虽然从总量上看，中国耕地面积基数不小，在世界范围内排第三位，仅次于美国和印度，但从人均占有量看，中国人均耕地面积仅为 1.36 亩/人，只为世界人均耕地面积的 40%，仅为法国人均耕地面积的 1/3，美国人均耕地面积的1/6，阿根廷的 1/7，加拿大的 1/18，澳大利亚的 1/27。

二是城镇化和工业化建设侵占部分耕地。城镇化和工业化建设的推进对粮食生产的作用是双刃剑，一方面，城镇化和工业化的发展可以为粮食生产提供更多的资金、技术、机械设备等的资源支持；可以促进农村劳动力流动，有利于促进粮食规模化生产，提高粮食生产效率和效益。这都对粮食安全起到正向促进作用。另一方面，工业化进程会促进

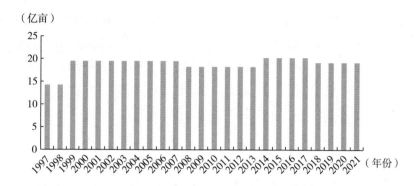

（亿亩）

图 3-10　1997—2021 年耕地面积变化

资料来源：根据《中国统计年鉴》整理。

农村劳动力大量转移，从而会减少粮食生产的劳动力、耕地投入，对粮食安全产生负向制约作用。根据国际经验，在人均土地资源不足的国家或地区，如日本、韩国、中国台湾等地，城镇化和工业化进程会对耕地面积绝对量的变化产生显著的影响。其中，日本在 1995 年耕地面积最多，之后 40 年的时间，耕地面积减少了 52%；韩国在 1965 年耕地面积达最高峰，之后 30 年减少了 46%；中国台湾在 30 年的城镇化和工业化进程中，耕地面积减少了 42%。在我国新型城镇化建设中，应该特别关注耕地面积的变化，"长牙齿"式的耕地硬保护措施应跟得上、跟得紧。

三是耕地质量不容乐观。除了耕地数量的减少，耕地质量的下降也是导致粮食产量下降等不完全因素的重要原因。而耕地过度开发、耕地不科学利用、耕地缺乏保护措施等都是导致耕地质量下降的重要因素。其一，耕地过度开发导致耕地基础地力降低。根据中国科学院对土地承载力的相关研究成果，我国部分地区的粮食现实产量已经超过耕地资源生态承载力，特别是西部地区，有 20% 的土地承载力处于超载状态，其中，陕西北部、甘肃的河西走廊、内蒙古科尔沁等地的土地承载力处于严重超载状态；西藏西部和南部、新疆伊犁谷地、青海东部等则处于满负荷状态。虽然针对这些情况，国家采取了一系列措施，比如退耕还林、还草等，在一定程度上减缓了耕地恶化的速度，但洪涝、干旱、盐碱、瘠薄等其他因素也会给耕地质量带来威胁，土壤中有机质含量比处于下降态势，中低产田占耕地面积的比例在 60% 以上，耕地中有机质含量不足 1.2%，相较欧美国家 2.5%—4% 的平均水平明显偏低（曹宝明，2014）。其二，耕地污染严重。工业废水、废气、废渣的排放及农业生产固体废弃物、化肥、农药等无序排放都会导致耕地大面积污染，其原因一方面在于，化肥施用不均衡，有机肥施用不足，导致土壤肥力降低。根据《中国环境公报》数据，我国耕地缺钾面积达 60% 以上，缺磷面积达 51%，有机肥施用量不到 25%。另一方面在于，化肥和农药的过度使用导致耕层变浅、耕性变差、保水保肥能力降低。据农业农村部数据，我国耕地化肥施用量平均在 400 千克，而世界平均水平约每公顷 225 千克，到 2021 年，农药使用量 131.1 万吨。其三，耕地存在占优补劣现象。目前，为保障耕地 18 亿亩的红线，我国推行耕地占补平衡政策，但是占用的耕地和新开发补充的耕地在质量上和产出效率上很难平衡，据农业农村部数据，新开垦耕地在最初的时间里，其产粮的数量仅达熟地的 20%—30%。如果在占补平衡后，没有相应的质量保障措施，耕地的平均质量水平会有所下降。

（三）农业面源污染日益严重

农业面源污染是相对于工业点式污染而言的，它是由农业生产过程中产生的、没有经过有效处理的污染物，包括沉积物、未被吸收的化肥、农药、农业固体废料、农用塑料薄膜、致病菌等分散污染源导致的水体、空气、土壤等污染，主要涵盖化肥污染、农药污染、禽畜粪便污染等，由于农业生产活动的普遍性和广泛性及农业面源污染的覆盖范围大、隐蔽性大、随机性强、难监测、难测量、难控制等原因，农业面源污染已成为影响农业生态环境治理的关键污染源，而且农业面源污染的危害性大，是可能导致耕地质量下降、农业生产和农村生活环境恶化的重要因素，特别是对水环境的负面影响巨大，在中国科协针对 69 个农村和小城镇调查点的调查数据，有半数以上的调查地点的饮用水硝酸盐含量超过 50 mg/L 的最大浓度，有的调查地点饮用水的硝酸盐含量甚至达到 300 mg/L。喷洒的农药只有 10%—20% 被吸收附着在农作物上，其余的 80%—90% 则流失到土壤、水体和空气里面，再随着降水、灌溉等淋溶作用污染地下水。而且农业面源污染导致粮食等产地生态环境污染的情况日趋严重，甚至会产生土壤污染、粮食产品安全问题、出口贸易受阻等一系列的连锁反应，进一步影响人居环境，对人们身体健康带来严重的危害。

（四）农业碳排放增量明显

农业经济高速增长的同时农业碳排放总量也快速提升。农业温室气体排放量以每年3%的速度在增加，其排放农业温室气体总量占全国温室气体排放总量的比例已达17%以上，农业碳排放总量约占碳排放总量的30%。给农业生产特别是粮食生产环境带来严重的负面影响。

本书基于大农业观从三个方面综合测算农业碳排放量：一是农用生产资料投入（化肥、农药、农膜、农用柴油以及农业灌溉）带来的碳排放。二是畜禽养殖所导致的 CH_4 和一氧化二氮（N_2O）排放，具体涉及牛、马、猪、羊以及家禽等畜禽品种。三是农作物种植破坏土壤表层所导致的 N_2O 排放。利用碳排放源及其碳排放系数的乘积作为测算方法，具体可参考郭海红等（2021）的研究成果。1997—2020年中国农业碳排放变化情况见图3-11。可见，农业碳排放总量呈现了先增后减的趋势，在1997—2015年，农业碳排放总量以年均2.49%的速度增长，2015—2020年，农业碳排放总量则以-2.26%的年均速度减少。2015年是农业碳排放的拐点，究其原因，农业碳排放受农业低碳发展的系列政策直接影响，尤其是2013年提出最大限度地节约农业生产要素，最大限度地减弱农业生产的外部性负效应的"两型农业"理念之后，农业低碳化提上议事日程，2015年，"创新、协调、绿色、开放、共享"新发展理念深化了绿色发展的要求，也对农业绿色化发展提出了新要求。2017年，党的十九大报告中明确提出"两山"理念，2022年，党的二十大报告强调了"推动绿色发展，促进人与自然和谐共生"的基本要求，明确"必须牢固树立和践行绿水青山就是金山银山的理念，站在人与自然和谐共生的高度谋划发展""加快发展方式绿色转型""推动形成绿色低碳的生产方式和生活方式"。可见，农业环境整治和农业低碳化发展已上升到国家顶层设计层面，这对农业碳排放约束的作用明显可见。

（五）气候条件不稳定

粮食生产过程除了与耕地、水资源等具有直接关系外，还离不开气候条件的影响。气候条件在农业生产整个过程中都会产生影响，光、热、风等能量和物质要素交织形成气候资源可以为粮食生产提供自然生

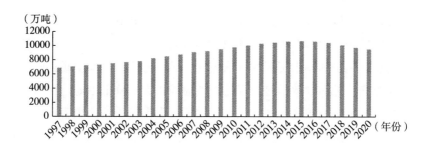

图 3-11　1997—2020 年中国农业碳排放情况

资料来源：作者测算。

长的条件，但干旱、洪涝、狂风、极寒等气候灾害又会对粮食生产带来危害，并可能限制农业技术实施。中国属于气候灾害比较严重的国家，气候灾害的类型多、频次大、范围广、强度高，而且中国地质条件多样，叠加气候因素对粮食生产带来的影响难以准确估量，粮食生产完全抵御气候等自然灾害的能力尚且不高，粮食生产的弱质性还没有根本改变，对粮食安全带来严峻挑战。1997—2020 年气候灾害情况如图 3-12 所示，可见，农业受灾面积整体上呈减少趋势，但波动幅度很大，年均减少幅度在 4.19%，而受灾面积总量仍然较大，到 2020 年，农业受灾面积达 19958 千公顷，受灾率达 11.9%；农业成灾面积整体上也呈不规则的波动，但不断降低的趋势也比较明显，年均降幅为 5.63%，但成灾面积依然较高，到 2020 年，成灾面积总量在 7993 千公顷，成灾率达 4.77%。其中，由旱灾导致的受灾面积呈下降趋势，旱灾受灾率在剧烈波动中下降，年均降幅为 3.84%，而由洪涝灾害导致的受灾率却在波动中呈上升趋势，年均增幅在 2.3%；由旱灾导致的成灾率在大幅度震荡中呈减少趋势，年均降速为 3.19%，而由洪涝灾害导致的成灾率则在不规则变化中呈增加趋势，年均增速达 2.99%。可见，气候灾害并没有明显规律，不规则波动明显，农业特别是粮食"靠天吃饭"的局面尚没有得到根本性改观。

气候灾害给粮食生产带来极大不确定性，具体表现在以下四个方面：一是全球气候变暖可能使粮食带北移，据相关研究，温度每上升 1 摄氏度，会使粮食作物带北移 1550—2000 千米。而中国的粮食主产区也会向北推移，而水热情况并不同步，北方水资源相对匮乏，反而可能会导致粮食产量下降。二是气候变化会影响水资源分布。一方面，气候灾害特别是干旱会导致降水等状况更趋向极端化，比如沙漠化、暴雨等，这会进一步加剧水资源的不均衡性。另一方面，气候变暖还会导致海平面上升，进而导致沿海地区盐碱地面积扩大，降低沿海地区耕地质量，并进一步影响粮食生产。三是气候灾害会促进农业病虫害加剧。部分农作物的病虫害失去寒冷气候的天然屏障会加剧鼠害、病虫害等生物属性上的危害，促进病虫害发生频率、范围及影响程度的变化。四是气候灾害促进了农业灾害发生的可能性。尤其是极端天气出现的概率大大提高，会促进土地沙化、盐碱化、荒漠化等情况加剧，甚至会直接导致部分地区干旱或洪涝灾害，对粮食生产带来极大的不确定性。

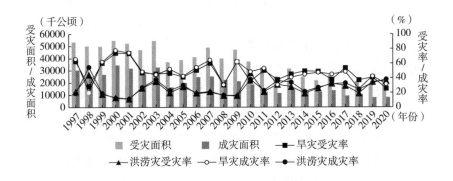

图 3-12　1997—2020 年气候灾害情况

注：受灾率、成灾率参见次坐标轴。

资料来源：根据《中国统计年鉴》测算整理。

第二节　中国粮食安全整体评价

一　粮食安全评价体系

基于粮食安全理论，粮食安全应基于人口再生产和环境可持续发展的要求，一方面通过可持续发展保证粮食在数量上满足人口发展所需；另一方面是在满足数量目标的前提下，努力提高粮食质量，实现粮食质量安全与生产环境的良性互动（刘利花等，2020）。本书根据 FAO 提出的由"粮食供给、食物获取、食物利用和其他"构成粮食安全框架

（Stephens E. C. et al.，2017），并根据环境的变化进行调整，基于结果导向界定粮食安全为数量、质量、结构、生态、贸易安全的有机融合，其中数量安全指的是粮食产量可以保障一个国家或地区居民的生存和发展所需；质量安全既涵盖食品安全，也体现食物满足膳食结构及营养需要的要求；结构安全则反映不同粮食作物的平衡状态；生态安全反映粮食生产应该与生态环境共生共存，建立在对生态系统滋养和促进的基础之上保障农业系统的可持续性，包括资源安全和环境安全，资源安全反映粮食生产的资源约束；环境安全反映粮食生产对环境的压力；贸易安全则反映一个国家或地区的粮食对外依赖程度。基于粮食安全的内涵，构建粮食安全评价指标体系，如表3-9所示。

表3-9　　　　　　　　　　粮食安全评价指标体系

一级指标	二级指标	度量指标	单位	方向
粮食安全	数量安全	粮食总产量	t	正
		人均粮食占有量	t/人	正
		粮食播种面积	khm²	正
		有效灌溉面积	khm²	正
		农作物受灾面积	khm²	负
	质量安全	单位耕地农药使用量/农药使用量	t/hm²	负
		单位耕地农膜使用量/农用塑料薄膜使用量	t/hm²	负
		农用化肥折纯施用量	t	负
	结构安全	大豆产量/三大主粮产量	%	正
		大豆播种面积/三大主粮播种面积	%	正
		大豆进口量/三大主粮进口量	%	正
	贸易安全	粮食进口依存度	%	负
		粮食进口额/商品总出口额	%	负
		粮食进口量/世界粮食出口量	%	负
	生态安全	单位粮食水资源消耗量	m³/t	负
		单位粮食耕地消耗量	hm²/t	负
		面源污染	t	负
		碳排放	t	负

资料来源：笔者构建。

二 粮食安全评价方法

因指标体系中各指标的度量单位不一致，重要程度也有所差别，因此，本书采用熵权法赋予每个指标权重，并测算粮食安全水平。熵权法是根据指标原始信息的变异程度进行客观赋权的方法。判断标准是根据信息熵的大小，通常某指标的信息熵越小，反映了指标的变异程度越大，提供的信息量越大，其权重越高，其影响程度也越高。

熵权法基本步骤为：

①原始判断矩阵构建。对 m 个省份 n 个测算指标，构建原始判断矩阵 $U = \{u_{ij}\}_{m \times n}$，（其中，$u_{ij}$ 为省份 i 的第 j 项指标，$i = 1, 2, \cdots, m$；$j = 1, 2, \cdots, n$）

②原始指标数据无量纲化处理。具体见式（3-1）和式（3-2）：

$$\text{正向指标：} u_{ij}^* = \frac{u_{ij} - \min\limits_{1 \leq i \leq m} u_{ij}}{\max\limits_{1 \leq i \leq m} u_{ij} - \min\limits_{1 \leq i \leq m} u_{ij}} (i = 1, 2, \cdots, m; j = 1, 2, \cdots, n) \quad (3-1)$$

$$\text{负向指标：} u_{ij}^* = \frac{\max\limits_{1 \leq i \leq m} u_{ij} - u_{ij}}{\max\limits_{1 \leq i \leq m} u_{ij} - \min\limits_{1 \leq i \leq m} u_{ij}} (i = 1, 2, \cdots, m; j = 1, 2, \cdots, n) \quad (3-2)$$

③指标权重确定，见式（3-3）：

$$p_{ij} = \frac{u_{ij}^*}{\sum\limits_{1 \leq i \leq m} u_{ij}^*} (i = 1, 2, \cdots, m; j = 1, 2, \cdots, n) \quad (3-3)$$

④熵值确定，见式（3-4）：

$$h_j = -\frac{1}{\ln m} \sum_{i=1}^{m} p_{ij} \ln p_{ij} \quad (3-4)$$

⑤熵权确定，见式（3-5）：

$$g_j = \frac{1 - h_j}{n - \sum\limits_{j=1}^{n} h_j} \left(\text{其中，} 0 \leq g_j \leq 1, \sum_{j=1}^{n} g_j = 1 \right) \quad (3-5)$$

⑥权重确定，见式（3-6）：

$$\lambda_j = \frac{g_j}{\sum\limits_{j=1}^{n} g_j}, (j = 1, 2, \cdots, n) \quad (3-6)$$

因 $\sum\limits_{j=1}^{n} g_j = 1$，故熵权 g_j 即所求权重。

三　中国粮食安全的整体水平分析

1997—2020年中国及粮食功能区的粮食安全总体情况见图3-13。可见，中国粮食安全情况呈现了"快速上升—急剧下降—波动发展—稳步提升"四个阶段性的总体特征。其中在1997—1998年粮食安全指数快速上升，这与1993年开启的市场化改革有一定关系，市场化改革的红利在粮食安全领域得到淋漓尽致地体现。在1998—2004年，中国粮食安全指数急剧下降，其原因在于：一方面，中国快速的城镇化和就地工业化进程的快速推进，扩大了城乡二元结构的差异，耕地面积不断减少，而且进城农民工数量的增加，不少耕地存在弃耕或粗放经营的现象，良地复种指数也不断下降；另一方面，农业产业结构不断调整，非粮经济作物的种植面积快速增加，粮食播种面积持续降低，甚至不少地区提出"无粮化"的目标，粮食单产产量持续下降。因此，粮食安全指数呈现剧烈下降的态势。在2005—2015年呈现波动式发展态势，2005年以后，粮食安全成为各层面高度关注的重点问题，农业税费减免、粮食直接补贴、建设用耕地的限制等系列政策的密集出台大大提高了粮食种植的积极性，粮食播种面积、复种指数等都呈现不同程度的增长态势，粮食安全指数也保持了年均0.09%的增速，虽然2007年、2009年微幅下降，但波动中增长的态势明显。在2016—2020年呈现明显的增长态势，年均增长率达6.09%。从2014年中央一号文件首次提到粮食安全，到2020年中央一号文件中两次提到粮食安全，可见国家层面对粮食安全问题的重视程度在不断提升，粮食安全问题被摆到了前所未有的重要位置，各省份也陆续推出粮食安全的保障措施，这给粮食安全指数的提升起到了关键的推动作用。

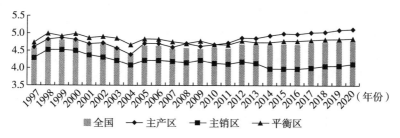

图3-13　1997—2020年全国及各粮食功能区粮食安全的变化情况

资料来源：笔者测算。

从各粮食功能区情况看,粮食主销区的粮食安全指数在 1997—2020 年一直处于最低水平并呈下降趋势,从 1997 年的 4.29 到 2020 年的 4.11,年均下降 0.18%。粮食主产区的粮食安全指数在波动中呈比较明显增长趋势,从 1997 年的 4.60 到 2020 年的 5.11,年均增长 0.7%,并且粮食主产区的粮食安全指数变化与全国的粮食安全指数变化趋势基本一致,说明全国的粮食安全很关键地取决于粮食主产区。2010—2020 年,粮食主产区的粮食安全指数在三大粮食功能区中一直处于最高水平,为全国粮食安全提供了有力的保障。粮食平衡区的粮食安全指数变化比较平稳,从 1997 年的 4.74 到 2020 年的 4.85,年均增长 0.3%。结合三大粮食功能区的粮食总产量看,在 1997 年,粮食主产区的粮食总产量为 35172.69 万吨,是粮食主销区粮食总产量的 6.7 倍,是粮食平衡区粮食总产量的 3.9 倍。到 2020 年,粮食主产区的粮食总产量为 52597.52 万吨,是粮食主销区粮食总产量的 18.3 倍,是粮食平衡区粮食总产量的 4.6 倍,区域之间的差异呈增大趋势。

第三节　本章小结

本章从粮食产量、粮食质量、粮食结构、粮食贸易、粮食生态五个方面分析中国粮食安全的基本情况,进而采用熵权法对中国粮食安全整体水平进行系统评价,结果发现:

第一,在粮食产量安全情况中,粮食播种面积整体上呈现微幅增长,1997—2021 年仅年均增长 0.17%,人均粮食产量在 2003 年以后平稳增长,到 2021 年人均粮食产量达 483 千克,人均粮食产量远超国际公认的 400 千克的粮食产量安全警戒线。粮食单产水平一步一个台阶稳步上升,到 2021 年粮食单产水平达 774 千克/亩,粮食生产效率不断提高。粮食总产量总体上保持了增长趋势,但同比增长率并不完全为正,粮食产量是否稳定取决于粮食生产过程中的投入与产出变动关系。稳定增加的播种面积对粮食产量安全起到重要保障作用,农业机械化对劳动力产生了一定程度的替代作用,农业科技投入及良好的气候条件是促进粮食产量稳步提升的关键要素。粮食生产集中度呈稳步增加趋势。

第二,粮食质量安全问题主要关注粮食生产过程中的可能产生的有害物质的情况，诸如化肥、农药、农用塑料薄膜、柴油等使用情况，化肥折纯施用量、农用塑料薄膜使用量、农药使用量、农用柴油使用量年均增长率分别为 1.21%、3.19%、0.41%、1.79%。化肥、农药、农膜等总量仍处于高位水平，到 2020 年化肥折纯施用量为 5250.7 万吨，农药使用量为 131.3 万吨，按种植面积平均算，中国化肥、农药使用量均远高于世界发达国家水平。

第三，粮食结构呈现其鲜明的特征，粮食品种结构发生明显变化，谷物产量一直呈现良好的增长势头，豆类则呈现徘徊式下降趋势，薯类则呈现"M"形的较大幅度波动，在谷物中，三大主粮的生产结构也呈现了差异性变化趋势，稻谷产量占比呈现逐步下降态势，小麦产量占比微幅变化，但也呈降低趋势，而玉米产量占比则明显上升。粮食品质结构不断升级，区域性结构特征日渐突出，"南粮北运"逐渐演化为"北粮南运"的空间格局。粮食生产方式升级，逐渐呈现规模化、专业化、社会化的显著特征。

第四，粮食消费呈现出总量稳步增长、结构明显变化、品质不断提高、消费替代性越来越强等新变化，这对粮食生产提出了新的要求，同时粮食消费方面具有一些新的特征，如居民收入水平稳步提升，对粮食购买能力提供了稳固保障；食物消费结构呈多元化态势，但粮食消费仍占主导地位；城乡粮食消费结构差异不断缩小，粮食商品需求呈加大趋势。人均粮食满足率较高，粮食消费安全有保障。

第五，农产品贸易快速发展，推动粮食贸易高速跟进，粮食贸易规模不断提高，中国粮食贸易在 2008 年以后呈净进口状态，净进口总量在波动中呈现不断增长趋势，中国粮食出口竞争力处于比较劣势地位，粮食进口总量则因国内市场需求的拉动呈不断提升趋势。粮食品种贸易结构不均衡，时序波动性较大。大豆是主要进口粮食品种。中国出口粮食以小麦、稻谷、玉米和大豆产品为主，总计占粮食出口总量的比重在80%以上，进口来源地集中化，主要集中在土地资源比较丰富的国家；出口市场相对分散化，出口国家和地区涉及亚洲、美洲、非洲、欧洲等多个国家和地区。粮食供给能力不均衡，部分品种对外依存度较高，小麦、玉米、稻谷的国内供应程度较高，可以满足消费需求，而大豆仍然是高度依赖进口的主粮。

第六，中国自然资源丰富，但人口数量较大，水资源日渐短缺，水资源总量较大，但可利用水资源比例一直在19%—27%波动，而且农业用水总量占总用水比例呈明显下降趋势，而且废水导致的水资源污染问题对水资源质量带来严峻挑战。中国人均耕地面积仅为1.36亩/人，只为世界人均耕地面积的40%。城镇化和工业化建设部分侵占耕地，耕地质量不容乐观。耕地过度开发、耕地不科学利用、耕地缺乏保护措施等导致耕地质量下降。由于农业生产活动的普遍性和广泛性及农业面源污染的覆盖范围大、隐蔽性大、随机性强、难监测、难测量、难控制等原因，农业面源污染已成为影响农业生态环境治理的关键污染源。农业碳排放增量明显，农业碳排放总量约占碳排放总量的30%。粮食生产过程除了与耕地、水资源等具有直接关系外，还离不开气候条件的影响，气候灾害并没有明显规律，不规则波动明显，农业特别是粮食"靠天吃饭"的局面尚没有得到根本性改观。

第七，从粮食安全时序变化看，中国粮食安全情况呈现了"快速上升—急剧下降—波动发展—稳步提升"四个阶段性的总体特征。观测期内，粮食主销区的粮食安全指数一直处于最低水平并呈下降趋势，粮食主产区的粮食安全指数在波动中呈比较明显增长趋势，粮食平衡区的粮食安全指数变化比较平稳，区域之间的差异呈增大趋势。

第四章 粮食安全空间差异及来源

中国农业取得了举世瞩目的成就，但中国粮食安全面临较大压力。习近平总书记指出，要牢牢把住粮食安全主动权。中国 31 个省份的资源禀赋迥异，其粮食安全格局存在很大差异，本章旨在揭示中国粮食安全格局的区域差异，诊断区域差异的根源，分析粮食安全格局区域差异的关键影响因素，对于确定未来粮食安全的重点区域及粮食安全政策的制定提供理论依据和实证支撑。

第一节 粮食安全区域差异来源分析

一 区域差异来源分解方法

为辨识粮食安全区域差异来源，采用 Dagum 基尼系数及分解方法（Dagum C.，1997），见式（4-1）。

$$G = \sum_{j=1}^{k} \sum_{h=1}^{k} \sum_{i=1}^{n_j} \sum_{r=1}^{n_h} |y_{ji} - y_{hr}| / 2n^2 \bar{y} \qquad (4-1)$$

其中，n 代表省份个数，k 是粮食功能区总数，i（r）表示粮食功能区内省份下标，j（h）代表区域下标，n_j（n_h）表示第 j（h）区域内省份数量，y_{ji}（y_{hr}）代表 j（h）区内省份 i（r）的粮食安全水平，$\bar{y}$ 为粮食安全均值。进一步分解为区内差异贡献（G_w）[见式（4-2）]、区间差异净值贡献（G_{nb}）[见式（4-4）] 及区间超变密度贡献（G_t）[见式（4-6）]，即 $G = G_w + G_{nb} + G_t$。

$$G_w = \sum_{j=1}^{k} G_{jj} p_j s_j, \qquad (4-2)$$

$$其中，G_{jj} = \frac{1}{2\overline{Y_j}} \sum_{i=1}^{n_j} \sum_{r=1}^{n_j} |y_{ji} - y_{hr}| / n_j^2 \tag{4-3}$$

$$G_{nb} = \sum_{j=2}^{k} \sum_{h=1}^{j-1} G_{jh}(p_j s_h + p_h s_j) D_{jh} \tag{4-4}$$

$$G_{jh} = \sum_{i=1}^{n_j} \sum_{r=1}^{n_h} |y_{ji} - y_{rh}| / n_j n_h (\overline{Y_j} + \overline{Y_h}), \tag{4-5}$$

$$G_t = \sum_{j=2}^{k} \sum_{h=1}^{j-1} G_{jh}(p_j s_h + p_h s_j)(1 - D_{jh}), \tag{4-6}$$

其中，$p_j = n_j \overline{Y}$，$s_j = n_j \overline{Y_j} / n\overline{Y}$，$j = 1, 2, \cdots, k$；$D_{jh}$ 为 j、h 区域间粮食安全的相对影响[见式(4-7)]，d_{jh} 代表区域间粮食安全的差值[见式(4-8)]，即为区域 j 和区域 h 中所有 $y_{ji} - y_{hr} > 0$ 的样本加总的期望值；p_{jh} 为超变一阶矩[见式(4-9)]，代表 j 和 h 中所有符合 $y_{hr} - y_{ji} > 0$ 的样本加总的期望值；$F_j(F_h)$ 代表区域 $j(h)$ 的累积密度分布函数。

$$D_{jh} = (d_{jh} - p_{jh}) / (d_{jh} + p_{jh}), \tag{4-7}$$

$$d_{jh} = \int_0^\infty dF_j(y) \int_0^y (y - x) dF_h(x), \tag{4-8}$$

$$p_{jh} = \int_0^\infty dF_h(y) \int_0^y (y - x) dF_j(x), \tag{4-9}$$

二 粮食安全区域差异来源

采用 Dagum 基尼系数测算全国及各粮食功能区的组内差异汇总在图 4-1 中。从差异总体情况看，粮食主产区、粮食主销区、粮食平衡区区内差异年均分别为 0.052、0.027、0.029，尤以粮食主产区内差异最大，粮食主销区区内差异最小，其原因在于粮食主产区涵盖山东省等共 13 个省份，分布涉及东部、中部、西部及东北部，各省份的资源禀赋条件差异较大。而粮食主销区内北京、上海等 7 个省份的功能主要是粮食销售，粮食产量、粮食面积等占比差异不大。粮食平衡区内各省份大都处于西部和西南部，各省份比较均衡，并无极化特征。从区内差异时序变化看，三大粮食功能区内差异均呈现不同程度的波动变化趋势，其中粮食主产区和粮食主销区的区内差异在 2003—2004 年和 2008—2009 年陡然下降，粮食平衡区区内差异在 2014—2015 年剧烈增加，但从时序变化态势看，三个粮食功能区的区内差异均呈不断增大趋势，粮食主产区、粮食主销区、粮食平衡区的区内差异年均增长率分别为

1.97%、1.77%、2.35%。

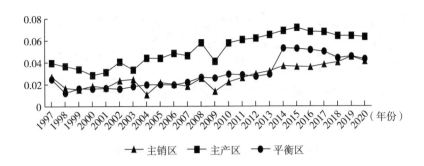

图 4-1　粮食功能区粮食安全的组内差异

资料来源：笔者测算。

采用 Dagum 基尼系数测算三大粮食功能区区间差异情况并汇总在图 4-2 中。从区间差异总体情况看，三个粮食功能区的区间差异呈明显的阶段性特征，在 1997—2012 年，粮食平衡区和粮食主销区间的差异最大，年均差异值为 0.02；其次为粮食主产区和粮食主销区之间的差异，年均差异值为 0.011；而粮食主产区和粮食平衡区间的差异较小，年均仅为 0.007。在 2013—2020 年，粮食主产区与粮食平衡区之间的差异明显上升，成为三个区域中最大的，年均差异值为 0.028。而粮食平衡区与粮食主销区之间的差异则最小，年均差异值仅为 0.009。粮食主产区与粮食主销区的差异则居中，年均为 0.019。从差异变化态势看，三个粮食功能区的差异呈现完全不同的变化轨迹，其中，粮食主产区和粮食主销区的差异变化相对比较平稳，在 1997—2020 年，年均增长 2.08%。粮食主产区与粮食平衡区的差异呈迅猛的增长态势，特别是在 2009—2014 年，二者之间的差异年均增长率达 23.54%。粮食平衡区和粮食主销区的差异则呈明显下降趋势，尤其是在 2003—2014 年，二者差异年均降幅达 10.05%。区间差异的剧烈变化，说明三个粮食功能区的粮食安全远未达到稳态，需要进一步加强区域之间的协调度，才可能根本性地保障粮食安全。

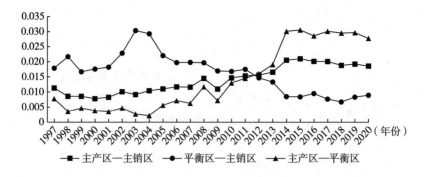

图 4-2　粮食功能区粮食安全的组间差异

资料来源：笔者测算。

进一步，采用 Dagum 基尼系数解析功能区之间差异的根源，结果汇总在图 4-3 中。三大粮食功能区的总体基尼系数呈"波浪形"波动状态，1997—2020 年，不同功能区的粮食安全差异尚没有达到稳态，但与初期相比，粮食安全的总体差异明显减少，减少幅度达 4.4%，但 2010 年之后差异呈微幅增大的趋势不能忽视。从差异来源看，在 1997—2012 年，区间差异的贡献率最大，年均贡献率达 51.11%，远超过功能区内差异和超变密度差异的贡献。但在 2013—2020 年，超变密度的贡献超过区间和区内差异的贡献，年均贡献度达 49.71%。而超变密度度量的是不同功能区交叉重叠对区域差异的影响，其贡献份额呈增加趋势，在一定程度上反映了不同粮食功能区需进一步优化的可能。

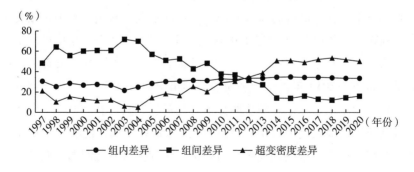

图 4-3　各差异的贡献

资料来源：笔者测算。

第二节 粮食安全区域差异的动态演进

一 粮食安全区域差异演化度量方法

核密度函数表达式为 $f(x)$（Rosenblatt J. R.，1955），见式（4-10）。

$$f(x) = \frac{1}{nh} \sum_{i=1}^{n} K\left(\frac{x - x_i}{h}\right) \tag{4-10}$$

其中，n 为观测值数量，h 为带宽，可用 $h = 0.9SN^{4/5}$（N 为样本数，S 为样本标准差）确定，基于嵌入估计法确定 h 最佳值。$K(\cdot)$ 为核密度函数，具体形式多样，本书采用 espanechnikov 核密度函数形式。$(x_1, x_2, \cdots, x_n)$ 代表独立同分布的 n 个区域的粮食安全。通过核密度曲线的分布区位、分布样态、主峰数量、峰度延展性等反映粮食安全区域分布状态的动态演化。

二 粮食安全区域差异核密度分析

Dagum 基尼系数比较全面地衡量了中国粮食安全区域差异的总体情况，解析了区域差异的来源及相对差异动态演化的轨迹，但无法揭示区域间绝对差异的动态演化进程，因此，进一步采用核密度函数分析不同功能区间绝对差异的演化情况，通过 epanechnikov 核密度曲线的分布区位、主峰形态变化、分布的延展性及波峰数量变化等分析。具体如图4-4 所示。

从分布区位看，全国的粮食安全核密度曲线整体微幅右移，表明全国粮食安全系数不断提高，特别是 2014 年以来，粮食安全连续十年被写入中央一号文件，国家从顶层设计上高度重视粮食安全，系列政策红利正逐步展现其功效，粮食安全正朝着向好的格局演进。三大粮食功能区的核密度曲线也整体向右推移，在一定程度上反映了各功能区在粮食安全的道路上取得了实效。值得关注的是，粮食主产区的核密度曲线一度向左移动，说明粮食主产区的粮食安全存在一定压力，需要多方共举扛起粮食安全的重任。

从主峰分布形态看，全国层面的核密度曲线主峰高度和宽度变化不大，表明全国在粮食安全上共下一盘棋，各省份粮食安全并无明显的离散趋势。粮食主产区的主峰高度下降且宽度加大，说明粮食主产区内各

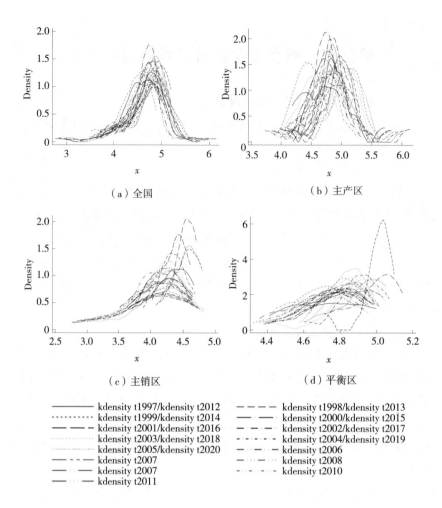

图 4-4　全国及三大粮食功能区粮食安全水平的动态演进

资料来源：笔者测算。

省份粮食安全的差异加大，其原因在于虽然同属粮食主产区，但不同省份的粮食生产结构、资源禀赋条件等迥异，对粮食安全起到的保障作用存在很大差异。粮食主销区的核密度曲线高度上升宽度缩小，反映了不同省份的绝对差异呈缩小趋势演化。粮食平衡区的核密度曲线除了个别年份突变，考察期内大多数年份高度和宽度变化不大，说明粮食平衡区各省份差异的变化缩小。

从分布延展性看，全国的核密度曲线呈现显著的左拖尾现象，表明部分省份的粮食安全水平低于平均水平。粮食主产区的核密度分布曲线呈现明显的右拖尾现象，并且分布延展性呈加大趋势，说明粮食主产区的省份间粮食安全水平存在较大差异，且省份间差异继续呈加大趋势。粮食主销区核密度曲线的左拖尾逐渐缩小，分布的延展性不断降低，意味着主销区的核心省份的粮食安全水平显著高于其他省份。粮食平衡区的核密度分布曲线存在一定程度的左拖尾且分布的延展性呈收敛趋势，反映了区域内粮食安全水平差距呈缩小变化趋势。

从波峰数量看，全国层面的波峰仅在部分年份存在弱双峰，并由"一高一低"的形态逐渐向"单一高峰"形态转化，右峰的峰值逐渐下降，表征了全国层面的粮食安全存在两极分化现象，但最终不存在两极分化或多级分化的极化情况。粮食主销区在考察期内经历了"双峰—单峰—双峰"的形态变化，但侧峰高度明显低于主峰，说明粮食主销区内存在梯度效应，并呈一定程度的两极分化现象。粮食平衡区的主峰数量除了个别年份为双峰外，其余年份均呈单峰状态，反映了粮食平衡区的粮食安全不存在极化现象。

第三节 粮食安全的空间相关性分析

一 空间格局测度方法

以全局 Moran'I 指数检验粮食安全的空间集聚状态（Moran，1950），全局 Moran'I 指数表达式为式（4-11），并采用 Moran 散点图来检验粮食安全的局域空间相关程度。

$$I = \frac{n \sum\limits_{i=1}^{n} \sum\limits_{j=1}^{n} w_{ij}(y_i - \bar{y})(y_j - \bar{y})}{S_o \sum\limits_{i=1}^{n} (y_i - \bar{y})^2} \tag{4-11}$$

其中，y_i 和 y_j 代表 i 省和 j 省的粮食安全水平，$\bar{y}$ 代表所有省份均值，w_{ij} 为空间权重矩阵，n 为研究省份的数量，$S_0 = \sum\limits_{i=1}^{n} \sum\limits_{j=1}^{n} w_{ij}$ 为空间权重聚合，$Molan'I \in [-1, 1]$，$Molan'I$ 对结果通过统计量 $Z(I)$ 值进行显著性检验。

二 粮食安全空间格局

从图 4-5 可知，1997—2020 年基于邻接矩阵的粮食安全 Moran'I 指数全部显著为正值，因此，中国粮食安全存在空间正相关性。在 1997—2014 年 Moran'I 指数呈不规则波动变化趋势，2015 年以后，Moran'I 指数比较平稳，说明邻域间的粮食生产等相关技术、资本等要素扩散和交流已然成为常态，粮食安全具有空间溢出效应。进一步，变换矩阵为反距离空间权重矩阵进行稳健性检验（见图 4-5），Moran'I 指数依然显著为正值，并与基于邻接矩阵的 Moran'I 指数保持了基本一致的演化趋势。这在一定程度上说明，粮食安全不仅与区位特质、禀赋条件有直接关系，也与邻近区域的粮食品种、粮食生产技术等条件具有密切关联，须高度重视区域间的空间关联性。

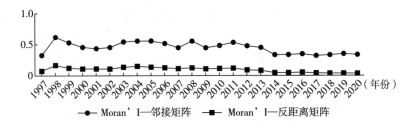

图 4-5　粮食安全的 Moran'I 指数

资料来源：笔者测算。

进一步，借助 Moran 散点图分析粮食安全的局域空间相关特征。代表性年份的 Moran 散点图如图 4-6 所示，可以看出粮食安全呈现明显的空间集聚特征，"高—高"和"低—低"聚集，在 1997 年呈"高—高"邻近的省份共 20 个，占全国总数的比例为 64.5%，2000 年、2005 年、2010 年、2015 年、2020 年该比例分别为 67.7%、74.2%、74.2%、74.2%、74.2%，变化不大，其中内蒙古、河南、山东、黑龙江、辽宁、吉林 6 个省份的粮食安全一直位居"高—高"集聚区，其在粮食安全保障方面具有引领性作用。而呈"低—低"邻近的省份占比一直稳定在 22.6% 左右，因此，粮食安全的空间正相关属性比较稳定。

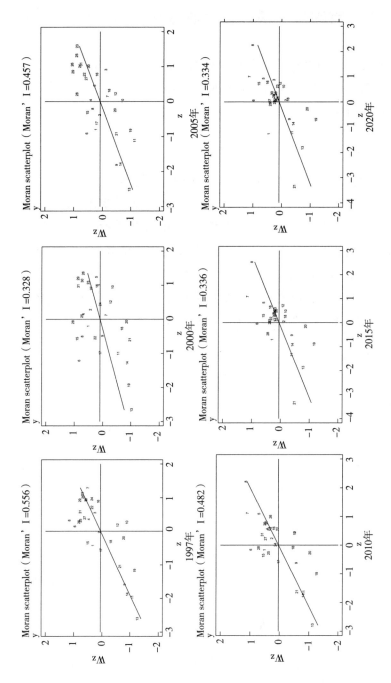

图 4-6 代表性年份的粮食安全 Moran 散点图

资料来源：笔者测算。

第四节　粮食安全收敛性分析

进一步通过静态收敛（绝对收敛和条件 β 收敛）和动态收敛结合分析全国及粮食功能区差异的收敛抑或发散态势。

一　收敛分析方法

（一）绝对收敛检验方法

1. σ 收敛检验

σ 收敛检验可判断各地区的粮食安全的离散程度是否不断降低，若 σ 不断下降，则存在收敛趋势。本书综合采用标准差、变异系数、σ 系数、泰尔指数、对数离差系数及基尼系数的均值来进行检验。

σ 收敛检验各地区的 AGTFP 的离散程度是否不断降低，假若 σ 逐步下降，则区域间存在收敛趋势。本书综合采用标准差、变异系数、σ 系数、泰尔指数、对数离差系数及基尼系数综合检验区域间 AGTFP 是否存在 σ 收敛。表达式为式（4-12）至式（4-17）。

$$S = \sqrt{\frac{\sum_{i=1}^{n} \left(y_{i,\,t} - \overline{y_t} \right)^2}{n}} \tag{4-12}$$

$$CV = \frac{S}{\overline{y_t}} \tag{4-13}$$

$$\sigma = \sqrt{\frac{\sum_{i=1}^{n} \left(\ln y_{i,\,t} - \overline{\ln y_t} \right)^2}{n}} \tag{4-14}$$

$$Theil = \frac{1}{n} \sum_{i=1}^{n} \left(\frac{y_{i,\,t}}{\overline{y_t}} \ln \frac{y_{i,\,t}}{\overline{y_t}} \right) \tag{4-15}$$

$$LD = \frac{1}{n} \sum_{i=1}^{n} \ln \frac{\overline{y_t}}{y_{i,\,t}} \tag{4-16}$$

$$Gini = \frac{-(n+1)}{n} + \frac{2}{n^2 \overline{y_t}} \sum_{i=1}^{n} i y_{i,\,t} \tag{4-17}$$

其中，y_{it} 表示 t 年第 i 个地区的 AGTFP 值（AGTFP 增长率），$\overline{y_t}$ 表示所有考察区 t 时期的 AGTFP（AGTFP 增长率）的均值，基尼系数

（*Gini*）中 i 表示按照从小到大的顺序排好的第 i 个地区。

2. 绝对 β 收敛检验

如若存在绝对 β 收敛，则期初粮食安全水平较低的区域会快速追赶，直至接近期初粮食安全水平较高的地区。绝对 β 收敛检验模型见式（4-18）。为保持时间的连续性并规避某时间段可能存在的奇异值，分别以 $T=2$，3，5，12 的滚动时间段对粮食安全进行绝对 β 收敛检验，最后根据 R^2 的大小确定滚动期为 $T=2$ 进行绝对 β 收敛检验，并测算收敛速度。

$$\frac{\ln\ (y_{it}/y_{i0})}{T}=\alpha+\beta\ln y_{i0}+u_{it} \tag{4-18}$$

其中，y_{it} 和 y_{i0} 分别表示 t 期和期初第 i 个省份的粮食安全水平，α 和 β 为估计系数，u_{it} 为随机误差项。

（二）条件 β 收敛

如若存在条件 β 收敛，则表明各区域的粮食安全稳态水平与禀赋条件紧密相连，区域间难以达成一致的稳态水平（Romer et al.，1986）。条件 β 收敛模型见式（4-19）。

$$d(\ln y_{it})=\ln y_{it}-\ln y_{i(t-1)}=\alpha+\beta\ln y_{i(t-1)}+\gamma x_{it}+u_{it} \tag{4-19}$$

其中，y_{it} 代表样本 i 个 t 时期的粮食安全水平，x_{it} 代表控制变量，u_{it} 表示随机误差项，α、β、γ 为待估计系数。

（三）动态空间收敛模型

基于空间计量理论，同时把滞后一期的被解释变量和表征空间关联特征的权重矩阵 w 纳入 β 收敛模型中，在 Yu J. 等（2012）和 Elhorst J. P. 等（2012）研究的基础上构建动态空间 SAR、动态空间 SEM、动态空间 SDM 的绝对 β 收敛和条件 β 收敛模型。综合采用最大似然比（LR）、施瓦茨准则（SC）及赤池信息准则（AIC）等方法进行模型选择（Elhorst，2012），并根据 Hausman（1978）检验进行固定效应或随机效应判断，最终确定采用动态 SAR 固定效应模型，见式（4-20）和式（4-21）。

$$\ln(y_{it}/y_{it-p})=\alpha+\beta\ln y_{it-p}+\rho w\ln((y_{it}/y_{it-p})+\varepsilon_{it},\ \varepsilon_{it}\sim N(0,\ \sigma^2)) \tag{4-20}$$

$$\ln(y_{it}/y_{it-p})=a+\beta\ln(y_{it-p})+\rho w\ln(y_{tt}/y_{t-p})+\gamma x_{it}+\varepsilon_{it},\ \varepsilon_{it}\sim N(0,\ \sigma^2) \tag{4-21}$$

其中，y_{it} 和 y_{it-p} 分别表示 t 期和 $t-p$ 期的粮食安全水平，w 为空间权重矩阵，α、β、γ 是回归系数，ρ 和 λ 为空间相关系数，ε_{it} 和 μ_{it} 为随机扰动项。如果 β 显著为负，则空间收敛。x_{it} 为控制变量 [见式（4-19）]。

二 σ 收敛检验

因不同的方法对数据的敏感度存在差异，本书综合采用标准差、变异系数、σ 系数、泰尔指数、对数离差系数、基尼系数六种方法（郭海红，2020）的均值检验中国粮食安全的 σ 收敛性，结果如图 4-7 所示。可以看出，不管采用哪种方法测度的中国粮食安全的差异系数都在波动中呈现不断增加的趋势，均值也稳步提高，表明中国粮食安全长期内不会呈现 σ 收敛，区域间差异长期内还会存在。

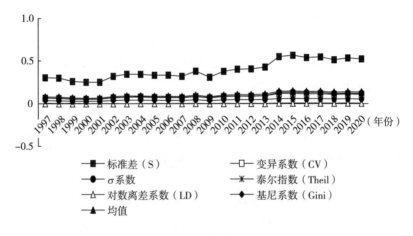

图4-7　中国粮食安全绝对 σ 收敛趋势

资料来源：笔者测算。

粮食功能区比较，从图 4-8 可知，在研究期内，只有粮食平衡区粮食安全的 σ 收敛值微小变化，并在 2015 年后呈下降趋势；粮食主产区的 σ 收敛值呈小锯齿形波动；粮食主销区粮食安全的 σ 收敛值呈不断增长趋势。可见，三大功能区的粮食安全差异也呈扩散态势，σ 不断升降变化的状态反映了粮食功能区内并没有显著 σ 收敛趋势。

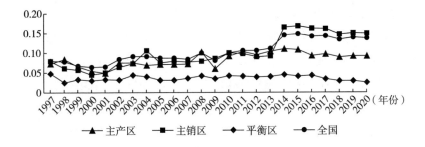

图4-8 全国及三大粮食功能区粮食安全 σ 收敛

资料来源：笔者测算。

三 绝对 β 收敛检验

全国及各粮食功能区的绝对 β 收敛情况见表4-1，可见，全国范围的 β 系数、三大粮食功能区的 β 系数为负，但没有通过显著性检验，这说明全国及粮食功能区的粮食安全均无显著的绝对 β 收敛态势。分时间段看，"九五"时期呈现绝对 β 收敛，收敛速度为7.5%。"十五"时期、"十一五"时期以及"十二五"时期到"十三五"时期呈微弱发散状态，但并不显著。这说明长期内区域内差距并不会自动消失，不会自动形成稳态。

表 4-1   **粮食安全绝对 β 收敛情况**

系数	不同区域				不同时间段				
	全国	主产区	主销区	平衡区	1997—2000年	2001—2005年	2006—2010年	2011—2015年	2016—2020年
β	0.005	-0.008	-0.023	-0.017	-0.065***	0.041	0.008	0.031	0.019
	0.013	0.012	0.046	0.007	-0.013	0.027	-0.017	-0.022	-0.012
a	-0.008	0.015	0.031	0.026	-0.019***	-0.029***	-0.006	-0.017	0.013
	0.020	0.018	0.069	0.012	-0.006	-0.007	-0.004	-0.015	-0.008
R^2	0.402	0.373	0.481	0.343	0.479	0.411	0.427	0.419	0.517
λ	—	—	—	—	0.068	—	—	—	—

注："***"、"**"、"*"分别代表在1%、5%、10%的水平上显著性，系数下面数值代表标准误。

资料来源：笔者测算。

四 条件 β 收敛检验

在张慧等（2017）与王国敏等（2016）研究的基础上选择经济发展水平（gdp）、农村产业结构（str）、农业科技水平（tec）、农村人力资本（jnx）、农业基础设施（tra）和工业化程度（ind）作为控制变量，并对所有控制变量都进行了多重共线性检验。值得一提的是，为更全面地把握区域间的差异，有必要分区域检验是否存在区域内的收敛，但按照粮食功能区划分样本后，会因样本数量不足而出现自由度偏低的可能性，故而，本书通过加虚拟变量的方式进行区域划分，同时也考虑固定效应会因无时间趋势而被剔除的情况，进而加入期初粮食安全与区域虚拟变量的交叉项。全国及各粮食功能区的条件 β 收敛情况见表4-2，可见，全国粮食安全的 β 系数均为负，且通过显著性检验，粮食主产区、主销区、平衡区的条件 β 系数也均显著为负。不同的时间段比较，"九五"时期直到"十三五"时期末，各时间段粮食安全的条件 β 系数也均为负，这说明全国层面及三大粮食区的粮食安全都具有显著的条件 β 收敛态势，各粮食功能区的粮食安全水平会逐渐达到自身的稳态水平，但因初始禀赋条件的迥异，收敛速度明显不同。

表 4-2　　　　　　　　粮食安全条件 β 收敛情况

系数	分区域				分时间段				
	全国	主产区	主销区	平衡区	1997—2000年	2001—2005年	2006—2010年	2011—2015年	2016—2020年
β	-0.863 ***	-0.842 ***	-0.783 ***	-0.817 ***	-0.587 ***	-0.196 ***	-0.932 ***	-0.984 ***	-0.978 ***
	-0.022	-0.047	-0.079	-0.062	0.159	-0.068	0.111	-0.093	-0.067
a	0.005	0.008 *	-0.001	-0.005	0.003	-0.005	0.002	0.007	0.008
	-0.02	-0.004	-0.003	-0.004	-0.019	-0.004	-0.003	-0.005	-0.009
gdp	0.004 ***	0.017 ***	0.075 ***	0.039 ***	0.152 ***	0.218 ***	0.075 ***	0.174 ***	0.118 ***
	0.001	0.002	0.012	0.012	0.017	0.021	0.019	0.023	0.039
str	0.227 **	0.082 ***	0.169 **	0.142 **	0.241 **	0.239 **	0.198 **	0.152 **	0.213 **
	0.018	0.013	0.051	0.059	0.093	0.103	0.055	0.075	0.107
tec	0.022 *	0.013 ***	0.019 **	0.027 **	0.016 **	0.014 **	0.025 **	0.027 **	0.027 **
	0.012	0.005	0.008	0.015	0.007	0.006	0.012	0.013	0.013
jnx	0.089 *	0.026 ***	0.037 **	0.042 ***	0.028 ***	0.031 ***	0.028 ***	0.023 ***	0.019 ***
	0.049	0.010	0.017	0.009	0.010	0.011	0.007	0.004	0.002

续表

系数	分区域				分时间段				
	全国	主产区	主销区	平衡区	1997—2000年	2001—2005年	2006—2010年	2011—2015年	2016—2020年
tra	0.013 ***	0.029 **	0.037 ***	0.101 ***	0.246 ***	0.185 **	0.176 ***	0.218 ***	0.217 ***
	0.003	0.015	0.012	0.015	0.035	0.016	0.015	0.055	0.074
ind	−0.025 *	−0.038 **	−0.029 **	−0.034 *	−0.082 ***	−0.075 ***	−0.058 ***	−0.049 ***	−0.058 ***
	0.014	0.016	0.012	0.019	0.012	0.014	0.005	0.007	0.008
R^2	0.569	0.538	0.468	0.471	0.483	0.672	0.637	0.652	0.579
λ	0.067	0.069	0.071	0.053	0.073	0.062	0.075	0.071	0.076

注:"***"、"**"、"*"分别代表在1%、5%、10%的水平上显著性,系数下面数值代表标准误。

资料来源:笔者测算。

五　动态空间收敛检验

(一) 粮食安全动态空间 SAR 绝对 β 收敛

从表4-3中看出,纳入粮食安全一阶滞后变量的动态空间绝对模型中,系数相较静态绝对收敛模型检验结果(见表4-1)发生了符号变化和大小程度变化,这种变化说明了粮食生产是动态的、连续的生产系统,需要考量劳动力、技术等要素流动带来的潜在影响,如若不然,则会得出区域间收敛的错误结论。粮食主产区和粮食主销区呈现了一定程度的俱乐部发散态势。劳动力、资本等生产要素通常都具有"逐利性",会向高收益区聚集,促成"高者愈高"的局面,这值得高度关注,区域内的行政藩篱需要打破,深化"一盘棋"思想,加强合作才能共赢,粮食安全具有优势的省份应多方促进正向溢出效应的扩散,而粮食安全相对劣势的省份应主动而为多吸取经验。从不同时间段的收敛情况看,动态收敛的系数大小和方向相较静态收敛也发生了明显的改变,究其原因,从市场化改革后,劳动力、资本等粮食生产要素流动性大大提高,促生循环累积效应,进一步驱动形成粮食安全的空间集聚状态。分时间段看,动态空间滞后收敛模型测得的粮食安全的绝对收敛系数在各个时间段均为正向,相较静态绝对收敛系数(见表4-1)的方向呈现大反转的变化,说明中国粮食安全不具有绝对收敛态势。

表 4-3　　　　　　　　粮食安全动态空间 SAR 绝对 β 收敛检验结果

系数	不同区域				不同时间段				
	全国	主产区	主销区	平衡区	1997—2000 年	2001—2005 年	2006—2010 年	2011—2015 年	2016—2020 年
β	0.789 ***	0.758 ***	0.763 ***	0.729 ***	0.736 ***	0.726 ***	0.773 ***	0.739 ***	0.717 ***
	0.014	0.009	0.018	0.019	0.014	0.018	0.023	0.026	0.019
ρ	0.011 ***	0.013 ***	0.015 ***	0.017 ***	0.014 ***	0.017 ***	0.012 **	0.009 ***	0.018 ***
	0.001	0.002	0.001	0.006	0.004	0.002	0.006	0.001	0.005
a	0.061 ***	0.023 ***	0.019 ***	0.055 ***	0.021 ***	-0.013 ***	-0.012	-0.005 ***	0.007 ***
	0.013	0.005	0.006	0.018	0.005	0.004	0.002	0.001	0.003
∂	0.046 **	0.049 ***	0.015 ***	-0.024 *	0.059 ***	0.049 ***	0.054 ***	0.061 ***	0.048 ***
	0.015	0.014	0.002	0.011	0.014	0.011	0.012	0.009	0.017
R^2	0.876	0.852	0.829	0.819	0.822	0.815	0.819	0.793	0.769

注:"***"、"**"、"*"分别代表在 1%、5%、10%的水平上显著性,系数下面数值代表标准误。

资料来源:笔者测算。

(二)粮食安全动态空间 SAR 条件 β 收敛

动态条件 β 收敛的系数发生了方向的变化(见表 4-4),说明纳入经济水平等条件后粮食安全呈现区域发散特征,表征了粮食安全的区域差距并不完全取决于其禀赋条件、生产要素流动、技术溢出等潜在因素对区间差距也起着不小的贡献。空间相关系数 ρ 在全国及三大粮食功能区均显著为正,说明粮食安全具有正向空间溢出效应,进一步佐证了以上观点。不同时间段比较发现,条件 β 收敛系数的方向也发生变化,粮食安全不具有条件 β 收敛特征,探其缘由,伴随着市场化改革进程,区域锁定效应逐渐弱化,要素的循环累积效应放大,这些因素共同驱动粮食安全呈现空间集聚状态,初始禀赋条件优越区域的粮食安全优势进一步提高,各功能区的粮食安全呈非均衡态势。

表 4-4　　　　　　　　粮食安全动态空间 SAR 条件 β 收敛检验结果

系数	不同区域				不同时间段				
	全国	主产区	主销区	平衡区	1997—2000 年	2001—2005 年	2006—2010 年	2011—2015 年	2016—2020 年
β	0.827 ***	0.793 ***	0.728 ***	0.743 ***	0.763 ***	0.749 ***	0.779 ***	0.766 ***	0.784 ***
	0.034	0.037	0.054	0.052	0.037	0.041	0.038	0.032	0.045

系数	不同区域				不同时间段				
	全国	主产区	主销区	平衡区	1997—2000年	2001—2005年	2006—2010年	2011—2015年	2016—2020年
ρ	0.006***	0.005***	0.007***	0.008***	0.009	0.004	0.008	0.003	0.004
	0.002	0.001	0.002	0.003	0.014	0.007	0.011	0.014	0.009
α	0.019***	0.025***	0.012***	0.027	0.032*	0.042	0.019	0.027	0.031
	0.006	0.009	0.004	0.018	0.021	0.026	0.022	0.019	0.019
gdp	0.081***	0.096***	0.074***	0.069***	0.082***	0.078***	0.069***	0.073***	0.082***
	0.003	0.021	0.022	0.015	0.031	0.027	0.025	0.019	0.025
str	0.016***	0.025***	0.019***	0.032***	0.004***	0.079***	0.039***	0.038***	0.042***
	0.003	0.009	0.003	0.011	0.001	0.013	0.008	0.011	0.007
tec	0.021***	0.023***	0.008***	0.023**	0.027**	0.022**	0.016**	0.025**	0.019**
	0.006	0.004	0.002	0.011	0.012	0.009	0.007	0.012	0.009
jnx	0.062***	0.023***	0.019***	0.027***	0.009**	0.016**	0.018**	0.017**	0.019**
	0.021	0.008	0.005	0.007	0.004	0.004	0.007	0.003	0.009
tra	0.008***	0.072***	0.057***	0.013**	0.052**	0.018**	0.159**	0.172***	0.109*
	0.002	0.006	0.004	0.006	0.023	0.009	0.067	0.041	0.062
ind	-0.331***	-0.166***	-0.225***	-0.126**	-0.173**	-0.205***	-0.273**	-0.247**	-0.306**
	0.127	0.058	0.011	0.054	0.071	0.021	0.105	0.095	0.121
∂	—	0.000	0.000	0.000	0.008	-0.009***	0.007**	-0.002	0.006
	—	0	0	0	0.012	0.003	0.003	0.002	0.005
R^2	0.886	0.874	0.869	0.883	0.832	0.918	0.872	0.829	0.861

注:"***"、"**"、"*"分别代表在1%、5%、10%的水平上显著性,系数下面数值代表标准误。

资料来源:笔者测算。

第五节 粮食安全区域差异的驱动机制分析

一 理论分析与影响因素甄选

参考相关文献选取经济效益、产业结构调整、农业科技水平、城镇化、禀赋条件、农业政策、空间地理等因素。

经济效益。农户是理性决策者,他们会通过利益权衡比较进行种植和生产决策(田旭等,2017)。随着化肥、农药、劳动力等农业生产要素投入成本的不断上升,粮食种植的比较效益逐渐下降,理性的决策者更倾向选择比较效益更高的经济作物或其他获利方式。基于此,选取成本投入和比较效益来衡量经济效益。

农业科技水平。农业科技进步是农业发展的关键动能（朱希刚等，1997），其中农业机械化可以很大程度上替代劳动力（彭继权等，2021），促进农业结构向高级化调整，带动生产方式变革，有利于粮食的规模化生产与加工，而且粮食作物和经济作物生产中的机械化程度也有所差异，所以，农业科技水平会很大程度上促进农业种植结构的转变。基于此，以农业机械总动力衡量农业科技水平。

农业产业结构调整。农业涵盖种植业、林业、畜牧业及渔业，它们的产业性质有着本质的不同，生产效率也会有所差异，会直接影响粮食作物种植的量与质，设定种植业总产值占农业总产值比重代表农业产业结构调整。

城镇化。城镇化的快速推进伴随着劳动力从农业向非农产业的转移，农业从业人员"老龄化""女性化"程度日趋提高（郭海红等，2021），农户不断被分化，兼业、非农等农户的比例日渐提高，不同类型的农户在务农收益和成本间有不同的行为目标倾向，会促生不同的作物种植倾向，也会促生非粮化行为（孟菲等，2022）。在此，以城镇人口占总人口比重度量城镇化水平。

禀赋条件。农业生产活动受耕地资源、自然环境等直接影响，不同农作物对禀赋条件的适应程度也有所差异（仇童伟等，2018），这都会对农作物的种植品类、规模有直接影响，进而影响种植决策行为。本书主要以受灾面积与播种总面积比值表征受灾率，以人均耕地面积表征土地禀赋条件。

农业政策。现代农业发展理论的基本观点是，农业经济不断发展的根源在于政策安排。根据舒尔茨，一个国家农业停滞不前的根本原因在于农业政策的扭曲（西奥多·W. 舒尔茨，1988）。系统的粮食生产和保护政策是粮食安全的重要保障，像粮食补贴等种粮友好型的政策环境会很大程度上提高粮食种植的积极性。反之，容易促生非粮化现象。农业政策是一揽子的，在此，主要选取各省份政府发布的涉粮政策文件数量表征粮食保护政策。采用各地政府财政支农支出与该地区财政总支出（一般预算支出）之比衡量财政支农政策（潘丹，2012）。

空间地理因素。粮食种植行为具有空间交互性，如果不考虑空间关系，则会得出粮食生产行为仅存在于过滤掉空间因素后的某"一点"上的结论，其实证结果的有效性值得商榷（Anselin，2003）。粮食生产行为具有开放性，区域间粮食交易往来不限于某个区域空间，空间溢出效应明显。因此，本书充分考量空间地理因素粮食安全的影响，衡量指标为空间计量模型中的空间自回归系数或空间误差系数。

为规避多重共线性，考察粮食安全及控制变量间的相关系数，结果发现相关系数全部低于0.85，进而通过方差膨胀系数检验，结果发现全部变量的VIF值都低于10，因此，变量间不存在多重共线性。影响因素变量及衡量指标如表4-5所示。

表 4-5 影响因素变量选取

影响因素	变量	衡量指标
经济效益	成本投入（cos）	农业生产资料价格指数
	比较收益（inc）	粮食生产价格指数/农产品生产价格指数
农业产业结构调整	种植业所占比重（str）	种植业总产值占农业总产值
农业科技水平	农业机械化程度（mac）	农业机械总动力
城镇化水平	人口城镇化（urb）	以城镇人口占总人口比重
禀赋条件	受灾程度（dis）	受灾面积与播种总面积比值
	土地条件（lan）	人均耕地面积
农业政策	粮食保护政策（pro）	各地政府发布的涉粮政策文件数量
	财政支农政策（fis）	各地政府财政支农支出与该地区财政总支出（一般预算支出）之比
空间地理因素	空间自回归系数（ρ）	

资料来源：笔者构建。

二 空间计量模型构建

构建空间自回归模型（SAR）（Elhorst J. P.，2014），见式（4-22）。

$$y_{it} = \rho \sum_{j=1}^{N} w_{ij}y_{jt} + \beta x_{it} + \mu_i + \lambda_t + \varepsilon_{it}, \quad \varepsilon \sim N(0, \sigma^2), \quad i=(1, 2, \cdots, N),$$

$$t=(1, 2, \cdots, T) \tag{4-22}$$

其中，y_{it} 表示 t 年 i 省份的粮食安全水平，w_{ij} 表示经行标准化处理后的空间权重矩阵 W 中的元素，$\sum w_{ij}y_{jt}$ 代表粮食安全的空间滞后变量，

ρ 表示空间自回归系数，x_{it} 表示解释变量，β 表示解释变量的影响系数。u_i 表示个体效应，λ_t 表示时间效应，$\sum w_{ij}\varepsilon_{jt}$ 表示空间滞后误差变量，ε_{it} 表示残差扰动项。同时把因变量和自变量的空间滞后项纳入到模型中，构建空间杜宾模型（SDM），把空间依赖性放到误差项的滞后项并纳入到模型中，构建空间误差模型（SEM）。

三 空间计量模型选择

通过 LM、Robust LM、Wald 及 LR 检验等方法进行模型筛选（见表 4-6），可见，SAR 模型通过 1% 的显著性检验，因此，选择 SAR 模型。进一步，通过 LR 进行有无固定效应检验，通过 Hausman 检验固定效应还是随机效应检验（Hausman J. A. et al., 1978），结果见表 4-7，Hausman 检验结果通过显著性检验，所以，以 SAR 固定效应模型进行影响机理分析。

表 4-6   模型比较

检验方法	粮食安全	
	统计值	p 值
LM-SAR	91.305	0.000***
Robust LM-SAR	169.236	0.000***
Wald_spatial-SAR	81.329	0.000***
LR_spatial-SAR	52.727	0.000***
LM-SEM	17.762	0.217
Robust LM-SEM	76.328	0.163
Wald-SEM	28.562	0.039**
LR-SEM	39.386	0.018**

注："***"、"**"、"*"分别代表在 1%、5%、10%的水平上显著性。

资料来源：笔者测算。

表 4-7   模型选择

检验方法		SDM	SAR	SEM
LR-FE	t	16.462	47.269	187.281
	p	0.000***	0.006***	0.000***

续表

检验方法		SDM	SAR	SEM
LR–RE	t	0.163	0.381	182.458
	p	0.000***	0.005***	0.000***
Hausman	Chi²	−17.636	17.476	−18.269

注:"***""**""*"分别代表在1%、5%、10%的水平上显著性。

资料来源:笔者测算。

四　影响机理分析

需要说明的是,考虑了空间因素后,SAR模型中的参数因包含了研究区域间的信息而可能导致系数的偏导数不为0的情况出现,所以,单纯地看SAR模型的回归系数难以准确衡量解释变量对被解释变量的影响程度,但通过空间效应可以比较全面地衡量包含空间因素的参数估计所代表的解释变量对被解释变量的影响,进一步把空间效应分解为直接、间接和总效应(Anselin L. et al., 2006; LeSage J. P. et al., 2009)。为识别区域差异的根源,分别对全国和三大粮食功能区的粮食安全的空间效应估计,结果如表4-8所示。

1. 经济效益

成本投入方面,估计系数的区域特征突出。从全国层面,成本投入具有显著的负向直接效应,对其他地区具有显著的正向溢出效应,总效应为负。从粮食功能区层面看,粮食主产区、主销区、平衡区的成本投入对粮食安全的直接效应都显著为负值,直接影响系数分别为−0.295、−0.279、−0.287。粮食主产区的间接效应显著为正向,影响系数为0.117,总效应为−0.272。粮食主销区和平衡区的间接效应为正向,但没有通过显著性检验。比较效益方面,全国层面和三大粮食功能区层面的比较收益对粮食安全的影响较为一致,直接、间接和总效应均显著为正,但影响程度略有差距,直接效应分别为0.384、0.468、0.429、0.307,对提高粮食安全水平可起到重要保障。

2. 农业科技水平

农业科技水平的估计系数的区域特征明显。从全国层面,农业科技水平的直接、间接和总效应均显著为正向。从粮食功能区看,农业科技水平对粮食主产区、主销区和平衡区的粮食安全的直接和间接效应均显

表 4-8

粮食安全空间效应估计结果

变量	全国			主产区			主销区			平衡区		
	直接	间接	总效应	直接	间接	总效应	直接	间接	总效应	直接	间接	总效应
cos	-0.282*** (-0.028)	0.171** (-0.057)	-0.111*** (-0.029)	-0.295*** (-0.055)	0.117** (-0.031)	-0.272** (-0.085)	-0.279*** (-0.059)	0.108 (-0.023)	-0.271*** (-0.061)	-0.287*** (-0.035)	0.126 (-0.201)	-0.161** (-0.066)
inc	0.384** (-0.158)	0.126** (-0.071)	0.510** -0.253	0.468*** (-0.062)	0.237* -0.395	0.725** (-0.254)	0.429*** (-0.162)	0.392** (-0.196)	0.721*** (-0.071)	0.307*** (-0.097)	0.185* (-0.205)	0.492*** (-0.062)
mac	0.103* (-0.085)	0.307*** (-0.102)	0.410*** (-0.034)	0.243*** (-0.047)	0.108*** (-0.031)	0.351*** (-0.056)	0.261*** (-0.090)	0.192* (-0.101)	0.435*** (-0.056)	0.156** (-0.12)	0.105* (-0.055)	0.261* (-0.137)
str	0.539*** (-0.089)	-0.168*** (-0.056)	0.377*** (-0.141)	0.614*** (-0.205)	0.109 (-0.099)	0.723*** (-0.241)	0.435*** (-0.145)	0.116 (-0.096)	0.551*** (-0.183)	0.557*** (-0.091)	0.054 (-0.084)	0.611 (-0.550)
urb	-0.178 (-0.136)	0.285*** (-0.071)	0.107** (-0.052)	-0.253** (-0.048)	0.094* (-0.055)	-0.149** (-0.142)	-0.169* (-0.061)	0.148 (-0.134)	0.022 (-0.093)	0.282*** (-0.094)	0.277** (-0.091)	0.559** (-0.093)
dis	-0.068 (-0.056)	-0.089 (-0.078)	-0.157 (-0.179)	-0.236** (-0.107)	-0.272* (-0.136)	-0.508*** (-0.202)	-0.251*** (-0.083)	-0.136* (-0.075)	-0.387* (-0.215)	-0.125** (-0.062)	-0.062 (-0.077)	-0.287 (-0.220)
lan	-0.037 (-0.034)	0.083 (-0.126)	0.046 (-0.056)	0.039 (-0.511)	0.146 (-0.112)	0.185 (-0.154)	-0.142 (-0.109)	0.072 (-0.161)	0.07 (-0.114)	-0.126 (-0.151)	0.059 (-0.121)	-0.067 (-0.322)
pro	-0.263** (-0.131)	-0.147 (-0.081)	-0.410* (-0.022)	-0.333** (-0.185)	-0.037 (-0.28)	-0.670** (-0.335)	-0.342** (-0.171)	-0.105 (-0.087)	-0.447** (-0.223)	-0.376** (-0.188)	-0.185 (-0.211)	-0.561** (-0.243)
fis	-0.363* (-0.201)	-0.078 (-0.071)	-0.441** (-0.220)	-0.262* (-0.145)	-0.064 (-0.058)	-0.306** (-0.102)	-0.589*** (-0.195)	0.264*** (-0.073)	-0.325*** (-0.101)	-0.895*** (-0.131)	0.136 (-0.151)	-0.759*** (-0.217)

注："***"、"**"、"*"分别代表在 1%、5%、10%的水平上显著性，括号中数值代表标准误。

资料来源：笔者测算。

著为正。可见,农业科技水平对粮食安全的影响比较稳定。农业科技水平一定程度上反映政府和市场之间的互动,区域间的差异一定程度上反映了区域的农业市场化程度的差异,系数越高,显著性越高,说明政府与市场之间具有良好的互动关系,其机理在于:农业科技的基础性研究一般由政府主导,应用研究由市场主导,两者良性互动有利于促进农业科技水平的提高,成为粮食安全有力的"助推器"。

3. 农业产业结构调整

基于估计系数可知,农业产业结构调整对粮食安全的影响程度均很高,具有典型性数值表征。从全国范围看,str 对粮食安全的直接效应显著为正,影响系数为 0.539,间接效应为负值,系数为-0.168,总效应的影响程度为 0.377。从三大粮食功能区看,粮食主产区和粮食主销区的 str 对粮食安全的直接效应和总效应都显著为正,间接效应则不显著。而粮食平衡区只有显著的正向直接效应,系数为 0.557。从整体来看,str 对粮食安全的影响较为稳定,不同区域间影响方向基本一致,只是影响程度有所差别。这些典型数值特征表征了产业结构对驱动粮食安全水平不断提升具有显著性正向作用。

4. 城镇化

城镇化的影响系数的区域特征鲜明。从全国范围看,城镇化对粮食安全的间接效应和总效应均通过显著性检验,系数分别为 0.285、0.107,但不具有显著性直接效应。从粮食功能区层面看,城镇化对粮食主产区的粮食安全具有显著的负向直接效应和总效应,对粮食主销区的直接效应显著为负向,但不具有显著的间接效应和总效应。对粮食平衡区的直接效应和间接效应显著为正向。可见,城镇化对粮食安全影响的程度、大小和方向区域间分异明显。根据联合国"城乡人口预测"的结论,城镇化水平与时间推移的关系呈"S"形,城镇化阶段不同,则经济和社会属性迥异,而且城镇化对农业生产要素具有明显的吸纳效应,城镇化阶段不同,其对劳动力等生产要素的配置作用也不同。城镇化对粮食安全的影响的区域差异,在一定程度上说明不同区域的城镇化阶段和推进模式具有很大差别。

5. 禀赋条件

受灾率的参数估计值具有明显的区域特征。从全国层面看,受灾率的直接、间接和总效应均为负向，但没有通过显著性检验。从粮食功能区看，受灾率对粮食主产区的直接效应显著为负，系数为-0.236，间接效应也显著为负。对粮食主销区的直接效应也显著为负向，系数为-0.251。对粮食平衡区的直接效应显著为负，系数为-0.125。受灾率的估计值及方向的含义为：虽然受灾率的区域影响程度略有不同，但方向都一致，均为负向，说明受灾率对粮食安全起到明显的制约作用，其原因在于，在投入不变的情景下，受灾面积增加，会直接降低粮食产出。土地条件的影响则在全国和三大粮食功能区的影响均不显著，说明土地条件的影响不大。

6. 农业政策

财政支农政策的估计系数的数值特征比较典型。在全国层面，财政支农政策的直接效应和总效应均显著为负。在粮食功能区层面，对粮食主产区的粮食安全的直接效应和总效应显著为负；对粮食主销区的直接效应为负，间接效应为正；对粮食平衡区的直接效应则为负。粮食保护政策的影响却没有明显的区域差异，对全国层面和三个功能区的直接效应显著为负向，间接效应为负，但不显著，影响系数也差别不大。从数值典型特征可知，无论是全国还是区域范围内，农业政策的影响都为负，是粮食安全的阻滞因素。不管是财政支农政策还是粮食保护政策在一定程度上反映了政府对粮食生产行为的"隐形"干预，对粮食生产的技术选择、农业产业结构调整等都有引导作用，对粮食生产效率的提升具有反向影响。因此，农业政策变革和创新才可能对粮食安全起到保障作用。

7. 空间地理因素

SAR 双向固定效应模型的空间自回归系数 ρ 为 0.068，且通过 1% 的显著性检验，充分说明粮食安全具有显著的正向空间相关性，粮食安全具有"局域俱乐部"集聚的空间依赖性，提升本地区的粮食安全水平不仅需要考虑本地区的因素影响，也需要充分考虑邻近区域的空间效应影响。

五 组间系数差异显著性检验

综合来看，粮食安全的影响因素的区域异质性明显，但这种差异示范具有统计意义上的差异性还需要检验。本书采用自抽样法进行检验

（Efron B. et al., 1993），结果如表4-9所示。可见粮食主产区与粮食主销区、粮食主产区与粮食平衡区、粮食主销区与粮食平衡区差异对应的 p 值分别为 0.015、0.023、0.029，均通过 5% 的显著性水平检验，所以，粮食功能区间差异具有统计意义上的显著性。

表 4-9　　　　　　　　　粮食安全区域间系数差异显著性检验结果

主产区 vs 主销区		主产区 vs 平衡区		主销区 vs 平衡区	
差异	p[**]	差异	p[**]	差异	p[**]
−0.152	0.015	−0.203	0.023	0.302	0.029

注：p 值通过 Bootstrap 抽样 1000 次得到。" *** "、" ** "、" * " 分别代表在 1%、5%、10% 的水平上显著性。

资料来源：笔者测算。

六　稳健性检验

采用两种方法进行稳健性检验：一是更换空间权重矩阵；二是以滞后一期的粮食安全为解释变量构建动态空间面板模型，并采用 Han-Phlilips GMM 估计法进行拟合（郭海红等，2022）。检验结果发现除了系数大小略有变化外，空间效应和显著性程度均没有骤然变化，结果是稳健的。

第六节　本章小结

基于 FAO 的粮食安全框架界定粮食安全，采用 Dagum 基尼系数、核密度函数、动态空间收敛模型和 SAR 模型对粮食安全区域差异、收敛性、动态演进及驱动机理进行全方位分析，得出的结论有：

第一，从区域差异及来源看，粮食主产区内差异最大，粮食平销区区内差异最小。三个粮食功能区的区间差异呈明显的阶段性特征，在 1997—2012 年，粮食平衡区和粮食主销区的差异最大，粮食主产区和粮食平衡区的差异较小。2013—2020 年，粮食主产区与粮食平衡区的差异最大，而粮食平衡区与粮食主销区的差异则最小。三个粮食功能区的粮食安全远未达到稳态。1997—2012 年，粮食功能区区间差异的贡献率最大；2013—2020 年，超变密度的贡献率最高。

第二，从差异的动态演进看，全国的粮食安全正朝着向稳向好的格局演进，终将不存在两极分化现象。三大粮食功能区在粮食安全的道路上均取得了不小的成效。粮食主产区内各省份粮食安全的差异加大，粮食安全存在一定压力，需要多方举措扛起粮食安全的重任。粮食主销区内存在梯度效应，但各省份间的绝对差异呈缩小趋势演化。粮食平衡区的各省份之间差异微小变化，不存在极化效应。

第三，从差异的收敛性看，中国粮食安全长期内不会呈现 σ 收敛，也没有显著的绝对 β 收敛态势。中国粮食安全存在空间正相关性，空间邻近对要素流动、知识传播具有显著的推动作用。区域间粮食生产要素流动、制度环境等潜在因素对粮食安全的区域差距也起着重要的推动作用。

第四，从差异的驱动机理看，经济效益、农业产业结构调整、城镇化、农业政策、农业科技水平、禀赋条件、空间地理因素等对粮食安全区域差异的影响具有明显的异质性。

第五章 农业绿色全要素生产率测算

对中国 ATFP 的研究国内外学者已有大量的研究成果，在 ATFP 的测算方面，研究对象、研究方法、数据选取、变量选取、变量处理等各有不同。农业生产在带来粮食、农作物、农产品等经济产出的同时，也会带来化肥、农药等污染问题，同时资源、能源使用也是不可回避的问题，如果忽视资源、能源及环境污染因素会导致农业生产效率不实，还很有可能对政策制定形成误导，因此全面合理地对 AGTFP 进行测算具有重要的理论和现实意义。本章在"资源—能源—环境—经济"分析思路上建立 AGTFP 的理论分析框架，并对资源、能源和环境因素的影响及处理方法做理论阐释，进而设计测算模型，改进 EBM 模型并结合 GML 指数分别测算静态 AGTFP 和动态 AGTFP 增长指数，最后分析时空分异格局。

第一节 理论分析框架

一 不考虑资源能源环境因素的潜在影响及研究假设

（一）不考虑资源、能源、环境因素的潜在影响

根据科埃利等（2008），测算 ATFP 过程中，若忽略关键的投入或产出变量，会导致结果偏差。投入方面，人力、土地、机械动力、役畜等常被考虑，但作为基础资源的水资源和能源要素常被忽视。对水资源，王学渊（2008）认为水资源对农业产出的阻力为 0.11%，而且预测伴随着水资源的紧缺，到 2050 年中国农业经济产出率会有明显下降。潘丹等（2012）等研究表明，水资源是农业发展不可或缺的因素，如

果投入因素中不考虑水资源的约束，会降低其他投入要素的产出效率。对农业能源（电、油等）投入，漆雁斌等（2010）提出农机、化肥、农药等用量伴随着工业化的进程逐渐增加，促使农业能源的消费量逐渐上升，但在农业生产效率研究中受到的关注度不高。水资源和能源本质上都属于自然资源，农业是与自然资源具有最直接关联的产业，因而，二者对农业经济增长的约束作用机理相差不大，具体体现在：一是资源或能源总量有限约束农业经济增长的规模。图5-1中描述了资源或能源约束对农业经济规模的影响。以水资源约束为例，图5-1中直线 aa、bb、cc 代表不同时期的成本约束线，OP 代表产出扩展线，q_1、q_2、q_3 表示不同时期的产出水平，在不考虑水资源约束条件下，不同时期的农业最佳产出水平分别为 A、B、C，最佳产量为 q_3。而考虑水资源的约束（EE 线代表水资源总量），最佳生产点为 B 点，社会最佳产量为 q_2，若要达到不考虑水资源约束条件下的最佳产量水平 q_3，则经济成本需要达到 dd 水平。由此可见，水资源约束会降低农业产出数量或者提高经济成本，降低农业经济效率。二是水资源和其他投入资源结构不均衡会影响农业经济增速。在水资源没有约束的情况下，水和人力、化肥等其他资源共同作用于农业经济增长。而在水资源约束条件下，其他投入资源只能单独发力于农业经济，增速会受到制约。

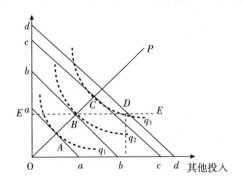

图5-1 水资源/电能源约束对农业产出规模影响

资料来源：笔者绘制。

产出方面，农业生产在带来农作物、农产品等期望产出的同时，也会带来化肥、农药流失等造成面源污染和碳排放的非期望产出，农业面源污染和碳排放与点源污染不同，化肥、农药等投入要素与污染是不可分的"径向"关系，劳动力、土地等投入要素与非期望产出之间却是"可分的""非径向"关系。传统 ATFP 测算的假设是投入尽可能地减少而产出尽可能增加，因此农业面源污染与农业期望产出同比例地增加，这与现实违和，也不符合效率的本质。图 5-2 描述了不考虑农业环境污染因素对农业全要素生产率的影响，其中 y 轴表示期望产出值，横轴 b 代表农业环境污染因素。不考虑环境因素的情况下，决策单元从 A 点 (y, b) 到前沿面上的点 C，需要等比例增加 y 和 b 才能实现。而考虑环境因素的情况下，从 A 点到前沿面需要按既定方向 g 到达前沿面上的 B 点，该过程中可以实现期望产出增加 $\overline{D}_0 g_y$，非期望产出减少 $\overline{D}_0 g_b$，因而不考虑环境因素会对 AGTFP 的结果有明显影响。环境污染要素对农业 GTFP 的潜在影响体现在三个方面：一是环境污染会降低投入要素的数量和质量，减弱投入对产出的贡献度。二是环境污染要素的增加会提高环境治理的成本，歪曲资源配置的结构。三是环境污染具有负外部性，尤其农业面源污染是从田间到餐桌的链网式影响，对农业生产环境造成负面影响。

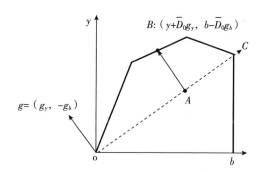

图 5-2　不考虑农业环境污染因素的可能影响

资料来源：笔者绘制。

（二）研究假设

不考虑资源、能源、环境要素对 ATFP 的结果有影响，提出研究假设：考虑资源、能源、环境要素测算的 AGTFP 与不考虑资源能源环境要素的 ATFP 会有所差异，AGTFP 应该低于 ATFP 的水平。而且不同时期和不同地区的资源能源环境对农业生产的约束程度不同，因而不同时期及不同区域的 AGTFP 与 ATFP 的差异程度会有所区别。

二 资源、能源与环境要素的引入

资源环境要素无法直接计价，不同于人力、机械动力等传统要素可以直接引入，现有研究有不同的引入方法。

对水资源的引入方法已经达成共识，基本上是把水资源作为投入要素纳入 AGTFP 测算框架中，代表性的学者有 Dasgupta 等（1974）提出的 Dasgupta-Heal 模型中包含自然资源。Romer 等（1986）把自然资源引入 C-D 函数中，拓展了 C-D 函数并用于测算经济增长，一直沿袭至今。王学渊（2008）较早地在农业经济增长分析框架中纳入水资源，提出农业产值会因水资源的短缺约束而下降，并预测 2030 年的农业产值会低于 1997 年。潘丹（2012）把水资源作为投入分析农业生产率，认为考虑水资源得出的农业生产率能客观反映实际水平。本书中也遵循同样的处理方法，把水资源作为投入要素纳入 AGTFP 测算框架中。

对能源因素的引入尚存争议。Caves 等（1982）将能源作为生产要素纳入 C-D 函数中。随着农业现代化进程推进及城镇化挤压，农业面临的能源压力逐渐加大，但农业能源投入的关注度不够，时悦等（2009）提到能源投入，但对能源投入并没有具体说明用什么衡量。梁俊等（2015）、王斌（2015）、谌怡庆等（2016）等均把农业用电量作为资本投入要素，本书把能源投入要素独立出来，更切实体现"资源—能源—农业经济"间的制衡关系。农业消耗能源中，煤炭、焦炭、燃油、柴油及电力占比都较大，但电力和柴油的能耗对农业能耗的影响程度远高于煤炭等其他几种能源的影响，所以本书以农用柴油量和农业用电量衡量农业能源投入，纳入 AGTFP 的测算框架中。

对环境污染因素的引入方法现有研究尚未达成共识，有两种不同的处置方法：一种是把环境因素作为投入要素变量。其内在逻辑是建立在期望之上的，环境污染越少越符合人们的期望，这与投入要素的期望正好吻合，因此把环境污染和人力、土地等传统要素一样作为投入要素。把环境污染作为投入要素理论上是可行的，假定在期望产出不变的情况下，环境污染和资源投入均实现一定比例的下降，然而，实际生产进程中，环境污染和投入资源很难总保持等比例关系，也难以反映真实的生产流程，因而不太适合按此方法处理环境污染要素。另一种是把环境污染因素作为非期望产出变量。其内在逻辑是环境污染是农业生产造成的结果，农业生产既有农林牧渔总产值或增加值等期望产出，也伴随着面源污染和碳排放等非期望产出，该逻辑符合实际生产过程，故本书把环境污染要素作为非期望产出引入测算的框架中，并基于此构建 AGTFP 的环境技术集。

三　农业资源能源环境技术集

农业生产是典型的多投入—多产出关系，投入包括资本、劳动、土地、水资源、能源等若干要素，产出既有农业总产值等期望产出也有农业面源污染、碳排放等非期望产出，农业的可持续发展和环保意识倒逼农业经济与环境保护相协调，这就需要农业生产活动中期望产出增加的同时，非期望产出相应减少。根据 Fare 等（2007）环境技术理论，借鉴 Zhou 等（2008）、陈诗一（2010）、李谷成（2014），根据"农业投入、期望产出、非期望产出"之间的技术结构关系可构建"农业资源能源环境技术集"，这种关系与 Porter "经济与环境双赢"双赢假说相吻合，故称为 Porter 技术。

假设每一个决策单元 i 在 t 期农业生产中投入 N 种要素 x，产出 M 种期望产出 y，O 种非期望产出 b，则农业资源环境技术集可以描述为式（5-1）：

$$T(x) = \{(y^t, b^t): x^t(能生产 y^t, b^t)\}, \ x \in R_+^N, \ y \in R_+^M, \ b \in R_+^O$$

$$(5-1)$$

这是一个典型的生产性可能集，具有封闭、凸性及有界等特性，还需满足三个特性：

特性 1：投入和期望产出具有可自由处置性，即如果 $(y, u) \in p(x)$，且 $x' \leq x$ 或 $y' \leq y$，那么 $(y', u) \in p(x')$，$p(x) \in p(x')$，说明有限的投入与有限的产出对应。

特性 2：期望产出与非期望产出具有联合弱可处置性，即如果 $(y, u) \in p(x)$，且 $0 \leq \theta \leq 1$，则 $(\theta y, \theta b) \in p(x)$，其经济含义是，在给定的资源投入下，若减少非期望产出定会降低期望产出。

特性 3：期望产出与非期望产出具有零结合性，即如果 $(y, u) \in$

$p(x)$，且 $u=0$，则 $y=0$，经济含义为期望产出必然伴随非期望产出。

所以，在农业生产中很有可能会出现投入冗余、期望产出不足、非期望产出过多等问题，导致出现 AGTFP 无效率状态。该技术集为精准测算 AGTFP 提供了一个完整的理论框架。

可将式（5-1）模型化为式（5-2）：

$$T(x) = \begin{cases} (y^t, \; b^t): \; \sum_{i=1}^{I} \lambda_i^t x_{i,\,n}^t \leqslant x_n^t, \; n = 1, \; 2, \; \cdots, \; N; \\[2mm] \sum_{i=1}^{I} \lambda_i^t y_{i,\,m}^t \geqslant y_m^t, \; m = 1, \; 2, \; \cdots, \; M; \\[2mm] \sum_{i=1}^{I} \lambda_i^t b_{i,\,o}^t = b_o, \; o = 1, \; 2, \; \cdots, \; O; \\[2mm] \lambda_i^t \geqslant 0; \; i = 1, \; 2, \; \cdots, \; I \end{cases} \quad (5\text{-}2)$$

其中，λ_i^t 代表密度变量，经济含义是决策单元 $i = 1, \; 2, \; \cdots, \; I$ 在构造环境技术集时的权重，若 $\lambda_i^t = 1$ 且非负则代表规模报酬不变，若 $\lambda_i^t \neq 1$ 则代表规模报酬可变。x 和 y 的不等式约束条件表达的是二者的强可处置性，b 的等式约束条件表达的是其弱可处置性，三者结合表达的是期望产出和非期望产出的联合弱处置性。

第二节　变量甄选

基于理论分析框架，可看出农业生产系统既需要考虑资源、能源的约束，也需要考虑环境污染的危害及影响，在此基础上选取相应的变量。

一　投入变量

从配第首创生产要素理论之后，农业要素投入历经生产要素三元论、生产要素四元论等。本书在生产四要素论的基础上拓展，构建包含"劳动、土地、资本、水资源、能源"的生产要素五元理论模型，这些要素是农业发展必需的条件，而且本书旨在研究农业"绿色"生产效率，资源和能源的约束条件需要充分考虑。

劳动投入：由于书中所指农业为广义农业，因此以农林牧渔从业人员年底数作为劳动力投入。

土地投入：农作物播种面积与水产养殖面积之和衡量土地投入，没有选用耕地面积的主要原因是耕地可能存在荒种、休种等情况。

资本投入：已有研究中农业生产投入的资本主要包括化肥、机械、役畜等，分别选用农用化肥折纯施用量、农业机械总动力、役畜年末存栏数代表。另外，由于农业投入与产出之间同时存在径向和非径向的关系，把农药、农膜也作为资本投入要素。同时，由于 DEA 对数据的敏感性，以熵权法拟合资本投入要素。

水资源投入：水资源约束本应用农业用水总量来衡量，但农业用水总量数据缺失较为严重，用有效灌溉面积替代。

能源投入：农业所耗能源中柴油、电力、煤炭、焦炭、汽油、煤油、燃料油、天然气等占比都较高，但电力和柴油的能耗对农业能耗的影响程度远高于煤炭等其他几种能源的影响，因此，以电能源和柴油用量衡量农业能源投入情况，电能源投入用农业用电量衡量，柴油投入用农用柴油量衡量。

二　产出变量

农业产出既包括期望产出也包括非期望产出。

期望产出：用农林牧渔总产值来衡量，为了指标的可比性，以农产品生产价格指数对其平减处理为以 1997 年不变价的总产值。

非期望产出：对于非期望产出变量的衡量学者莫衷一是。有学者认为应以农业面源污染来衡量。农业面源污染是农业生产的附属品，它指的是农业生产中流失的化肥、农药，禽畜排泄的粪便以及生产生活垃圾造成的大范围污染，它产生的源头分散，影响的面积较大，相较工业生产的点源污染更隐蔽，并已成为水体污染主要污染源，对农业生产和生态环境造成影响较大，治理难度也更高，因而考虑非期望产出首先需要考虑农业面源污染。

此外，IPCC 报告中指出农业非期望产出应该考虑碳排放，这一观点也有不少学者认同，主要原因有：一是农业生产过程中相伴生碳排放，如农药、化肥、机耕等均会产生碳源；二是碳排放中不含 N、P 等有机质，是名副其实的污染物；三是碳排放本身是全球环境、气候变化的关键致因，考虑农业碳排放与"创新、协调、绿色、开放、共享"目标是相通的，把农业碳排放作为非期望产出也符合天气变化的事实。

而且农业碳排放占排放总量已达 17%，已成为中国碳排放的主要来源之一。谌贻庆等（2016）提出只以农业碳排放衡量非期望产出不科学。郭海红等（2018）也持相同的观点，并把农业面源污染和碳排放均作为非期望产出，本书认为这一处理能全面体现农业环境污染要素的影响，因此，遵循该处理方法。农业面源污染和碳排放均需要核算得到。

（一）农业面源污染量的核算

农业面源污染的核算方法借鉴清华大学的清单分析法。农业面源污染源主要来自农田化肥、畜禽养殖、农田固体废弃物以及农村生活等，除此之外，参照潘丹（2012）、郭海红等（2018）把水产养殖也纳入核算清单中，污染物以 TN、TP、COD 为主。具体的农业面源污染核算清单如表 5-1 所示。

表 5-1　　　　　　　　　　农业面源污染核算清单

污染源	调查单元	调查指标	单位	排放清单
农用化肥	氮肥、磷肥	折纯施用量	万吨	TN、TP
禽畜养殖	牛、羊、	年末存栏量	万头	COD、TN、TP
	猪、家禽	年内出栏量	万头（只）	
固体废弃物	稻谷、小麦、玉米、豆类、蔬菜	产量	万吨	COD、TN、TP
农村生活	乡村人口	农村人口数	万人	COD、TN、TP
水产养殖	淡水养殖	总产量	万吨	COD、TN、TP
	海水养殖	总产量	万吨	

资料来源：根据陈敏鹏等改编。其中，禽畜养殖年末存栏量和年内出栏量确定根据禽畜的生长周期确定，大牲畜牛和羊的平均生产周期在 1 年以上，故采用年末存栏量表示其当年养殖数量。猪和家禽的生长周期平均在 180 天和 55 天左右，故采用年内出栏量表示其当年养殖数量。

清单中农用化肥产生的污染采用农用氮肥、磷肥的折纯施用量，并考虑到省际差异，以省域化肥流失率核算 TN 和 TP。禽畜养殖单元选取牛和羊年末存栏数、猪和家禽的年内出栏数，只选这四类畜禽的原因是这四种总产值占中国畜牧业总产值的 95% 以上。

固体废弃物单元仅选取稻谷、小麦、玉米、豆类、蔬菜五类的原因主要考虑到数据的可得性。农村生活调查单元主要调查生活污水和居民产生的粪便中排放的 TN、TP 和 COD。对于水产养殖单元实际测算仅测算淡水养殖，主要包括鱼类、虾类、蟹类、贝类。海水养殖因为区域差异较大，为了保持数据的平衡性和可比性，参照潘丹（2013）等仅测算淡水养殖产物量。

产污系数和排污系数在清单分析法的基础上结合文献以及《第一次全国污染源普查农业面源污染源污染系数手册》进行调整后确定，并构建了包含 117133 条信息的数据库，据梁流涛（2009）的方法测算，见式（5-3）。

$$E = \sum_i EU_i \rho_i (1 - \eta_i) C_i(EU_i, S) = \sum_i PE_i (1 - \eta_i) C_i(EU_i, S)$$

$$(5-3)$$

其中，E 代表农业面源污染的排放总量；EU_i 代表第 i 调查单元的指标数；ρ_i 是 i 的产污强度系数；η_i 表示 i 的资源利用系数；PE_i 代表污染产生量；C_i 代表污染排放系数，取决于 EU_i 和空间特征 S，表征区域异质性的地理环境、水文、降雨、气候及不同管理措施对污染产生的多重影响。根据公式（5-3）可得到 COD、TN、TP 三种污染物的总量，为了更好地核算农业面源污染的总量，按照污染评价标准采用 GB 3838—2002 的Ⅲ类水质标准（COD、TN、TP 分别为 20 mg/L、1 mg/L、0.2 mg/L）将 COD、TN、TP 折算为等标排放量汇总得到总排放量。

（二）农业碳排放的核算

IPCC 报告中指出农业碳源包括农田、机耕、畜禽养殖、化肥、农药、机械动力等。结合 IPCC 及李波（2011）等研究界定农业碳源、相关指标以及排放系数如表 5-2 所示。碳排放的核算依据李波（2011）的测算方法，见式（5-4）。

$$C = \sum C_i = \sum T_i \cdot \delta_i \qquad (5-4)$$

式（5-4）中 C 为农业碳排放总量，C_i 为第 i 种碳源的碳排放量，T_i 为 i 种碳源，δ_i 为 i 碳源的碳排放系数，根据文献整理得 δ 的参考值，如表 5-2 所示。

表 5-2　　　　　　　　　农业碳排放碳源、排放系数及来源

碳源	指标	碳排放系数	来源
化肥	化肥当年施用量	$0.8956 \ kg \cdot kg^{-1}$	美国橡树岭国家实验室
农药	农药当年使用量	$4.9341 \ kg \cdot kg^{-1}$	美国橡树岭国家实验室
农膜	农膜当年使用量	$5.18 \ kg \cdot kg^{-1}$	南京农业大学农业资源与生态环境研究所
柴油	柴油当年使用量	$0.5927 \ kg \cdot kg^{-1}$	IPCC 联合国气候变化政府间专家委员会
翻耕	农作物播种面积	$312.6 \ kg \cdot km^{-1}$	中国农业大学生物与技术学院
农业灌溉	有效灌溉面积	$20.476 \ kg/hm^2$	根据 Dubey 调整

注：根据 Dubey 农业灌溉引致的碳排放系数为 $25 \ kg/hm^2$，但因灌溉过程中需要的火力发电对化石原料的需求才会产生碳排放，因此需要用火力发电系数调整，根据 1997—2020 年火力发电系数的平均值进行调整后为 $20.476 \ kg/hm^2$。

三　AGTFP 测算指标体系及变量基本特征

（一）AGTFP 测算指标体系

在变量甄选的基础上确定 AGTFP 测算指标体系如表 5-3 所示。从体系中可以看出把"资源—能源—环境—经济"较好地融合在一个分析框架中，以求尽可能客观、准确地测算 AGTFP 的水平。

表 5-3　　　　　　　　　　AGTFP 测算指标体系

指标类别	变量名称	指标名称	评价指标	单位
投入指标	劳动投入	劳动力投入（0.291）	农林牧渔从业人数	（万人）
	土地投入	土地投入（0.126）	农作物播种面积	（千公顷）
			水产养殖面积	（千公顷）
	资本投入	机械动力（0.065）	农业机械总动力	（万千瓦）
		役畜投入（0.051）	役畜年末存栏数	（万头）
		化肥施用量（0.103）	农业化肥折纯施用量	（万吨）
			有机肥施用量	（万吨）
		农药使用量（0.079）	农药使用量	（万吨）
		农膜使用量（0.053）	农膜使用量	（吨）
	能源投入	柴油使用量（0.027）	农用柴油使用量	（千公顷）
		农业用电（0.038）	农业用电量	（千瓦小时数）
	水资源	农业用水（0.167）	农业用水量/有效灌溉面积	（千公顷）

续表

指标类别	变量名称	指标名称	评价指标	单位
产出指标	期望产出	农林牧渔总产值（1.0）	农林牧渔总产值	（亿元）
	非期望产出	农业面源污染（0.509）	农业面源污染等标排放量	（万立方米）
		农业碳排放（0.491）	农业碳排放	（万吨）

注：指标名称后面括号里标注的是根据熵权法计算所得权重。

（二）数据来源

样本选取中国 31 个省份 1997—2020 年面板数据，表 5-3 中所有变量所用原始数据来源于《新中国六十年统计资料汇编》《改革开放三十年农业资料汇编》，1998—2021 年的《中国统计年鉴》《中国农业统计年鉴》《中国农村统计年鉴》《中国渔业统计年鉴》《中国环境统计年鉴》《中国能源统计年鉴》《中国农业统计资料》《中国水资源公报》以及部分省份统计年鉴等官方权威数据，其中，农业用水量的原始数据 2003—2020 年取自国家统计局网站，其余的取自各省份的水资源公报整理而得。

（三）变量的基本描述性特征

1997—2020 年中国 AGTFP 测算投入产出指标基本描述性特征见表 5-4。从中可以看出投入和产出变量的标准差都比较大，最大值和最小值的比率均在一倍以上，反映了 1997—2020 年中国农业生产状况变动态势明显。

表 5-4　　　　　　　　　　**AGTFP 测算指标基本描述性特征**

变量名称	平均值	标准差	最小值	最大值
农林牧渔从业人员（万人）	33573	2843	29555	37554
土地投入（千公顷）	176764	6851	165303	188640
机械总动力（万千瓦）	72739	27273	33217	117432
役畜存栏数（万头）	14890	1610	13044	17376
化肥等标施用量（万吨）	5070	937.4	3367	6370
农药（万吨）	152.9	29.83	90.53	188.6
农膜（吨）	184.6	63.472	75.032	278.1

续表

变量名称	平均值	标准差	最小值	最大值
农用柴油量（万吨）	1732	430.3	964.3	2266
农业用电量（千瓦小时数）	4798	2767	1305	9500
农业用水量（亿立方米）	2577	1871	0.1	4088
有效灌溉面积（千公顷）	59684	5661	51586	70645
农林牧渔总产值（亿元）	10314	3628	4762	16563
农业碳排放（万吨）	12715	1722	9542	15164
农业面源污染等标排放量（万立方米）	1620	155.9	1253	1818

资料来源：笔者测算。

第三节 测算模型设计

一 AGTFP 静态效率测算模型——改进的 EBM 模型

在存在非期望产出的情况下，资源、能耗和污染排放是"不可分的""径向"的关系，而除了能源之外的传统投入要素如劳动、资本等和产出之间是"可分的""非径向"关系，但 DEA 模型和 SBM 距离函数都不能测度处理同时存在径向和非径向关系的投入产出关系。而EBM 模型可以处理，基于投入导向的 EBM 模型见式（5-5）：

$$\gamma^* = \min_{\theta, \lambda, s^-} \theta - \varepsilon_x \sum_{i=1}^m \frac{w_i^- s_i^-}{x_{iq}}$$

$$\begin{cases} \theta x_{iq} - \sum_{j=1}^n \lambda_j x_{ij} - s_i^- = 0, \ i = 1, \cdots, m \\ \sum_{j=1}^n \lambda_j y_{rj} \geq y_{rq}, \ r = 1, \cdots, s \\ \lambda_j \geq 0 \\ s_i^- \geq 0 \end{cases} \tag{5-5}$$

其中，γ^* 代表 VBS 条件下的最优效率值；θ 指代径向条件下的效率值；s_i^- 代表非径向条件下投入 i 的松弛量；λ 为 DMU 间的线性组合系数；（x_{iq}，y_{rq}）表示第 q 个 DMU 的投入、产出向量；w_i^- 为反映第 i

种投入要素相对重要程度的权重，且 $\sum_{i=1}^{m} w_i^- = 1$；$w_i^- \geqslant 0$；ε_x 是既反映径向松弛变量变动比例，又体现非径向松弛向量的核心参数，且 $0 \leqslant \varepsilon_x \leqslant 1$。参数 w_i^- 和 ε_x 需要事先确定。若 $\gamma^* = 1$，则技术有效。

由于农业经济、资源、环境之间关系的复杂性，既有期望产出又有非期望产出，径向和非径向关系同时存在，因此在 EBM 模型的基础上扩展为包含非期望产出的非导向的 EBM 模型用于测算静态的农业生产效率，具体如式（5-6）所示：

$$\gamma^* = \min \frac{\theta - \varepsilon_x \sum_{i=1}^{m} \dfrac{w_i^- s_i^-}{x_{iq}}}{\varphi + \varepsilon_y \sum_{r=1}^{s} \dfrac{w_r^+ s_r^+}{y_{rq}} + \varepsilon_b \sum_{p=1}^{q} \dfrac{w_p^{b-} s_p^{b-}}{b_{pq}}}$$

$$s.t. \begin{cases} \sum_{j=1}^{n} x_{ij}\lambda_j + s_i^- - \theta x_{iq} = 0, \ i = 1, \cdots, m \\[2mm] \sum_{j=1}^{n} y_{rj}\lambda_j - s_r^+ - \varphi y_{rq} = 0, \ r = 1, \cdots, s \\[2mm] \sum_{j=1}^{n} b_{pj}\lambda_j + s_p^{b-} - \varphi b_{pq} = 0, \ p = 1, \cdots, q \\[2mm] \lambda_j \geqslant 0, \ s_i^- \geqslant 0, \ s_r^+ \geqslant 0, \ s_p^{b-} \geqslant 0 \end{cases} \quad (5\text{-}6)$$

其中，b_{pq} 代表第 q 个省份的第 p 种非期望产出；(s_r^+, s_p^{b-}) 代表第 r 种期望产出和第 p 种非期望产出的松弛向量，如果二者的值大于 0，则说明实际的农业投入和产出低于生产前沿边界的水平，静态 AGTFP 有改进的空间。w_i^- 表示第 i 种投入要素的权重，反映投入要素 i 的重要程度，且满足 $\sum_{i=1}^{m} w_i^- = 1$；w_r^+ 代表第 r 种期望产出的权重，w_p^- 代表第 p 种非期望产出指标的权重，其他符号含义同式（5-5）。

在模型（5-6）中期望产出和非期望产出以及投入要素的重要程度通过权重体现，通常主观设定，难以切实反映其重要程度，本书把熵权法引入 EBM 模型，以更客观、更合理地反映各 DMU 间的 AGTFP 差异。

基于拓展的 EBM 模型测算的 AGTFP 是某一特定时期内某个省域与生产前沿面的距离，属于静态分析。其经济含义是在既定时期既定生产技术条件下，某省份对投入资源的利用程度，还可以把无效率值分解投入无效率、期望产出无效率和非期望产出无效率，难以刻画 AGTFP 动态变化情况，更难以识别增长的源泉。

二　AGTFP 动态效率测算模型——Global Malmquist-Luenberger（GML）指数

农业生产过程具有连续性、长期性的特点，在长期生产过程中农业技术水平总是在改变的，比如技术进步水平的不断提高，会引致生产水平的不断提升。当 DMU 数据是面板数据时，为更好地反映生产效率的变化状态，Malmquist 指数成为不二选择。在考虑非期望产出的情况下，Chambers 等（1996）把 Malmquist 指数和包含非期望产出的方向距离函数结合起来构建了 Malmquist-Luenberger 指数，见式（5-7）：

$$ML_{t,t+1}=\left[\frac{1+D_0^t(x_i^t,\ y_i^t,\ b_i^t;\ y_i^t,\ -b_i^t)}{1+D_0^t(x_i^{t+1},\ y_i^{t+1},\ b_i^{t+1};\ y_i^{t+1},\ -b_i^{t+1})}\times\frac{1+D_0^{t+1}(x_i^t,\ y_i^t,\ b_i^t;\ y_i^t,\ -b_i^t)}{1+D_0^{t+1}(x_i^{t+1},\ y_i^{t+1},\ b_i^{t+1};\ y_i^{t+1},\ -b_i^{t+1})}\right]^{1/2}$$

(5-7)

其中，$D_0(x,\ y,\ b,\ -b)$ 为四个方向距离函数值。

ML 指数可分解为绿色技术效率变化指数（TEC）和绿色技术进步变化指数（TC），见式（5-8）、式（5-9）、式（5-10）。

$$ML_{t,t+1}=TEC\times TC \tag{5-8}$$

$$TEC_{t,t+1}=\left[\frac{1+D_0^t(x_i^t,\ y_i^t,\ b_i^t;\ y_i^t,\ -b_i^t)}{1+D_0^{t+1}(x_i^{t+1},\ y_i^{t+1},\ b_i^{t+1};\ y_i^{t+1},\ -b_i^{t+1})}\right] \tag{5-9}$$

$$TC_{t,t+1}=\left[\frac{1+D_0^{t+1}(x_i^{t+1},\ y_i^{t+1},\ b_i^{t+1};\ y_i^{t+1},\ -b_i^{t+1})}{1+D_0^t(x_i^{t+1},\ y_i^{t+1},\ b_i^{t+1};\ y_i^{t+1},\ -b_i^{t+1})}\times\frac{1+D_0^{t+1}(x_i^t,\ y_i^t,\ b_i^t;\ y_i^t,\ -b_i^t)}{1+D_0^t(x_i^t,\ y_i^t,\ b_i^t;\ y_i^t,\ -b_i^t)}\right]^{1/2}$$

(5-10)

ML 指数不具备循环性的条件，用线性规划求解存在无解的可能。针对该弊端，学者提出了诸多改进的方法。Fare 等（1996）曾指出，在规模报酬不变情况下投入产出满足希克斯中性会在一定程度上保障指数循环性，但这个条件的要求极为苛刻。Shestalova（2003）采用序贯技术克服了无解问题，但得到的指数仍不具备循环性，无法反映技术退步的情况。Pastor 等（2005）把 DMU 的所有考察期作为基准构建生产前沿面，构建了全局指数，既有效规避了可能无解的情况，也满足循环性的要求，还可以允许技术退步。为做比较，分别列示当期基准和全局基准构建的生产可能性集合，具体见式（5-11）和式（5-12）。

当期基准：$P_c^T(x^t) = \{(y^t, b^t) | x^t$ 能够生产 $(y^t, b^t)\}$　　（5-11）

全局基准：$P_G = P_C^1 \cup P_C^2 \cup \cdots \cup P_C^3$　　　　　　　　　　（5-12）

其中，C 和 G 分别表示当期和全局基准。全局基准即将全部当期基准包络成单一的全局生产可能性集，作为各期共同的参考集。与相邻两期的 M 指数的差异在于全局基准下各期参考的同一生产前沿面，所以计算得到的是单一 M 指数。

全局 GML 指数表达式为（5-13）：

$$GML^{t,t+1}(x^t, y^t, b^t, x^{t+1}, y^{t+1}, b^{t+1}) = (1+D_G^T(x^t, y^t, b^t))/(1+D_G^T \\ (x^{t+1}, y^{t+1}, b^{t+1}))　（5-13）$$

其中，$D_G^T(x, y, t) = \max\{\beta | (y+\beta y, b-\beta b) \in P_G(x)\}$ 根据全局基准生产可能性集 P_G 得到。如果 $GML^{t,t+1}>1$，则表示 AGTFP 提高；如果 $GML^{t,t+1}<1$，则表示 AGTFP 下降。GML 指数也可以深度分解为绿色技术效率指数（GTEC）和绿色技术进步指数（GTC）[①]，见式（5-14）：

$$GML^{t,t+1}(x^t, y^t, b^t, x^{t+1}, y^{t+1}, b^{t+1}) = \frac{1+D_G^T(x^t, y^t, b^t)}{1+D_G^T(x^{t+1}, y^{t+1}, b^{t+1})}$$

$$= \frac{1+D_C^t(x^t, y^t, b^t)}{1+D_C^{t+1}(x^{t+1}, y^{t+1}, b^{t+1})} \times \left[\frac{[1+D_G^T(x^t, y^t, b^t)]/[1+D_C^t(x^t, y^t, b^t)]}{[1+D_G^T(x^{t+1}, y^{t+1}, b^{t+1})]/[1+D_C^{t+1}(x^{t+1}, y^{t+1}, b^{t+1})]} \right]$$

$$= \frac{GTE^{t+1}}{GTE^t} \times \left[\frac{PG_{t+1}^{t,t+1}}{PG_t^{t,t+1}} \right]$$

$$= GTEC^{t,t+1} \times GTC^{t,t+1}　（5-14）$$

式（5-14）中，GTE 代表绿色技术效率，GTEC 代表绿色技术效率变化，PG 代表当期与全局基准的技术前沿的最佳实践者间差距，GTC 代表绿色技术进步，若 GTC>1，则绿色技术进步；若 GTC<1，则绿色技术退步。

根据 Zofio 等（2007）进一步将把 GTEC 指数分解为 GPEC 和 GSEC，见式（5-15）：

---

① 为了体现区别全局与当期的区别，全局基准下的指数前都用 G。

$$GML_{t,t+1} = GTEC \times GTC = GPEC \times GSEC \times GTC \qquad (5-15)$$

其中，$GPEC$ 代表绿色纯技术效率变化指数，表达的是在稳定的绿色技术水平下，农业生产过程中对已有绿色技术能力的应用和发挥效果，其值反映运用既有的绿色技术水平可达到的最大化的农业产出的能力，可以反映农业生产活动中资源协调、优化配置以及经营管理的能力和水平。$GSEC$ 代表绿色规模效率变化指数，可以反映农业经济活动中投入和产出的比例是否恰当，在既定投入水平下，能否实现最大化绿色规模的产出，其值越大反映了对投入要素的利用越充分，投入规模越恰当。GTC 代表绿色技术进步变化指数，反映了生产前沿面在期望产出增加的方向上的位移，能反映新制度、新技术、新工艺、新工具等创新要素带来的 AGTFP 的提升。不管是 $GPEC$、$GSEC$，还是 GTC，若其值大于 1，说明效率是提升的。若其值小于 1，说明效率是下降的。若等于 1，说明效率没有改进。

需要说明的是，测算全局 GML 指数时参照的同一全局前沿，但测算绿色效率变化和绿色技术进步变化时仍参照各自的前沿。全局基准下每个 DMU 都包含在全局基准集内，因此不需要设定特定生产函数，也不需要对生产无效率项进行分布假设，还不需要相关价格信息。GML 指数的分解可以深入探究 AGTFP 增长的动力源。除此之外，还可以考察投入产出要素中实际导致 AGTFP 提升或下降的要素，还可以深入分析导致绿色技术效率提升和绿色技术进步变化的因素。基于这些突出优势，本书采用拓展的 EBM 模型和 GML 指数结合对 AGTFP 及增长率进行测算并进行分解，以此探寻 AGTFP 增长状况及增长源泉。

第四节　不同情景下的农业 TFP 比较

分别测算不考虑资源能源环境约束（情景 1）和考虑资源能源环境约束（情景 2）的农业 TFP 并比较，分别记为 ATFP 和 AGTFP，以判断资源能源环境约束的影响。

一　静态效率比较

基于拓展的 EBM 模型以 maxdea6.0 测算 ATFP 和 AGTFP，结果见

图 5-3。从中可以看出，ATFP 和 AGTFP 水平具有一定的差距，1997—2020 年 AGTFP 水平一直低于 ATFP 水平，这与潘丹（2012）、李谷成（2014）等的结论一致，纳入资源能源环境因素后的 AGTFP 水平在 1997—2020 年平均值为 0.638，明显低于 ATFP 的平均值 0.734，降低的程度达 13%，并且不管考虑资源环境与否测算的农业 TFP 水平均呈下降趋势。这一方面说明忽视资源能源环境因素可能导致测算的农业全要素生产率偏高，对政策制定会产生误导作用。另一方面也反映了农业市场化改革后中国农业经济的高速增长是以牺牲资源环境为代价的，而且资源能源约束和环境污染对农业经济长期稳定的高速发展会起到制约作用。

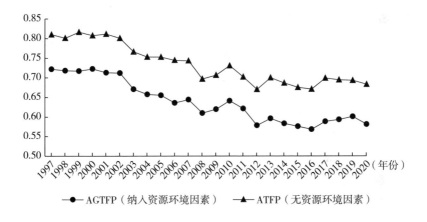

图 5-3 AGTFP 与 ATFP 比较

资料来源：笔者测算。

二 动态效率比较

采用 maxdea6.0 对 ATFP 的 M 指数和 AGTFP 的 GML 指数测算并分解，结果如表 5-5 所示，为了更好地区别情景 1 和情景 2，在 AGTFP 增长解构部分分别用 GPEC、GSEC、GTEC、GTC、GTFPC 代表绿色纯技术效率、绿色规模效率、绿色技术效率、绿色技术进步效率、绿色全要素生产率的增长指数。

表 5-5 不同情景下农业 TFP 增长及分解的比较

时间段	情景 1（ATFP）					情景 2（AGTFP）				
	PEC	SEC	TEC	TC	TFPC	GPEC	GSEC	GTEC	GTC	GTFPC
1997—1998	0.997	0.986	0.983	1.275	1.255	0.996	0.999	0.995	1.214	1.209
1998—1999	1.054	0.979	1.032	1.070	1.104	1.004	1.027	1.031	1.050	1.083
1999—2000	0.970	1.009	0.979	1.029	1.008	0.991	0.994	0.985	1.023	1.008
2000—2001	0.994	1.028	1.022	0.966	0.987	0.999	1.021	1.020	0.950	0.969
2001—2002	0.992	0.998	0.99	0.986	0.976	0.997	0.993	0.990	0.958	0.949
2002—2003	0.975	0.982	0.957	1.004	0.961	1.001	0.946	0.947	1.004	0.951
2003—2004	0.990	0.999	0.989	0.976	0.965	0.998	0.992	0.990	0.972	0.961
2004—2005	0.998	0.992	0.990	0.991	0.981	1.000	0.988	0.988	0.984	0.972
2005—2006	0.989	0.997	0.986	0.998	0.985	0.997	0.989	0.986	0.997	0.983
2006—2007	1.009	0.978	0.987	1.032	1.018	1.003	0.981	0.984	1.030	1.014
2007—2008	0.957	0.994	0.951	1.105	1.051	0.992	0.97	0.962	1.085	1.045
2008—2009	1.010	0.996	1.006	0.986	0.992	1.005	1.002	1.007	0.983	0.989
2009—2010	0.998	0.978	0.976	1.029	1.004	0.996	0.976	0.972	1.028	0.999
2010—2011	0.967	0.988	0.955	1.148	1.097	0.999	0.964	0.963	1.117	1.077
2011—2012	0.951	1.012	0.962	1.132	1.089	0.995	0.971	0.966	1.098	1.062
2012—2013	1.036	0.997	1.033	0.940	0.970	1.006	1.015	1.021	0.947	0.967
2013—2014	0.981	0.991	0.972	1.099	1.069	0.999	0.977	0.976	1.079	1.053
2014—2015	0.975	0.998	0.973	1.109	1.079	0.995	0.983	0.978	1.087	1.064
2015—2016	0.980	0.997	0.977	1.042	1.018	0.997	0.984	0.981	1.032	1.013
2016—2017	1.050	0.996	1.046	0.954	0.997	1.000	1.032	1.032	0.958	0.989
2017—2018	0.997	1.002	0.999	1.005	1.004	0.999	0.998	0.997	1.005	1.002
2018—2019	0.981	1.017	0.998	1.003	1.001	0.995	0.998	0.993	1.004	0.997
2019—2020	0.984	1.008	0.992	1.03	1.022	0.988	1.006	0.994	1.026	1.020
1997—2000	0.996	0.997	0.993	1.044	1.037	0.998	0.996	0.994	1.024	1.019
2001—2005	0.993	0.991	0.984	1.022	1.005	0.999	0.986	0.985	1.016	1.001
2006—2010	0.987	0.993	0.980	1.070	1.046	0.999	0.981	0.980	1.054	1.032
2011—2015	0.995	1.003	0.998	1.024	1.020	0.996	1.001	0.996	1.019	1.013
2016—2020	1.003	1.005	1.008	0.998	1.006	0.995	1.008	1.004	0.998	1.002
1997—2020	0.993	0.997	0.989	1.04	1.028	0.998	0.992	0.989	1.027	1.014

注：1997—2000 年、2001—2005 年、2006—2010 年、2011—2015 年、2016—2020 年、1997—2020 年数值是相应时段内的几何平均值。

资料来源：笔者测算。

从 AGTFP 与 ATFP 增长的整体情况来看，纳入资源环境要素后 1997—2020 年 AGTFP 年均增速为 1.6%，而不含资源环境要素的 ATFP 年均增速为 2.7%，显然 AGTFP 增速较低，而且 AGTFP 每年的增速基本上都低于 ATFP 的增速。根据 Ball 等（2002），在投入资源数量既定的情况下，如果期望产出增长率低于非期望产出减少率，则 GML 指数会低于 M 指数，反之亦然。因此，说明中国农业生产过程中农林牧渔总产值增长率要低于农业面源污染和碳排放的降低率，再次说明了中国农业经济增长是建立在环境损耗的基础之上的。从 AGTFP 和 ATFP 的分解情况来看，无论是 AGTFP 还是 ATFP 的增长，都归因于农业技术进步（TC）的增长，纳入资源环境要素后 GTC 对 AGTFP 的增长贡献度为 102.16%，而不含资源环境要素情况下，TC 对 ATFP 的增长贡献度达 102.78%，纳入资源环境要素后技术进步对农业生产效率的提拉作用受到资源和环境的制约。无论考虑资源环境要素与否，农业纯技术效率和规模效率都是下降的，反映了在既有的技术水平下中国农业生产过程中对投入资源的远未达到高效的资源配置，而且农业生产的规模效应也没有达到，规模不经济状况明显，中国农业经济技术进步"单驱"状态依然持续，值得注意的是，2019—2020 年考虑资源环境要素情况下，农业绿色规模效率（GSEC）出现了 0.6% 的增幅，一定程度上反映随着系列农业绿色发展相关政策的落地，对 AGTFP 起到了推动作用，规模效应初现。

通过情景 1 和情景 2 的比较，发现把资源环境纳入 AGTFP 的分析框架中，测算的结果是合理的，也是可行的，因此，在后文的分析中只列示考虑资源、能源、环境要素的 AGTFP 的情况。

第五节　时空分异分析

一　时序演化分析

（一）AGTFP（静态效率）时序演化

从图 5-3 可以看出，1997—2020 年 AGTFP 呈现波动中缓慢下降趋势，1997—2002 年，比较平稳上升，基本在 0.75 左右，2003—2007 年呈下降态势，从 2003 年的 0.712 下降到 2007 年的 0.652，2008—2011

年明显上升，2012 年明显下降，从 2013 年开始有缓慢上升，但增幅不大，2013—2021 年基本保持在 0.612—0.620 的水平。从演化历程来看，AGTFP 与农业绿色发展相关政策以及自然环境的状态密切相关。1993 年中国市场化改革开启，在农业领域也全方位展开改革，2002 年出台《土地承包法》，从法律上对土地经营权利进行了确权，确保了产权主体地位土地权利的稳固性，有利于提升农业生产效率。根据产权理论"在产权明晰和稳定的条件下，市场交易行为才会自动产生"。农业部和科委等推出多样化农业科技成果转化的若干决定，推动科技兴农，这些措施推动 AGTFP 效率的提升。1998 年经历了一次全流域的大规模的洪水灾害，受影响的有 29 个省和自治区，受灾面积 3.18 亿亩，占耕地面积的近 17%，对 AGTFP 的影响是可见的明显下降。因重大灾害影响的延续性，之后到 2003 年一直呈下降趋势。2002 年，《中华人民共和国农业法》修订版中明确提出强化农业面源污染的管制，2003 年，政府开始重视科学发展观，提出着力发展循环经济等方式，2004 年开始，中央一号文件突出农业的地位，2005 年提出新农村建设的重要内容就是治理农村环境，保持村容整洁。这一系列的措施的出台和落地对 AGTFP 的提升起到了明显推动作用。2008 年，专门召开农村环保会议，但金融危机波及农业发展，效率有所下降。2009 年后《畜禽养殖业污染防治技术政策》的落实，2013 年"两型农业"的基本理念的提出，2015 年 10 月，党的十八届五中全会提出"创新、协调、绿色、开放、共享"新发展理念。2017 年 2 月 5 日发布的中央一号文件中把"三农"问题和农村环境治理和保护放到一起，体现了中央对农业农村环境治理的重视程度。2017 年 9 月 30 日，中共中央办公厅、国务院办公厅印发《关于创新体制机制推进农业绿色发展的意见》，2017 年 11 月，党的十九大报告中更是明确指出"必须树立和践行绿水青山就是金山银山"的理念。2018 年 2 月，《中共中央、国务院关于实施乡村振兴战略的意见》发布，并对农村生态文明建设做出全面部署。2019—2023 年，中央一号文件都强调"加强农村污染治理和生态环境保护，加大农业面源污染治理力度"。2022 年，党的二十大报告中再次强调"推动加快发展方式绿色转型，推动经济社会发展绿色化、低碳化是实现高质量发展的关键环节，发展绿色低碳产业"。近几年农业环境整治的多重利好政策扑面而来，也对 AGTFP 起到推动作用。

（二）AGTFP 增长情况（动态效率）的时序变化

AGTFP 增长指数及解构部分演化情况见表 5-5，1997—2020 年 AGTFP 及其解构部分每年的增长幅度变化情况如图 5-4 所示。从图 5-4 中可以看出，AGTFP 增长状况（GTFPC）和技术进步（GTC）增长状况波动最为明显，且二者变动趋势基本相同，都呈大"M"形波动，并且 GTC 的变动幅度高于 GTFPC。GTC 在 1997—1998 年增长幅度最大，达到 21.4%，之后的 1998—1999 年增速有所回落，增长率为 5%，2000—2001 年、2001—2002 年、2003—2004 年、2004—2005 年、2005—2006 年，呈现窄幅下降，降幅在 0.3%—2.8%，2006—2007 年有 3% 的增长，2007—2008 年出现明显上升，增幅为 8.5%，2008—2009 年出现 1.7% 的回落，2009—2010 年、2010—2011 年、2011—2012 年，一直呈增长态势，2010—2011 年出现 11.7% 的高幅增长，2012—2013 年出现 5.3% 的最大幅度的下降，2013—2014 年、2014—2015 年、2015—2017 年有回调，增长率分别为 7.9%、8.7%、3.2%，2016—2017 年有 4.2% 的下降，2017 年之后一直保持增长。对比 GTFPC 的变化，除了 2002—2003 年和 2018—2019 年 GTC 增而 GTFPC 降之外，其他年份二者趋势完全一致，不同的地方在于增长或下降的幅度有些许差异，这一特征说明绿色技术进步对 AGTFP 的增长驱动效应明显。纯技术效率（GPEC）没有明显变化。技术效率（GTEC）和规模效率（GSEC）波动态势基本上完全一致，两条代表曲线的拐点年份完全相同，不同的是变动幅度略有差异，由此可见绿色规模效率的变化是绿色技术效率变化的根本动因。

为了更好地识别 AGTFP 增长的动因随时间的变化态势，把考察期分成四段，分别为 1997—2000 年（"九五"时期）、2001—2005 年（"十五"时期）、2006—2010 年（"十一五"时期）、2011—2015 年（"十二五"时期）、2016—2020 年（"十三五"时期），也为了更好地考察政策的影响。分时间段测算的 AGTFP 增长率及其解构情况如表 5-5 所示。从"九五"时期到"十三五"时期，中国 AGTFP 增长的源泉没有大的变化，根本动能在于绿色技术进步的推动，属于"单轮"驱动增长模式，绿色技术效率在四个时期都呈下降趋势，对绿色技术进步的追赶效应起了阻滞作用。纯技术效率在四个时期一直呈下降趋势，但幅度不大。值得说明的是，"十二五"时期绿色规模效率呈现了0.1%的小幅增长，虽然增长幅度不大，从上面分析已经看出绿色规模效率是绿色技术效率的关键驱动力，绿色规模效率有所提升，可以预期未来会拉动绿色技术效率的提升，AGTFP 实现"双轮"驱动的集约式绿色增长值得期待。

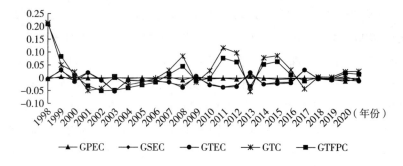

图 5-4　1998—2020 年中国 AGTFP 增长情况及分解

资料来源：笔者测算。

结合 AGTFP 及其增长情况的时序变化情况可以看出，中国 AGTFP 及其增长具有几个典型特征：

1. AGTFP 整体水平不高

1997—2020 年平均值仅为 0.628，离生产前沿距离较远。AGTFP 增长速度缓慢，依赖于 AGTFP 实现农业经济绿色集约增长的动力不足。1997—2020 年 AGTFP 年均增速只有 1.6%，而且从图 5-4 的变化态势来看 AGTFP 增长远没有达到稳态，不同年份波动情况较为剧烈，虽然"十一五"时期有较大幅度增长，年均增长率达到 3.2%，但"十二五"时期增长速率又有所回落，年均增幅仅为 1.4%。这和潘丹（2012）、李兆亮等（2017）、郭海红等（2018）的结论基本相吻合。因此可以认为长期来看 AGTFP 增长不具有稳定性，不利于农业长期高效的绿色、集约发展。

2. AGTFP 增长为依赖于绿色技术进步的单驱增长模式

无论是从 1997—2020 年的 AGTFP 年均增长情况，还是从划分的几个时间段（"八五"时期末到"十三五"时期初几个五年规划期）的增长情况来看，AGTFP 的增长驱动源泉均来自于绿色前沿技术进步的拉动。从相邻年间增长情况看，只有 1998—1999 年绿色技术效率和绿色技术进步双驱增长，推动 AGTFP 实现 8.5% 的高速增长。其他年份除了 2000—2001 年、2008—2009 年、2012—2013 年、2016—2017 年绿色技术效率增长，而绿色前沿技术进步出现下降，呈现出绿色技术效率驱动型增长以外，22% 的时间里 AGTFP 都是绿色技术进步驱动增长的。虽然对 AGTFP 的测算结果受指标选取差异、考察时间和区域选择等口径不统一的影响，结果会有所差异，但 AGTFP 变化趋势以及增长的驱动源泉在文献中基本一致，而且李谷成（2014）、梁俊等（2015）、葛鹏飞等（2018）、郭海红等（2018）得出结论也是 AGTFP 的增长属于绿色技术进步驱动的。因此，本书认为中国农业在市场化改革开启以来 AGTFP 的增长依赖于生物化学、机械化生产等新技术的引入，属于绿色技术进步引致型增长。

3. 绿色技术效率和绿色规模效率会对绿色技术进步追赶效应起到阻滞作用

从图 5-4 中看出，只有绿色技术进步（GTC）在 2/3 的时间里呈增长趋势，与 GTFPC 增长趋势基本一致，然而 GTFPC 的增长幅度却低于 GTC 的增幅，关键原因在于绿色技术效率的水平扩散效应对绿色技术进步的追赶效应起了一定程度的阻滞。这一特征在绿色技术进步增幅较大的年份表现尤为显著。比如在 1997—1998 年、2010—2011 年、2011—2012 年以及 2014—2015 年，GTC 均有较大幅度的增长，但 GTEC 相应地却出现下降，而且 GSEC 和 GPEC 均出现下降，而 GTC 和 GTEC 对 GTFPC 的作用是共生关系，不是此消彼长的关系，因此 GTEC 的下降抵消了部分 GTC 的增长，制约了 GTFPC 的高速增长。另外，纯技术效率 GPEC 在研究期内增长或下降幅度不大，而在为数不多的几个年份里如 2002—2003 年、2004—2005 年、2006—2007 年呈现小幅增长，但相应年份的 GTEC 仍然是下降的，因而主要归因于 GSEC 的下降，GSEC 对绿色技术效率的增长起到了制约作用。这反映了在市场化改革后，AGTFP 的增长主要依赖于生物化学、机械耕种等新技术引入和技术研发，而对已有技术的消化、吸收、利用水平并没有明显变化，虽然农药、化肥、机械动力等投入要素的大规模的投入，但对资源要素并没有达到高效配置水平，农业产业结构、农业生产组织管理水平以及制度安排的效率没有很大程度地提高，反而有所下降，中国农业经济增长仍然是靠要素拉动的粗放式增长，技术创新、技术引入对 AGTFP 的拉动相当一部分被粗放式投入、资源要素低效利用相抵。

二 空间分异

不同区域的资源禀赋和自然环境差异较大，为此对比分析不同空间领域 AGTFP 的整体水平和增长态势。分别从区块层面和省际层面展开比较分析，这对于辨识区域差异的关键要素，为更好的区域协同发展具有重要意义。

（一）区块比较

1. 粮食功能区的 AGTFP 比较

对区块的划分主要从农业产业的角度，按照区域的粮食功能分成粮食主产区（河北、山东、江苏、安徽、辽宁、吉林、黑龙江、内蒙古、江西、河南、湖北、湖南、四川）、主销区（北京、天津、上海、浙江、福建、广东、海南）、平衡区（山西、广西、重庆、贵州、云南、西藏、陕西、甘肃、青海、宁夏、新疆）①。主产区、主销区、平衡区选择的样本占总样本的比重分别为 41.9%、22.6%、35.5%。

从农业产业的角度，粮食主产区、主销区、平衡区的 AGTFP 差异明显，1997—2020 年，粮食主产区、主销区、平衡区 AGTFP 的变化情况如图 5-5 所示。从中首先可以看出，三个区域呈现的共同特点是 AGTFP 水平呈缓慢下降态势，这再次印证了中国农业整体的资源环境保护状况与农业经济发展不协调的观点。再者，三个区域差异明显。粮食主销区的 AGTFP 的水平远远高于粮食主产区和平衡区，均值在 0.74—1，粮食平衡区略高于粮食主产区。粮食主产区农业面源污染和碳排放状况相较主销区和平衡区要严重得多，在既定的投入情况下，绿色生产技术效率较低，平均尚有 44.3% 的绿色效率改进空间，也是农业绿色转型发展的主阵地。在粮食主销区，1997—2020 年，AGTFP 平

---

① 农业部种植业管理司：《全国种植业结构调整规划（2016—2020 年）》，http：// jiuban. moa. gov. cn/zwllm/tzgg/tz/201604/t20160428_5110638. htm，2016-04-02。

均水平为 0.812, 主销区在既定的投入水平下, 能够实现在较低的农业面源污染和碳排放的基础上较高的农业总产出。而平衡区的情况略好于主产区, 平均效率值为 0.624, 依然有 37.6% 的效率改进空间。

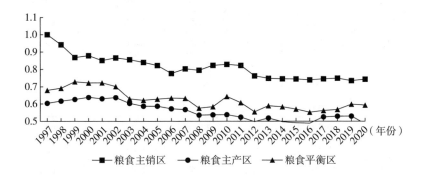

图 5-5　1997—2020 年粮食主产区、主销区、平衡区 AGTFP 比较

资料来源：笔者测算。

直观比较可知粮食功能的角度划分的区块间的 AGTFP 存在明显差异, 进一步对不同区块的 AGTFP 值进行 Kruskal – Wallis 检验（见表 5-6）, 结果表明, 三大粮食功能区比较的卡方值为 19.45, p < 0.001, 因此不同区块的 AGTFP 具有统计意义上的差异。

表 5-6　　　　　　　　　不同区块 AGTFP 的 K-W 检验结果

区块	秩
粮食主产区	6.28
粮食主销区	22.13
粮食平衡区	18.45
Chi-square	19.45
p	0

资料来源：笔者测算。

2. 粮食功能区的 AGTFP 增长率比较

分别比较粮食功能区意义上的主产区、主销区和平衡区的增长情况。1997—2020 年, 中国省域和区域的 AGTFP 增长率（GML）及解构情况如表 5-7 所示。

表 5-7　　　　　　　　中国省域和区域 GML 指数及解构

省份	GPEC	GSEC	GTEC	GTC	GTFPC
北京	1	1	1	1.032	1.032
天津	1	0.988	0.998	1.028	1.026
河北	0.996	0.994	0.991	1.032	1.022
山西	0.981	0.986	0.967	1.015	0.982
内蒙古	0.994	0.996	0.989	1.032	1.021
辽宁	0.998	0.974	0.972	1.032	1.004
吉林	0.997	0.995	0.992	1.035	1.027
黑龙江	0.999	0.998	0.997	1.027	1.024
上海	1	1	1	1.021	1.021
江苏	1.001	0.988	0.989	1.017	1.006
浙江	1	0.992	0.992	1.028	1.019
安徽	1	0.991	0.99	1.033	1.023
福建	0.998	0.975	0.973	1.032	1.004
江西	0.999	0.996	0.995	1.028	1.023
山东	0.991	0.997	0.988	1.037	1.024
河南	0.985	0.995	0.981	1.047	1.027
湖北	1	0.999	0.999	1.041	1.041
湖南	0.993	0.981	0.974	1.032	1.005
广东	0.999	1.003	1.002	1.02	1.022
广西	0.998	0.99	0.988	1.015	1.003
海南	1	0.993	0.993	1.014	1.007
重庆	1	1.009	1.008	1.036	1.045
四川	1	1.007	1.007	1.035	1.043
贵州	1	1.015	1.015	1.009	1.024
云南	0.996	0.987	0.982	1.024	1.006
西藏	1	1	1	0.989	0.989
陕西	1	0.999	0.998	1.034	1.032
甘肃	1	0.991	0.99	1.023	1.013
青海	1	1.002	1.002	1.022	1.024
宁夏	1	1	1	0.972	0.972
新疆	0.995	0.977	0.972	1.035	1.006

续表

省份	GPEC	GSEC	GTEC	GTC	GTFPC
全国	0.997	0.994	0.991	1.025	1.016
主产区	0.925	0.922	0.919	0.959	0.949
主销区	1	0.993	0.994	1.025	1.019
平衡区	0.997	0.995	0.991	1.014	1.005

资料来源：笔者测算。

　　如表5-7所示，粮食主销区和平衡区实现了AGTFP不断增长，年均增幅分别为0.3%、1%，主销区增长的动力均来自于绿色技术进步的贡献，绿色技术进步分别增长1.5%和1.6%，值得关注的是，粮食主销区的绿色纯技术效率没有下降，虽然没有改进，但足以说明绿色技术效率可能会趋向提升。而粮食主产区的情况不尽如人意，年均下降4.9%，降幅较大，绿色技术进步、绿色技术效率都呈下降趋势，反映了粮食主产区污染和碳排放情况越来越严重，需要特别关注，采取有针对性的环境保护措施。

　　粮食主产区、主销区和平衡区AGTFP增长的演化情况见图5-6。从中可以看出，三大粮食功能区的AGTFP波动状态明显，又以粮食主产区的波动情况最为剧烈，呈大"锯齿形"波动。主销区和平衡区的波动形态基本一致。粮食主产区除了在2001—2004年、2005—2007年、2008—2010年、2012—2013年、2016—2017年下降，下降幅度在1.5%—4.3%，其余年份是增长的，在1997—1998年增幅最高，达到25.8%。在2014—2015年增长幅度也达到13%。粮食主销区在2000—2007年一直下降，2008—2012年不断回增，2012—2013年出现4.1%幅度的下降，之后除2016—2017年微幅下降以外，其他年份不断增长，增长幅度最大的年份是1997—1998年，增幅为9.9%，下降幅度最高的年份为2001—2002年，降幅为5.1%。粮食平衡区在2000—2005年、2007—2008年、2008—2009年、2012—2013年、2015—2016年、2018—2019年出现下降，其余年份不断增长，增幅最高的年份在1997—1998年，达到24.2%的增长，1998—1999年也达到14.1%的增长率，降幅最高年份为2001—2002年、2002—2003年，分别下降

6.2%和7.5%。比较三个粮食功能区，三个区的 AGTFP 均在 1997—1998 年出现最大幅度的增长，在 2001—2002 年、2002—2003 年出现最大幅度的下降，再次反映了 AGTFP 受政策和自然环境直接的影响。

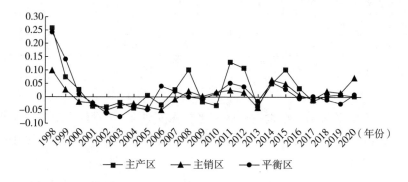

图 5-6 粮食主产区、主销区、平衡区 AGTFP 增长情况 （GTFPC）
资料来源：笔者测算。

粮食主产区、主销区和平衡区农业绿色技术进步（*GTC*）增长的演化情况如图 5-7 所示。对比图 5-6 和图 5-7 可以看出，*GTFPC* 和 *GTC* 的演进态势基本一致，*GTC* 的变化幅度要大于 *GTFPC* 的变化幅度，说明三个粮食功能区的 AGTFP 增长的动力源是 *GTC*，都属于绿色技术引致型增长模式。其中，粮食主产区的波动状态最为剧烈，1997—1998 年增幅最高，达 26.9%，之后 1998—2000 年不断增长，增幅有所下降，在 5%左右，2001—2004 年微幅下降，2001—2002 年降幅达 6%，2005 年以后，呈"马鞍形"明显波动，增幅较大的年份是 2010—2011 年，增长率达 17.1%，2011—2012 年保持 15%的增长率，但 2012—2013 年出现 6.1%的大幅下降，之后 2013—2014 年、2014—2015 年回增，增长率都在 10%以上，2016—2017 年明显下降，下降幅度为 7.3%，之后缓慢增长。粮食主销区 *GTC* 在 1997—1998 年增长率达 12.1%，1998—1999 年保持增长，1999—2002 年连续下降，2001—2002 年下降幅度较大达 3.7%，2002—2003 年回增，增长率为 3.7%，2004—2006 年，再次出现连续下降，降幅不大，之后除 2008—2009 年、2009—2010 年、2012—2013 年、2016—2017 年出现 1%左右的微幅下降以外，其他年份保持 3%—6%的增长。粮食平衡区 *GTC* 增幅最高的年份是 1997—1998

年，增长率达 22.2%，在 2010—2011 年再次出现增长小高峰，增长率为
11.1%，在 2000—2001 年、2001—2002 年、2003—2004 年、2004—2005
年、2008—2009 年、2009—2010 年、2012—2013 年、2017—2019 年呈现
下降趋势，降幅最大的年份是 2012—2013 年，降幅为 7.1%，其余年份均
不断增长。比较来看，三个粮食功能区 GTC 增长幅度最高的年份均在
1997—1998 年，这说明绿色技术前沿的推进与农业改革的红利释放具有
显著的正相关关系。降幅较大的年份在 1998—1999 年和 2008—2009 年，
农业绿色技术前沿受重大自然灾害和重大环境变化的直接影响。

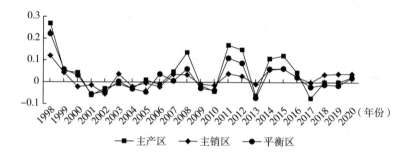

图 5-7　粮食主产区、主销区、平衡区 AGTC 增长情况
资料来源：笔者测算。

　　粮食主产区、主销区和平衡区农业绿色技术效率（GTEC）增长的
演化情况见图 5-8。粮食主产区除了 1998—1999 年、2000—2001 年、
2009—2010 年、2012—2013 年、2016—2017 年增长，其中 2016—2017
年增幅最高为 6.3%，其余年份均呈下降趋势，降幅最大的年份在
2011—2012 年，降幅为 3.6%。粮食主销区除 1999—2000 年、2001—
2002 年、2007—2010 年、2013—2014 年、2019—2020 年出现增长以
外，其余年份均不断下降，2009—2010 年和 2019—2020 年增幅最大为
3.3%，降幅最高的年份为 2002—2003 年，降幅为 6.5%。粮食平衡区
波动情况比较明显，呈不规则 "M" 形波动，在 1998—2001 年连续增
长，2005—2006 年、2006—2007 年、2008—2010 年、2012—2013 年、
2016—2017 年不断增长，1998—1999 年增长幅度最高达 7.9%，其余年
份均呈下降趋势，降幅最高达 7.4%，出现在 2002—2003 年。综合来
看，三大粮食功能区的 GTEC 都呈剧烈波动状态，而且下降的年份远超

过增长的年份，说明对资源配置、经营管理水平、既有技术的高效利用等方面尚没有找到稳态的最优路径。

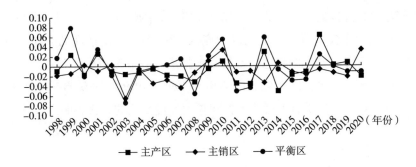

图 5-8 粮食主产区、主销区、平衡区农业 GTEC 增长情况

资料来源：笔者测算。

（二）省际分异

为了更清楚地揭示省际差异，分别从静态视角和动态视角展开分析。静态分析 AGTFP 的省际差异，辨识无效率的根源。动态分析 AGT-FP 的 GML 指数及解构情况，分析不同省份的 AGTFP 增长情况，识别 AGTFP 增长的源泉的省际差异。

1. AGTFP 的省际差异

本部分既考察省域 AGTFP 整体状况，也探究 AGTFP 改进的方向。

（1）省域 AGTFP 整体状况

表 5-8 列示了 31 个省域的 AGTFP 在 1997—2020 年均值，从中可以看出，1997—2020 年北京、上海、西藏三个省份的 AGTFP 为 1，一直处在生产前沿面上，表明这三个省份在农业生产中实现了有效的绿色技术效率，在促进农林牧渔总产值不断提高的同时兼顾了资源环境条件，实现二者的有机结合。而青海、浙江、海南、广东、四川、重庆、广西、贵州、黑龙江、福建、天津、江西、安徽、山东共 14 个省份的 AGTFP 在全国平均水平之上，但没有达到生产前沿面，占比为 45.1%。其他的省份包括江苏、吉林、宁夏、湖南、辽宁、山西、云南、陕西、内蒙古、河北、新疆、湖北、甘肃、河南共 14 个省份的 AGTFP 平均水平在全国平均水平之下，占比达 45.1%，整体状况不容乐观。

表 5-8　　　　　　　　　　　省域 AGTFP 情况

省份	均值	位次	省份	均值	位次
上海	1	1	江苏	0.627	15
西藏	1	1	吉林	0.571	16
北京	1	1	重庆	0.570	17
青海	0.992	2	宁夏	0.568	18
浙江	0.85	3	湖南	0.522	19
海南	0.811	4	辽宁	0.508	20
广东	0.749	5	山西	0.497	21
四川	0.717	6	云南	0.484	22
广西	0.714	7	陕西	0.481	23
贵州	0.703	8	内蒙古	0.456	24
黑龙江	0.696	9	河北	0.423	25
福建	0.672	10	新疆	0.418	26
天津	0.655	11	湖北	0.407	27
江西	0.650	12	甘肃	0.381	28
安徽	0.643	13	河南	0.38	29
山东	0.641	14	全国	0.638	

资料来源：笔者测算。

（2）AGTFP 改进的方向

改进的 EBM 模型除了可以测算静态 AGTFP 值，还可以测算投入产出的松弛量，依据 Cooper 等（2007），基于松弛量的大小，以投入或产出的松弛量除以投入或产出量，得到投入或产出的冗余率，1997—2020年31个省份的农业投入产出的冗余率如表5-9所示。从中可以看出，只有北京、上海、西藏处在生产前沿面上，资源环境与农业经济处于协调状态，其余28个省份的投入和非期望产出都存在冗余，31个省份的农业总产值的冗余率都为0，这说明并不存在农林牧渔总产值不足而导致 AGTFP 水平较低的情况，而资源和能源投入冗余和非期望产出过度才是 AGTFP 不高的根本原因。

表 5-9　　　　　　1997—2020 年不同省份农业投入产出冗余率　　　　单位：%

省份	劳动投入	土地投入	资本投入	农业能源	农业用水	总产值	碳排放	面源污染
北京	0	0	0	0	0	0	0	0
天津	7	24.5	22.2	8.8	14.51	0	10.5	9.9
河北	29.1	27.3	51.6	71.5	27.32	0	44.8	44.7
山西	52.7	53.2	43.4	18.5	35.78	0	25.8	22.9
内蒙古	23.7	66	47	44.8	57.83	0	32.8	26.2
辽宁	32.5	34.2	45.9	45.7	32.27	0	27.1	28.2
吉林	13.8	49.7	31.1	33.1	30.77	0	30.4	25.8
黑龙江	5.4	42.5	23.7	6.3	41.25	0	32.1	18.2
上海	0	0	0	0	0	0	0	0
江苏	3.4	31.9	17	34.4	4.69	0	34.3	37.5
浙江	5.4	2.4	3.2	1.8	3.68	0	21.4	18.7
安徽	17.2	27.1	23	25.1	30.68	0	36.1	22.4
福建	32.3	8.3	26.5	23.8	12.67	0	22.9	23
江西	16.1	31.6	14.5	29.4	35.89	0	25.9	29.8
山东	33.6	28.6	53.8	71.5	15.48	0	61.8	47.5
河南	43.8	38.3	45.6	57.9	17.65	0	65.7	59.5
湖北	60.2	66.1	56.9	52.9	41.97	0	5.7	4.7
湖南	31.2	27.5	35.8	34.6	26.47	0	4.9	6.1
广东	27.9	20.9	4.4	17	15.32	0	24.4	47.6
广西	35.1	30.2	14.6	20.7	19.85	0	26.5	19.8
海南	28.6	16.8	1.3	21.7	10.24	0	2.8	0.7
重庆	15.1	11.7	3.7	24.8	20.62	0	28.6	31.2
四川	15.7	12.1	4.4	25.4	21.86	0	29.2	32.9
贵州	31	27.9	6.3	16.1	31.27	0	21.4	18.8
云南	53.1	40.4	39.3	37	54.21	0	31	25.5
西藏	0	0	0	0	0	0	0	0
陕西	50.2	46.1	34.3	41.7	36.89	0	29.2	23.9
甘肃	49.8	57.6	47.5	68.2	74.28	0	28.3	19.3
青海	0	1.6	0	0.8	1.7	0	0	0
宁夏	20.8	44.7	30.1	31.1	27.84	0	31.2	21.2
新疆	21.3	57.2	59.9	63.7	62.37	0	33.5	23.1

续表

省份	劳动投入	土地投入	资本投入	农业能源	农业用水	总产值	碳排放	面源污染
全国	24.7	30.49	26.11	30.12	26.16	0	24.66	21.93
主产区	25.83	39.23	37.16	42.27	30.19	0	33.47	29.22
主销区	14.46	10.41	8.23	10.44	8.06	0	11.71	14.27
平衡区	31.4	35.89	27.54	29.78	34.42	0	22.69	17.45

资料来源：笔者测算。

第一，识别省份 AGTFP 无效率的根源。从劳动投入的冗余率情况看，湖北、云南、山西、陕西、甘肃、河南共六个省份的冗余率在40%以上，远高于中国平均水平，大幅度降低劳动力投入，实行劳动力适度转移，对提高 AGTFP 有较大裨益。从土地投入冗余情况看，湖北、内蒙古、甘肃、新疆、山西、吉林、陕西、宁夏、黑龙江、云南共10个省份的冗余率在40%以上，土地是农业的命脉，对耕地集约化利用，这些省份适度退耕还林有助于 AGTFP 的提升。从资本投入冗余情况看，新疆、湖北、山东、河北、甘肃、内蒙古、辽宁、河南、山西共9个省份的冗余率在40%以上，远超平均水平，机械动力、化肥、农药、农膜、役畜等资本投入需要深化，避免只求量的增加而忽视资本深化利用。从农业能源投入冗余情况看，河北、山东、甘肃、新疆、河南、湖北、辽宁、内蒙古、陕西共9个省份的冗余率在40%以上，改进空间较大。电和柴油等能源过度消耗，会加剧能源的约束，制约 AGTFP 水平。从水资源投入情况看，甘肃、新疆、内蒙古、云南、湖北、黑龙江6个省份的冗余率在40%以上，陕西、山西、四川等11个省份的冗余率也在30%以上，它们都具有较大的改善潜力，全国大部分省份的农业用水都存在冗余，需要引进或推广节水型农业生产技术，对提升 AGTFP 会有较大的帮助。从农业碳排放冗余情况看，河南、山东、河北、安徽、江苏、内蒙古、黑龙江的减排空间较大，它们均处于粮食主产区，可见粮食主产区的农业碳排放情况比较严重，在保证粮食安全的前提下，适度控制碳源，是提升 AGTFP 的可行之路。从农业面源污染情况看，河南、广东、山东、河北、江苏、四川、重庆的污染情况最为严重，冗余率在30%以上，加大污染防治力度，大幅度减排是 AGTFP 增长的关键途径。

第二，识别区块 AGTFP 无效率的根源。中国总体情况来看，投入过度的制约作用较高，其中土地、农业能源、农业用水等资源的冗余最高，这说明资源、能源已然成为中国 AGTFP 的关键约束，现实逻辑是土地、电、水等资源、能源都是稀缺的，本不会出现过度投入的情况，合理的解释是中国农业生产过程中对资源能源利用的效率不高，粗放式投入，离高效、集约、规模化利用的距离还较远。从粮食功能区情况看，粮食主产区的无效率原因在所有投入和非期望产出都表现突出，其中影响最大的是土地、资本和农业碳排放。粮食主销区无效率水平相对较低，其有限的无效率根源主要在于劳动力和农业面源污染。粮食平衡区无效率的关键因素在于投入过度，需要根据产区的功能定位合理调整农业生产过程中的投入。由此可见，不同省份无效率根源存在明显差异，需要因地制宜地采取相应的措施才能对症下药，真正提高各省份以及中国整体 AGTFP 水平。

2. AGTFP 增长及解构的省际差异

31 个省份的 AGTFP 增长指数（GML 指数）及解构部分（见表 5-7）汇总的基本特征见表 5-10，由表 5-10 可知 AGTFP 改进的省份占比达 86.7%，中国农业经济增长的方式有所改进，AGTFP 在农业经济增长中起了一定的推动作用，要素驱动型增长模式有所转变。GTFPC 提升最大的省份增长率达 4.3%，降低幅度最大的省份下降率为 2.8%，省际 AGTFP 增长情况存在一定程度差异。从 GTC 的增长情况看，GTC 改进的省份占比达 93%，GTC 增幅最大为 4.7%，降幅最大为 2.8%，与 GTFPC 情况接近，这说明绿色技术进步（GTC）是 AGTFP 增长的关键驱动源泉。从 GTEC 的增长情况看，改进的省份占比仅为 23%（其中还包括 13.3% 的无增长的省份），因而大部分省区的 GTEC 尚存较大的改进空间。而 GTEC 增长取决于 GTPEC 和 GSEC 的增长，从 GPEC 的增长情况看，50% 的省份有了一定程度的改进，而 GSEC 改进的情况不容乐观，只有 26.7% 的省份有所提升（其中还包括 13.3% 的零增长省份），离散程度不高，说明 31 个省份的绿色规模效率都没有明显改善，资源配置低效依然是绿色技术效率难以提升的主要制约因素。

表 5-10　　　　　　　省份 AGTFP 增长率及解构部分的基本特征

指标	GTEC	GTC	GPEC	GSEC	GTFPC
最大值	1.015	1.047	1.001	1.015	1.043
最小值	0.967	0.972	0.981	0.974	0.972
均值	0.991	1.025	0.997	0.994	1.016
标准差	0.011	0.015	0.005	0.009	0.016
效率改进省份数	7	28	15	8	26
效率改进省份占比	22.58%	90.32%	48.39%	25.81%	83.87%

资料来源：笔者测算。

为进一步深入解析省际 AGTFP 增长的差异，结合表 5-8 进一步剖析 31 个省份间的差异。从表 5-7 知，1997—2020 年，只有北京、上海、广东、青海、四川、重庆 6 个省份实现绿色技术效率和绿色技术进步"双轮"驱动增长，占比为 16.1%。山西、西藏、宁夏 3 个省份 AGTFP 是下降的，占比为 9.67%，其余 23 个省份都是依赖于绿色技术进步的"单轮"驱动增长模式，占比达 74.2%。反映了中国大多数省域农业的绿色资源配置和组织管理能力和水平都滞后于农业绿色发展所需，仅依赖于绿色技术进步拉动增长后劲乏力。在绿色技术效率下降的 23 个省份中，有 14 个省份绿色纯技术效率和绿色规模效率双降，占比达 60.9%，另有 8 个省份因绿色规模效率降低致使绿色技术效率下降，因此，制约中国 AGTFP 增长的关键在于绿色技术效率的下降，而绿色技术效率下降的根本原因是绿色规模效率和绿色纯技术效率的阻滞，特别是绿色规模效率的低效状态成为农业生产过程中关键问题。切实保障 AGTFP 长期稳定增长，需要绿色纯技术效率和绿色规模效率双重提升，组织管理能力、资源配置水平需改进。

第六节　本章小结

在"资源—能源—环境—经济"思路下，构建了 AGTFP 的理论分析框架，并对资源、能源和环境因素从其作用机理阐释引入的意义，进而对引入方法做了深度理论阐释，在此基础上构建了 AGTFP 测算指标体系，拓展了 EBM 模型并与 GML 指数结合分别从静态和动态视角精准测算 AGTFP，最后从时序变化和空间分异两个角度对比分析时空演变趋势，以了解中国 AGTFP 的实际状况。得出的主要结论有：

第一，考虑资源环境因素与否的 AGTFP 与 ATFP 显著不同。其一，纳入资源环境因素后的 AGTFP 水平明显低于不考虑资源环境因素的 ATFP。忽视资源环境因素可能导致测算的农业技术效率偏高，对政策制定会产生误导作用。其二，纳入资源环境要素后绿色技术进步对农业生产效率的提拉作用受到资源和环境的制约。无论考虑资源环境要素与否，农业绿色纯技术效率和绿色规模效率都是下降的，在既有的技术水平下中国农业生产过程中对投入资源远未达到高效的资源配置，规模不经济状况明显，中国农业经济依赖于绿色技术进步的"单轮驱动"。

第二，AGTFP 时序演化特征表现为：其一，AGTFP 整体水平不高，1997—2020 年平均值仅为 0.628，离绿色生产前沿面距离较远。AGTFP 增长速度缓慢，依赖于 AGTFP 实现农业经济绿色、集约增长的动力不足。1997—2020 年，AGTFP 年均增速只有 1.6%，而且 AGTFP 增长远没有达到稳态，不同年份波动情况较为剧烈。AGTFP 的增长驱动源泉均来自于绿色前沿技术进步的拉动，属绿色技术引致型增长。其二，绿色技术效率会对绿色技术进步追赶效应起到阻滞作用，绿色规模效率对绿色技术效率也起了反向牵制作用。中国农业经济增长仍然是靠要素拉动的粗放式增长，绿色技术创新、绿色技术引入对 AGTFP 的拉动相当一部分被粗放式投入、资源要素低效利用相抵。

第三，AGTFP 空间分异分析从区块和省际两个层面展开。

区块静态效率比较结果表明：粮食主产区、主销区、平衡区 AGT-FP 差异明显，三个区域共同特点是 AGTFP 水平呈缓慢下降态势。粮食主销区的 AGTFP 的水平远远高于粮食主产区和平衡区，均值在 0.74—1，粮食平衡区略高于粮食主产区。区块动态效率比较结果表明：粮食主销区和平衡区实现了 AGTFP 不断增长，年均增幅分别为 0.3%、1%，主销区和平衡区增长的动力均来自于绿色技术进步的贡献。粮食主产区年均下降 4.9%，降幅较大，绿色技术进步、绿色技术效率都呈下降趋势，反映了粮食主产区污染和碳排放情况越来越严重，需要特别关注，采取有针对性的环境保护措施。三大粮食功能区的 AGTFP 波动状态明显，粮食主产区呈大"锯齿形"巨幅波动。主销区和平衡区的波动形态基本一致。三个粮食功能区的 AGTFP 增长的动力都是 GTC，属于绿色技术引致型增长模式。

省际静态效率比较结果表明：1997—2020 年，只有北京、上海、西藏三个省份的 AGTFP 为 1，实现了在农业生产与资源能源环境的兼顾。13 个省份的 AGTFP 在全国平均水平之上，但没有达到生产前沿面，46.7%省份的 AGTFP 平均水平在全国平均水平之下，整体状况不容乐观。31 个省份的农业总产值的冗余率都为 0，说明并不存在农林牧渔总产值不足而导致 AGTFP 水平较低的情况，27 个省份的投入和非期望产出都存在冗余，说明资源和能源过度投入和非期望产出过度产出是 AGTFP 不高的根本原因。31 个省份的投入和产出冗余差异较大，因此效率改进需要根据不同省域情况针对性采取相应措施。省际动态效率比较结果表明：AGTFP 改进的省份占比达 86.7%，AGTFP 在农业经济增长中起了一定的推动作用，要素驱动型增长模式有所转变。31 个省份的绿色规模效率都没有明显改善，资源配置低效依然是绿色技术效率难以提升的主要制约因素。而绿色技术效率下降的根本原因是绿色规模效率和绿色纯技术效率的阻滞，特别是绿色规模效率的低效状态成为制约 AGTFP 的关键问题。

第六章　粮食安全对农业绿色全要素生产率的影响机制

从第三章分析看中国粮食安全面临较大压力。党的二十大报告中强调夯实粮食安全根基，要牢牢掌握粮食安全主动权。长期以来，为缓解粮食产量安全压力，对水、地等自然资源要素的边际产能过度开发，农业生产赖以存续的资源环境的承载力日趋下降，粮食安全的可持续性保障面临挑战。与此同时，农业从业人员日益减少，粮食耕种面积不断缩水，依赖于增加要素投入的传统农业生产方式难以持续，势需转向持续提升农业绿色全要素生产率的现代化发展道路上来。那么，粮食安全对农业绿色全要素生产率具有什么样的影响机制？本章基于强可持续发展理念，静态与动态结合、线性与非线性结合，多层面对粮食安全对农业绿色全要素生产率的影响机制进行全景式揭示和解释，深化粮食安全与农业绿色全要素生产率关系研究。

第一节　粮食安全对农业绿色全要素生产率影响的理论分析

一　粮食安全直接影响农业绿色全要素生产率

粮食安全战略的推动可以带动粮食产量大幅提升，从而带动农业经济增长，并促进农业期望产出增加，驱动农业生产效率提高，进而诱致农业绿色全要素生产率的提升。基于此，提出假设 1：粮食安全可以正向驱动农业绿色全要素生产率的提升。

二　粮食安全间接影响农业绿色全要素生产率

（一）以要素配置为中介

粮食产量安全的保障需要充足的要素投入，然而农村劳动力老龄化与女性化叠加、劳动力成本居高不下、土地非粮化日趋严重的现实背景下，为满足产量安全所需，一方面，根据供需关系，因劳动力数量的减少和劳动力成本的上升，会刺激产生农业机械服务取代劳动力的需求（侯孟阳等，2021）。化肥价格的相对低廉也会促使化肥等物质要素投入对劳动力要素的替代，并可能引发化肥过量施用的可能。另一方面，土地非粮化压力诱致高产优质的粮食品种研发，刺激农业技术水平不断提高。农业机械化利用率的提高、化肥等生化技术的广泛应用既促进了劳动生产效率和资源利用效率的提升，也推动了要素配置效率的提升，进而促进粮食生产规模化生产，促进生产效率的提高。但同时，这也加剧了农村劳动力大规模的非农化转移，制约粮食产量安全。基于此，提出假设2：粮食产量安全对要素配置具有促进作用，但对农业绿色全要素生产率的作用不明确。

（二）以专业化程度为中介

粮食安全的结构安全需要粮食生产由粗放式增长向集约式增长转变，而区域性粮食种植品种的一致性和集聚程度是前提条件，这正好是粮食生产专业化程度的表现（曾琳琳等，2022）。专业化程度对农业技术效率的影响体现在两个方面：一是规模经济效应。其一，专业化促进区域性产业集聚，产业集聚促进土地适度规模经营，进而降低单位生产成本，带动农业机械化利用，提高耕作效率。其二，促进资源共享。区域性产业聚集利于粮食生产基础设施、粮食生产服务性组织及其他服务性机构的兴起，进而促进规模扩张。其三，促进技术、知识、经验外溢。区域性产业集聚便于农户与农业合作组织之间沟通交流，促进粮食生产新技术、新方法、新知识的外溢，促进生产效率提升。二是拥挤效应。区域性专业化分工程度过细会导致区域性产业过度集聚的可能性，一旦过度集聚会导致规模报酬递减，典型表现是农业机械化程度与粮食种植规模的错配导致生产效率的下降。产业过度集聚还会制约资源共享程度，因为粮食生产的基础设施及相应的农业服务业供给难以匹配产业过度集聚带来的规模扩张（高维龙等，2021），从而制约粮食生产效率。产业过度集聚还会导致水、土地、环境等资源环境的承载力超载，严重的话甚至会导致技术锁定，制约绿色全要素生产率提升。可见，专业化程度对农业绿色全要素生产率的影响程度取决于其规模经济效应与拥挤效应之间的博弈，适度的专业化程度会促进适度的产业集聚，会对农业绿色全要素生产率起正向促进作用，反之，则会对农业绿色全要素生产率起负向制约作用。基于此，提出假设3：粮食安全对专业化程度具有正向促进作用，而专业化程度对农业绿色全要素生产率的作用呈倒"U"形。

（三）以污染程度为中介

基于可持续发展理念，粮食安全立足于数量安全的基本目标下，需不断提升粮食质量安全，能够促进粮食质量安全与生态环境的良性互动（展进涛等，2019）。质量安全既涵盖食品安全，也体现食物满足膳食结构及营养需要的要求，同时粮食生产应该与生态环境共生共存。在粮食质量安全驱动下，"化肥零增长"等诸多行动方案相继出台，中央一号文件也多次强调，从顶层设计开始注重对化肥农药使用量的控制，这成为引导农业绿色发展的关键举措，有利于农业全要素生产率的提升（郭海红等，2020）。但在农村劳动力匮乏、劳动成本持续高涨的压力下，为了粮食产量安全的保障，经营者寻求化肥、农药等高能耗型技术替代也是在生产决策中常见的事实，因而，对绿色全要素生产率的提升造成阻梗。为此，提出假设4：粮食安全会降低环境污染程度，但污染程度对绿色全要素生产率产生负向影响。

（四）经营规模的调节效应

在粮食安全战略驱动下，为了粮食产量、质量及结构安全的保障，土地适度规模经营是大势所趋，也是区域粮食生产专业化程度达到一定水平后的必然结果。土地规模经营相较碎片化经营，经营者更有利益驱动去突破传统和习惯束缚，选取更高效的经营方式，比如像按照化肥指导说明书确定化肥施用量、按照种植地土壤肥力情况进行定向定量施肥、优选农业机械服务等更合理的施肥用肥方式、更科学的种植途径，从而一定程度上降低粮食生产对资源环境的负向影响，提高农业绿色全要素生产率（曾琳琳等，2022）。相反，区域粮食生产专业化程度较低的情况下，土地碎片化经营、农户分散化经营的情况比较普遍，加上农村劳动力的匮乏，单位土地面积的投入需要较高的人工成本，经营者更倾向于粗放式生产，比如增加单次化肥农药的投放量减少施用次数、随机施肥等（刘琼等，2020）。外加粮食品种的多样化，化肥施用方式如果与作物生长规律相违背，则会降低肥料利用效率，加大对环境污染的可能性，进而制约农业绿色全要素生产率提升。由此，提出假设5：经营规模在要素配置、专业化程度、污染程度对农业绿色全要素生产率的作用中具有调节效应。

三　粮食安全对农业绿色全要素生产率影响的空间效应

根据"地理学第一定律"，劳动力流动、农业机械跨区作业等要素的空间转移会促使本地区与邻近地区的农业生产产生空间交互影响，化肥、农药等生化技术的应用也可以通过空间交互产生技术溢出，农业生产知识的累积也会伴随着生产要素的流动产生知识溢出（侯孟阳等，2021）。化肥、薄膜等生物化学物资投入不可避免地会产生环境污染，而且是面源性污染，面源污染不仅会对本地区的生态环境造成负面影响，还会扩散到邻近地区。同时，农业绿色生产效率较高的地区也会对邻近地区产生示范效应。要素流动、技术扩散、知识溢出及农业生态存在的邻里效应促使本地区农业绿色全要素生产率与邻近地区在空间上产生交互作用，基于此，提出假设6：粮食安全对农业绿色全要素生产率的作用具有空间交互影响。

粮食安全对农业绿色全要素生产率的影响机制的理论框架如图6-1所示。

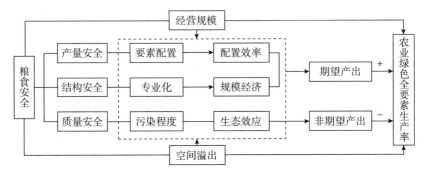

图6-1　粮食安全对农业绿色全要素生产率的影响机制的理论框架

资料来源：作者绘制。

第二节　粮食安全对农业绿色全要素生产率影响的实证分析

一　变量界定、模型设计及数据来源

（一）变量界定

1. 粮食安全

粮食安全的内涵及测算方法见第三章，标注为 FS。

2. 农业绿色全要素生产率

农业绿色全要素生产率测算所需的投入产出指标和测算方法见第五章，标注为 $AGTFP$。

3. 中介变量

（1）要素配置。农村劳动力转移（m_1）：以乡村从业人员减去农林牧渔业从业人员进行估算，表示农村劳动力转移的规模；农业机械投入（m_2）：以单位农作物播种面积的农业机械动力度量，表示农业机械投入强度。

（2）专业化程度。产业集中度一定程度上可以度量专业化程度（肖卫东，2012），因为区位熵可以一定程度上消除区域规模差异的影响，因此选取区域熵表征（m_3），表达式为（6-1）。

$$spe = \frac{g_{it}/a_{it}}{\sum_{i=1}^{n} g_{it}/a_{it}} \tag{6-1}$$

其中，spe 代表区位熵，g_{it} 代表第 i 个省市第 t 年的粮食产量，a_{it} 代表第 i 个省份第 t 年的农业总产值。

（3）污染程度：以农业碳排放表征（m_4）。农业碳排放根据李波（2011）的方法进行核算，具体见式（6-2）。

$$C = \sum C_i = \sum T_i \cdot \delta_i \tag{6-2}$$

其中，C 为农业碳排放总量，T_i 为碳排放源量，δ_i 为碳排放系数。T_i 和 δ_i 参照郭海红等（2021）的方法确定。

4. 调节变量

经营规模借鉴倪国华等（2015）的方法以粮食作物播种面积（r）

度量。

5. 控制变量

粮食生产同时受宏观环境和微观环境影响，因此，参考刘琼等（2020）和倪国华等（2015）的相关研究选取财政支农政策、城镇化水平、产业结构、复种指数、受灾率等作为控制变量。（1）产业结构（IS）：用第一产业产值占 GDP 比重度量。（2）财政支农数量（CA）：用政府财政支出中用于农林水利事务部分度量。（3）城市化水平（CL）：用城市化率度量。（4）农业受灾率（SZ）：用受灾面积占农作物播种面积比重表示。（5）农村居民生活水平（IN）：用农村居民人均家庭经营纯收入表征。（6）复种指数（MC）：用粮食播种面积/农作物播种面积表征。

所有变量的描述性统计结果如表 6-1 所示。

表 6-1　　　　　　　　　　变量描述性统计结果

变量	观测数	均值	标准差	最小值	最大值
FS	744	4.662	0.418	2.765	6.140
$AGTFP$	744	0.877	0.299	0.325	2.052
m_1	744	610.4	579.7	7	2673
m_2	744	5.609	3.473	1.010	26.98
m_3	744	3.226	1.619	0.554	13.18
m_4	744	291.6	223.0	7.100	995.6
r	744	0.359	0.287	0.005	1.443
MC	744	67.04	12.99	35.38	97.08
IS	744	52.84	8.886	30.20	78.46
CA	744	8.589	3.592	0.900	19
CL	744	46.87	17.92	13.60	89.60
SZ	744	24.08	16.42	0	93.59
IN	744	0.725	0.589	0.118	3.491

资料来源：笔者测算。

（二）模型构建

为检验粮食安全、中介要素对农业绿色全要素生产率的影响机制和经营规模的调节作用，参考 Baron 等（1986）的方法构建中介效应模型，并进一步构建调节效应模型，同时考虑到要素流动、技术扩散、知识溢出及农业生态的空间交互作用，同时将核心解释变量和被解释变量的空间滞后项纳入到相应模型中，构建考虑空间效应的中介模型和调节效应模型，见式（6-3）。

$$\begin{cases} y_{it} = \alpha_0 + \beta_0 x_{it} + \mu_0 c_{it} + \lambda_0 wy_{it} + \nu_0 wx_{it} + \eta_0 wc_{it} + \varepsilon_{it} \\ M_{it} = \alpha_1 + \beta_1 x_{it} + \mu_1 c_{it} + \lambda_1 wM_{it} + \nu_1 wx_{it} + \eta_1 wc_{it} + \varepsilon_{it} \\ y_{it} = \alpha_2 + \beta_2 x_{it} + \mu_2 c_{it} + \delta_1 M_{it} + \lambda_2 wy_{it} + \nu_2 wx_{it} + \eta_2 wc_{it} + \kappa_1 wM_{it} + \varepsilon_{it} \\ y_{it} = \alpha_3 + \beta_3 x_{it} + \mu_3 c_{it} + \delta_2 M_{it} + mR_{it} + n_1 A_{it} M_{it} + \lambda_3 wy_{it} + \nu_3 wx_{it} + \eta_3 wc_{it} + \\ \qquad \kappa_2 wM_{it} + d_1 wR_{it} + g_1 wR_{it} M_{it} + \varepsilon_{it} \end{cases}$$

$$(6-3)$$

其中，y_{it} 表示第 i 个省份第 t 年的农业绿色全要素生产率，x_{it} 代表粮食安全，M_{it} 代表中介要素，包括要素配置、专业化程度、污染程度。w 为空间权重矩阵，采用邻接矩阵和经过扩展的农业经济距离权重矩阵。农业经济距离权重矩阵中元素为地理距离权重与农业经济规模的乘积。c_{it} 代表控制变量，ε_{it} 为随机误差项，R_{it} 为调节变量，α、β、μ、λ、ν、η、κ、d、g 均代表系数。

（三）数据来源

因重庆建制较晚，为了保持面板数据均衡性，选取 1997—2020 年为研究期，以粮食功能区为样本。所需原始数据来自《中国统计年鉴》《中国农业年鉴》《中国农村统计年鉴》及各省份统计年鉴，部分缺失数据采用插值法补齐。

二　结果分析

（一）空间相关性分析

根据第四章和第七章可知，粮食安全与农业绿色全要素生产率的莫兰指数如图 6-2 所示。粮食安全的莫兰指数在研究期内均显著为正，表明粮食安全具有显著的正向空间相关性。AGTFP 指数（GML）除 2008 年、2009 年外的其他年份均显著为正，说明农业绿色全要素生产率总体上也呈现正向空间相关性。因此，粮食安全和农业绿色全要素生产率都不是空间随机分布的，不符合相互独立性。

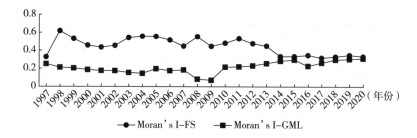

图 6-2　1997—2020 年粮食安全和农业绿色全要素生产率的莫兰指数

资料来源：笔者测算。

（二）空间计量模型比较分析

因粮食安全和农业绿色全要素生产率都具有空间相关性，故分别构建空间滞后模型（SAR）、空间杜宾模型（SDM）和空间误差模型（SEM）诊断粮食安全对农业绿色全要素生产率的直接影响（见表 6-2），由表 6-2 可知，SAR 模型的拟合系数较高。进一步利用 Wald 检验和 LR 检验进行模型选择（见表 6-3），由表 6-3 可见，SAR 模型通过 1% 的显著性检验，进一步通过 Hausman 检验（见表 6-3）发现，SAR 固定效应模型较优，同时为了规避个体差异导致的估计偏误，选择 SAR 空间固定效应模型进行分析粮食安全对农业绿色全要素生产率的影响。据表 6-2 的 SAR 模型，粮食安全对农业绿色全要素生产率具有显著的正向促进作用。

表 6-2　　　　　　　　　　空间计量模型比较

变量	SAR	SDM		SEM
	主系数	主系数	Wx	主系数
FS	0.377 *** (0.116)	0.302 *** (0.033)	0.443 *** (0.055)	0.361 (1.316)
ρ	0.387 *** (0.048)	0.360 *** (0.041)		
$\sigma2\_e$	0.024 *** (0.002)	0.022 *** (0.003)		0.025 *** (0.008)
λ				0.394 ** (0.078)

续表

变量	SAR	SDM		SEM
	主系数	主系数	W_x	主系数
控制变量	控制	控制		控制
R^2	0.403	0.336		0.388

注:"***"、"**"、"*"分别代表在1%、5%、10%的水平上显著性,括号中数值代表标准误。

资料来源:笔者测算。

表 6-3 空间面板计量模型选择

Wald/LR 检验	统计值	p 值
SAR-wald 检验	45.32	0***
SAR-LR 检验	36.57	0***
SEM-wald 检验	10.02	0.354
SEM-LR 检验	4.902	0.512
SAR-HAUSMAN 检验	2.017	0.005

注:"***"、"**"、"*"分别代表在1%、5%、10%的水平上显著性。

资料来源:作者测算。

(三)空间溢出效应

因为存在空间相关性,粮食安全对农业绿色全要素生产率的影响系数难以准确度量其影响程度,根据 Lesage 等(2009)的观点,采用偏微分法把空间效应分为直接效应和间接效应,结果如表6-4所示。可见,粮食安全对农业绿色全要素生产率的直接效应和间接效应均显著为正,这说明,粮食安全不仅对本省域的农业绿色全要素生产率具有积极的推动作用,也对邻近省域的农业绿色全要素生产率具有正向的促进作用。其原因在于,粮食安全战略推进不是针对某个省域,而是针对全国层面,随着粮食安全战略的推进、18亿亩耕地红线的基本保障等系列政策推进,粮食产量提高,农业经济总量提升,促进农业绿色全要素生产率提升,与此同时,随着劳动力、资本、技术等生产要素的流动,带动邻域的农业绿色全要素生产率也不断增长。

表 6-4　　　　　　　　　　　**直接效应和间接效应**

变量	直接效应	间接效应	总效应
FS	0.397***	0.196***	0.593***
	(0.025)	(0.011)	(0.105)
控制变量	控制	控制	控制

注："***"、"**"、"*"分别代表在1%、5%、10%的水平上显著性，括号中数值代表标准误。

资料来源：作者测算。

（四）中介效应分析

上文检验结果表明，粮食安全对农业绿色全要素生产率具有积极的推动作用，进一步对其中介的影响机制进行分析。参考温忠麟等（2014）的中介效应检验程序，采用 Bootstrap 法进行检验，检验结果见表6-5。对表6-5的结果逐步说明，首先，第一步检验。通过模型（1）可见，粮食安全对农业绿色全要素生产率的总效应显著为正向。其次，第二步检验，通过模型（2）可知粮食安全对农村劳动力流动（m_1）具有显著的正向推动作用。模型（6）中加入中介变量后农村劳动力流动对农业绿色全要素生产率的影响依然显著为正向，这说明粮食安全对农业绿色全要素生产率具有间接影响效应。最后，进行第三步检验。通过模型（6）可知，加了中介变量后，粮食安全对农业绿色全要素生产率的影响仍然显著为正，这说明粮食安全对农业绿色全要素生产率的直接效应也显著。农村劳动力流动起着部分中介作用，中介效应占总效应比为35.4%。故而，粮食安全通过农村劳动力流动显著提升了农业绿色全要素生产率，验证了假设1。粮食安全通过农村劳动力流动带动农业绿色全要素生产率提升的原因在于，迫于农村劳动力匮乏的现实情况，为了粮食产量安全的基本保障，化肥农药等生产要素成为替代品，提高农业总产值，促进农业绿色全要素生产率提升。

表 6-5　　　　　　　　　　**基准回归结果**

变量	模型（1） GML	模型（2） m_1	模型（3） m_2	模型（4） m_3	模型（5） m_4	模型（6） GML
FS	0.377***	0.364***	0.373***	0.136	-0.358***	0.382***
	(0.116)	(0.064)	(0.049)	(0.099)	(0.038)	(0.049)

续表

变量	模型 (1) GML	模型 (2) m_1	模型 (3) m_2	模型 (4) m_3	模型 (5) m_4	模型 (6) GML
ρ	0.387*** (0.048)	0.375*** (0.096)	0.385*** (0.042)	0.393*** (0.033)	0.391*** (0.027)	0.398*** (0.018)
σ^2_e	0.024*** (0.002)	0.025*** (0.005)	0.026*** (0.003)	0.027*** (0.004)	0.028*** (0.001)	0.029*** (0.006)
m_1						0.159*** (0.052)
m_2						0.186*** (0.035)
m_3						0.169*** (0.031)
$(m_3)^2$						−0.145*** (0.018)
m_4						−0.119*** (−0.033)
控制变量	控制	控制	控制	控制	控制	控制
R^2	0.403	0.316	0.392	0.386	0.378	0.436

注:"***"、"**"、"*"分别代表在1%、5%、10%的水平上显著性,括号中数值代表标准误。

资料来源:作者测算。

通过模型 (3) 可看出,粮食安全对农业机械动力具有显著的正向促进作用,通过模型 (6) 可知农业机械动力对农业绿色全要素生产率也具有显著的正向推动作用,这说明粮食安全通过农业机械动力对农业绿色全要素生产率产生正向影响,农业机械动力起的中介效应占总效应的比重为23%。粮食安全通过农业机械动力带动农业绿色全要素生产率提升的原因在于,在耕地总量有限的情况下,为了提高粮食单产水平,寻求农业机械动力的助力成为很多农业经营者的决策标的,农业机械化水平的提升会提高农业技术效率,进而促进农业绿色全要素生产率提高。

　　通过模型（4）可知，粮食安全对专业化的影响为正向，但没有通过显著性检验，从模型（6）可知，专业化程度对农业绿色全要素生产率的影响系数显著为正，而专业化程度平方项对农业绿色全要素生产率的影响系数显著为负，这说明专业化程度对农业绿色全要素生产率的影响呈现倒"U"形，同时也表明专业化程度在粮食安全对农业绿色全要素生产率的作用中起着完全中介作用，假设2得到验证。其原因在于，适度的专业化可促进区域性产业集聚，一方面，可以带动土地规模经营，降低农业生产成本，提高农作物耕作效率。另一方面，可以促进区域性资源共享及技术、知识等溢出效应扩散，带动农业生产效率提高。而过度的专业化会导致过度的产业集聚，产生资源环境超载、技术锁定、资源错配等连锁反应，抑制农业绿色全要素生产率。

　　通过模型（5）可悉，粮食安全对污染程度的影响系数显著为负，从模型（6）可看出，污染程度对农业绿色全要素生产率的影响显著为负，这反映了污染程度在粮食安全对农业绿色全要素生产率的影响中存在部分中介效应，污染程度起的中介效应占总效应的比重为12%，假设4得到验证。其原因在于，粮食安全战略推进提升了对粮食质量安全的需求，相应地促进污染程度不断降低，减少了非期望产出，从而促进农业绿色全要素生产率提升。

　　（五）调节效应分析

　　调节效应检验结果如表6-6所示，可见模型（7）至模型（10）中经营规模在农村劳动力流动、农业机械动力、专业化程度、污染程度对农业绿色全要素的作用中都起到了显著的调节作用。通过模型（7）可知，当农村劳动力流动正向促进农业绿色全要素生产率提升时，经营规模与劳动力流动的交互项系数为0.231，且通过10%的显著性检验，这说明经营规模在农村劳动力流动对农业绿色全要素生产率的促进作用中发挥了正向调节作用，经营规模越大，刺激农业经营者选取更高效的经营方式，带动农业生产效率提高。由模型（8）可悉，当农业机械动力正向促进农业绿色全要素生产率时，经营规模与农业机械动力交互项的系数为0.156，且通过5%的显著性检验，这反映了经营规模在农业机械动力对农业绿色全要素生产率的促进作用中发挥了正向调节作用，随着经营规模的增加，机械动力替代劳动力和畜力，促进农业产出增加，农业绿色全要素生产率相应提高。根据模型（9）可知，当专业化程度正向带动农业绿色全要素生产率提升时，经营规模与专业化程度的交互项系数为0.127，并通过1%的显著性检验，这表明经营规模在专业化程度对农业绿色全要素生产率的促进作用中起到了正向调节作用，土地规模经营利于专业化程度提升，促进农业产业集聚，促进资源共享和技术溢出，从而提升农业绿色全要素生产率。观察模型（10）可知，当污染程度抑制农业绿色全要素生产率时，经营规模与污染程度的交互项系数为0.118，并通过5%的显著性检验，这证明了经营规模在污染程度对农业绿色全要素生产率的抑制作用中起到了正向调节作用，这是因为随着经营规模的扩大及尚未替代的劳动力的监督及成本上升的压力，会刺激农业生产经营者为替代短缺的劳动力而购买更多的农业机械服务，从而享受规模经济和分工经济的红利，而且机械化的施肥和耕作具有更高的生产效率和更精准的化肥农药控制，并能更好地规避施用损耗，更利于促进化肥农药减量增效，从而促进农业绿色全要素生产率提升。

表6-6　　　　　　　　　　　　调节效应检验

变量	模型（7）	模型（8）	模型（9）	模型（10）
FS	0.311*** (0.025)	0.304*** (0.021)	0.307*** (0.066)	0.316*** (0.055)
r	0.124*** (0.021)	0.111*** (0.016)	0.143*** (0.019)	0.126*** (0.007)
ρ	0.329*** (0.019)	0.330*** (0.021)	0.357*** (0.089)	0.298*** (0.011)
σ^2_e	0.021*** (0.007)	0.022*** (0.008)	0.026*** (0.002)	0.023*** (0.003)
m_1	0.168* (0.084)			
$r×m_1$	0.231* (0.097)			

续表

变量	模型（7）	模型（8）	模型（9）	模型（10）
m_2		0.143** (0.062)		
$r×m_2$		0.156** (0.059)		
m_3			0.174*** (−0.022)	
$r×m_3$			0.127*** (0.011)	
m_4				−0.175** (0.067)
$r×m_4$				0.118** (0.047)
控制变量	控制	控制	控制	控制
R^2	0.345	0.357	0.336	0.418

注："***"、"**"、"*"分别代表在1%、5%、10%的水平上显著性，括号中数值代表标准误。

资料来源：作者测算。

第三节　进一步讨论：内生性、稳健性与区域异质性

一　内生性讨论

因测量误差、遗漏变量、双向因果关系可能导致内生性。为了规避内生性问题，本书采用三种方法进行检验（见表6-7）：第一，采用滞后一期的粮食安全作为核心解释变量对农业绿色全要素生产率的影响分析（见模型11），因为滞后一期的粮食安全既与当期具有密切关系，又不受当期农业绿色全要素生产率的影响，结果发现滞后一期的粮食安全对农业绿色全要素生产率的影响仍然显著为正。第二，采用滞后一期的

粮食安全作为当期粮食安全的工具变量，并采用 2SLS 估计方法分析粮食安全对农业绿色全要素生产率的影响（见模型 12），经过检验发现不存在弱识别和识别不足的问题，结果发现粮食安全对农业绿色全要素生产率依然具有正向推动作用，表明反向因果关系影响微弱。第三，考虑到本书的面板数据时长达 24 年，为了规避扰动项可能导致的异方差或自相关，进一步采用 GMM 进行估计（见模型 13），结果没有发生质的变化。

二 稳健性检验

通过变换权重矩阵为农业经济地理矩阵和更换粮食安全度量指标的方法进行稳健性检验，其中粮食安全以粮食结构安全度量，检验结果见表（6-7）中模型（14）和模型（15），结果发现，除了系数大小略有变化外，显著性程度没有变化，具有较高的稳健性。

表 6-7 内生性及稳健性检验

变量	模型（11）滞后 1 期	模型（12）IV-2SLS	模型（13）GMM	模型（14）农业经济地理矩阵	模型（15）更换核心变量
FS		0.392 *** (0.032)	0.364 *** (0.028)	0.335 ** (0.071)	
L. FS	0.321 ** (0.021)				
QS					0.317 ** (0.017)
Kleibergen-Paaprk LM 统计量		35.681 [0.001]			
Kleibergen-Paaprk Wald F 统计量		56.459 {16.38}			
ρ	0.387 *** (0.086)	0.375 *** (0.072)	0.385 *** (0.038)	0.393 *** (0.087)	0.391 *** (0.091)
σ^2_e	0.025 *** (0.006)	0.024 *** (0.003)	0.023 *** (0.002)	0.022 *** (0.007)	0.026 *** (0.004)
控制变量	控制	控制	控制	控制	控制

续表

变量	模型（11）滞后1期	模型（12）IV-2SLS	模型（13）GMM	模型（14）农业经济地理矩阵	模型（15）更换核心变量
R^2	0.423	0.512	0.468	0.486	0.479

注：（1）括号内的数值标准误。（2）＊、＊＊、＊＊＊分别表示在10%、5%、1%的水平上显著。（3）Kleibergen-Paaprk LM 检验的原假设是"H0：工具变量识别不足"，中括号内的相应报告为 p 值，Kleibergen-Paaprk F 检验的原假设是"H0：工具变量弱识别"，大括号内为10%显著水平的临界值。（4）为控制篇幅，未显示控制变量回归结果。

资料来源：笔者测算。

三　区域异质性分析

考虑到不同粮食功能区的资源禀赋和生产条件具有较大差异，采用空间滞后模型（SAR）对三大粮食功能区分样本进行分析，以深化粮食安全对农业绿色全要素生产率的影响机制分析，并检验是否存在区域异质性。其中，粮食主产区占总样本比重为41.9%，粮食主销区占比为35.5%，粮食平衡区占比为22.6%。分功能区的粮食安全对农业绿色全要素生产率的 SAR 回归结果见表8。由模型（16）、模型（22）、模型（28）可知三个粮食功能区的粮食安全对农业绿色全要素生产率的 SAR 回归系数都通过显著性水平检验。粮食主产区的 SAR 回归系数为0.381，通过1%的显著性水平检验；粮食平衡区的 SAR 回归系数为0.128，通过5%的显著性水平检验。这说明粮食安全战略推动粮食产量大幅提升的同时，也促进了农业经济水平提升，传统农业生产效率的提升带动农业绿色全要素生产率提升已成为粮食主产区和粮食平衡区可见的事实。而粮食主销区的 SAR 回归系数为-0.104，也通过5%的显著性水平检验，其原因在于，粮食主销区为了保障粮食产量安全，化肥、农药等高能耗生物化学用品被大量使用，提高了非期望产出数量，降低了农业绿色全要素生产率。

进一步分析劳动力流动、农业机械动力、专业化程度、污染程度对三大粮食功能区的农业绿色全要素生产率的影响，结果见表6-8。由表6-8中模型（17）和模型（21）知，粮食主产区农村劳动力流动的回归系数为正向，并通过5%的显著性水平检验，基于中介效应检验知，农村劳动力起到了部分中介作用，中介效应占比为 30.2%，并且粮食安全的回归系数有一定程度上升，说明农村劳动力流动产生的正向中介作用会促进粮食安全对农业绿色全要素生产率的推进作用。根据模型（18）和模型（21）可知，农业机械动力的回归系数为正向，并通过 5% 的显著性水平检验，由中介效应检验可知，农业机械动力起到了部分中介效应，中介效应占比为 21.4%，对比模型（18）和模型（21）可知，粮食安全的回归系数也有一定程度上升，反映了农业机械动力会助力粮食安全对农业绿色全要素生产率的促进作用。根据模型（19），粮食安全对专业化程度的回归系数为正向，但未通过显著性检验。根据模型（21），专业化程度的农业绿色全要素生产率的影响系数为正且通过 10% 的显著性水平检验，专业化程度的平方项系数显著为负，说明专业化程度对农业绿色全要素生产率的影响呈倒"U"形。对比模型（19）和模型（21）可知，粮食安全的回归系数有一定程度上升，表明专业化程度会助力粮食主产区的粮食安全对农业绿色全要素生产率的促进作用。污染程度的回归系数为负，且通过 1% 的显著性水平检验。由中介效应检验可知，污染程度起到了部分中介效应，部分中介效应占比为 14.8%。对比模型（20）和模型（21）可知，粮食安全的回归系数有所下降，说明了污染程度所产生的负向中介效应会抑制一部分粮食安全对农业绿色全要素生产率带来的正向促进作用。

由表 6-8 中模型（22）至模型（27）可知，粮食主销区的粮食安全对农村劳动力流动、农业机械动力、专业化程度的影响系数均为正向，但未通过显著性检验。粮食安全对污染程度的影响系数为负向，但也未通过显著性检验。这表明粮食主销区的农村劳动力流动、农业机械动力、专业化程度、污染程度不具有显著性的中介效应。

由表 6-8 中模型（28）至模型（33）可知，粮食平衡区的粮食安全对农村劳动力流动、农业机械动力的影响系数均为正向，但未通过显著性检验。粮食安全对专业化程度的影响系数显著为正向，基于中介效应原理，专业化程度在粮食安全对农业绿色全要素生产率的作用中起着正向推动作用，中介效应比例为 13.9%。而粮食安全对农业机械动力的影响系数显著为正向，根据中介效应检验，农业机械动力在粮食安全对农业绿色全要素生产率的作用中起着部分正向中介效应，中介效应占比为 15.9%。粮食安全对污染程度的影响系数为负向，但也未通过显著性检验。

表 6-8　　　　　　　　　　　区域层面中介效应检验结果

区域	变量	模型（16）GML	模型（17）m_1	模型（18）m_2	模型（19）m_3	模型（20）m_4	模型（21）GML
粮食主产区	FS	0.381***（0.041）	0.372***（0.032）	0.379***（0.025）	0.275***（0.018）	0.361***（0.024）	0.393***（0.015）
	ρ	0.211***（0.042）	0.216***（0.036）	0.207***（0.034）	0.213***（0.030）	0.206***（0.023）	0.314***（0.044）
	σ^2_e	0.011***（0.001）	0.015***（0.003）	0.014***（0.004）	0.013***（0.002）	0.016***（0.004）	0.017***（0.005）
	m_1						0.159**（-0.017）
	m_2						0.186**（-0.023）
	m_3						0.295*（-0.026）
	$(m_3)^2$						-0.129*　0.065
	m_4						-0.119***（-0.007）
	控制变量	控制	控制	控制	控制	控制	控制

区域	变量	模型（22）	模型（23）	模型（24）	模型（25）	模型（26）	模型（27）
粮食主销区	FS	0.104**（0.042）	0.113（0.528）	0.174（0.116）	0.168（0.112）	-0.173（0.176）	0.243**（0.093）
	ρ	0.285***（0.023）	0.212***（0.011）	0.189***（0.015）	0.191***（0.013）	0.174***（0.019）	0.198***（0.011）
	σ^2_e	0.015***（0.003）	0.019***（0.002）	0.014***（0.003）	0.017***（0.002）	0.019***（0.006）	0.016***（0.005）
	m_1						0.019（-0.014）
	m_2						0.026（-0.023）
	m_3						0.057（-0.041）
	$(m_3)^2$						0.038　0.147
	m_4						-0.012（0.013）
	控制变量	控制	控制	控制	控制	控制	控制

续表

	变量	模型（28）	模型（29）	模型（30）	模型（31）	模型（32）	模型（33）
粮食平衡区	FS	0.128** (0.011)	0.161 (0.107)	0.192** (0.083)	0.277*** (0.019)	0.162 (0.125)	0.283** (0.047)
	ρ	0.167*** (0.007)	0.147*** (0.018)	0.162*** (0.021)	0.196*** (0.039)	0.183*** (0.017)	0.189*** (0.023)
	σ^2_e	0.031*** (0.002)	0.033*** (0.006)	0.034*** (0.007)	0.029*** (0.004)	0.022*** (0.006)	0.028*** (0.007)
	m_1						0.113 (−0.102)
	m_2						0.172 (−0.019)
	m_3						0.367** (−0.045)
	$(m_3)^2$						0.103 0.217
	m_4						−0.136 (0.113)
	控制变量	控制	控制	控制	控制	控制	控制

注："***"、"**"、"*"分别代表在1%、5%、10%的水平上显著性，括号中数值代表标准误。

资料来源：作者测算。

再进一步分析经营规模对三大粮食功能区的调节效应，结果见表6-9中模型（34）至模型（37）。

表6-9　　　　　　　　区域层面调节效应检验结果

区域	变量	模型（34）	模型（35）	模型（36）	模型（37）
粮食主产区	FS	0.336*** (0.037)	0.315*** (0.022)	0.329*** (0.041)	0.341*** (0.068)
	r	0.138*** (0.019)	0.152*** (0.025)	0.162** (0.064)	0.139*** (0.027)
	m_1	0.203** (0.029)			
	$r×m_1$	0.249** (−0.028)			
	m_2		0.155*** (−0.018)		

续表

区域	变量	模型（34）	模型（35）	模型（36）	模型（37）
粮食主产区	$r×m_2$		0.167*** (0.033)		
	m_3			0.179*** (−0.022)	
	$r×m_3$			0.148*** (0.037)	
	m_4				−0.168* (−0.085)
	$r×m_4$				−0.142* (0.073)
	控制变量	控制	控制	控制	控制

区域	变量	模型（38）	模型（39）	模型（40）	模型（41）
粮食主销区	FS	0.121 (1.342)	0.104 (1.313)	0.127 (1.366)	0.189 (1.356)
	r	0.124 (3.104)	0.117 (2.546)	0.106 (1.789)	0.126 (2.127)
	m_1	0.164 (0.882)			
	$r×m_1$	0.168 (−1.864)			
	m_2		0.062 (−0.438)		
	$r×m_2$		0.139 (0.138)		
	m_3			0.103 (−0.780)	
	$r×m_3$			0.118 (0.144)	
	m_4				0.075 (−1.958)
	$r×m_4$				−0.102 (0.388)
	控制变量	控制	控制	控制	控制

续表

区域	变量	模型（42）	模型（43）	模型（44）	模型（45）
粮食平衡区	FS	0.311** (0.041)	0.304** (0.122)	0.307** (0.124)	0.316** (0.126)
	r	0.101 (3.104)	0.135** (0.054)	0.184** (0.078)	0.119** (0.047)
	m_1	0.128 (0.882)			
	$r×m_1$	0.157 (−1.864)			
	m_2		0.123** (−0.053)		
	$r×m_2$		0.159** (0.067)		
	m_3			−0.178** (−0.071)	
	$r×m_3$			0.106** (0.044)	
	m_4				−0.075 (−0.958)
	$r×m_4$				−0.115 (0.388)
	控制变量	控制	控制	控制	控制

注："$***$"、"$**$"、"$*$"分别代表在1%、5%、10%的水平上显著性，括号中数值代表标准误。

资料来源：作者测算。

在粮食主产区，根据模型（34），经营规模与农村劳动力流动交互项的系数为0.249，且通过5%的显著性水平检验，作用方向与全国样本一致，但影响程度高于全国样本，反映了经营规模在农村劳动力流动对农业绿色全要素生产率的中介作用起到了正向调节作用，而且粮食主产区的程度更明显，这是因为经营规模增加会刺激农业生产者选用先进的农业生产技术和机械设备，并进一步促进农业生产可以实现以较少农村劳动力投入而获得更高的产出，提高农业生产效率，并带动农村劳动力向非农行业流动。参照模型（35），基于调节效应检验程序发现经营规模对农业机械动力在农业绿色全要素生产率的提升作用中也起到了正向调节作用，影响系数为 0.167，高于全国样本，这归因于粮食主产区的粮食安全保障具有更高的要求，更需要追逐规模经济效益，随着经营规模扩大，采用农业机械的比较收益更高，促进更高程度的规模经济效应产生，带动农业绿色全要素生产率提升。对照模型（36），经营规模与专业化程度的交互项系数为 0.148，且通过 5% 的显著性水平检验，影响程度高于全国层面，这是因为粮食主产区的农业经营规模较大，农业产值更高，投入农业的生产要素更多，带动专业化程度增加，促进农业产业集聚，带来更高的规模经济和外溢效应，因而更能促进农业绿色全要素生产率提升。依据模型（37），经营规模与污染程度的交互项系数为 -0.142，且通过 5% 的显著性水平检验，这说明经营规模在污染程度对农业绿色全要素生产率的负向调节作用中起着抑制作用，与全国样本方向相反，其原因在于，粮食主产区的专业化程度更高，农业经营者具备更成熟的生产经验，对粮食等农作物的生长规律把握更准确，可以进行更精准的要素投入和科学化的农业生产管理，更利于提高要素的利用效率，也更利于科学控制化肥、农药等要素的投入，从而减少污染程度对农业绿色全要素生产率的负向制约作用。

在粮食主销区，对照模型（38），经营规模与农村劳动力流动的交互项的系数为 0.168，但没有通过显著性水平检验。根据模型（39），经营规模与农业机械动力交互项系数为 0.139，但未通过显著性水平检验。依据模型（40），经营规模与专业化程度的交互项系数为 0.118，但未通过显著性检验。比对模型（41），经营规模与污染程度的交互项系数为 -0.102，但也未通过显著性检验，这表明经营规模对农村劳动力流动、农业机械动力、专业化程度及污染程度对农业绿色全要素生产率的作用中没有调节效应，其原因在于粮食主销区的主要功能是粮食销售而不是粮食生产，经营规模达不到调节的程度。

在粮食平衡区，根据模型（42），经营规模与农村劳动力流动的交互项系数为 0.157，但未通过显著性检验。依据模型（43），经营规模与农业机械动力交互项系数为 0.159，且通过 5% 的显著性水平检验，表明农业经营规模在农业机械动力对农业绿色全要素生产率的推动作用中起着正向调节作用，调节程度略高于全国样本，但略低于粮食主产区。参照模型（44），经营规模与专业化程度的交互项系数为0.106，且通过5%的显著性水平检验，说明经营规模在专业化程度对农业绿色全要素生产率的推动作用中具有正向调节效应，但影响程度低于全国和粮食主产区，其原因在于粮食平衡区的产业集聚程度低于粮食主产区和全国水平，这一点可以从区位熵的对比中看出（见图6-3）。对照模型（45），经营规模与污染程度的交互项系数为-0.115，但也未通过显著性检验，这表明经营规模对污染程度在农业绿色全要素生产率的作用中没有调节效应。

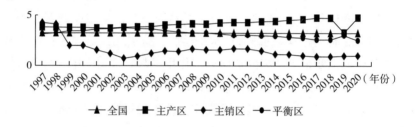

图6-3　全国及三大粮食功能区专业化程度比较

资料来源：笔者测算。

第四节　本章小结

基于1997—2020年省级面板数据，构建空间滞后模型、中介效应模型、调节效应模型并从多个层面探讨了粮食安全对农业绿色全要素生产率影响机制，研究发现：

（1）粮食安全既可以显著地推动农业绿色全要素生产率提升，也具有显著的正向空间溢出效应。

（2）粮食安全对农业绿色全要素生产率的作用主要通过三条中介渠道影响农业绿色全要素生产率。第一，粮食安全通过农村劳动力流动、农业机械动力等要素的配置促进农业绿色全要素生产率提升。第二，粮食安全通过专业化程度作用于农业绿色全要素生产率。第三，粮食安全通过污染程度影响农业绿色全要素生产率。

（3）经营规模在农村劳动力流动、农业机械动力、专业化程度、污染程度对农业绿色全要素的作用中都起到了显著的调节作用。

（4）不同粮食功能区粮食安全对农业绿色全要素生产率的影响程度和方向上存在一定差异，在粮食主产区和粮食平衡区，粮食安全对农业绿色全要素生产率具有积极的推动作用，而在粮食主销区，其作用方向相反。粮食安全对农业绿色全要素生产率的影响机制也呈现明显的区域差异。

第七章　粮食安全对农业绿色全要素
生产率区域收敛的影响

农业绿色全要素生产率的时空分异分析结果，反映了中国农业绿色全要素生产率存在明显区域差异，但只是对区域差异的直观描述，随着时间的推进，区域差异是否呈收敛态势，粮食安全在农业绿色全要素生产率区域收敛中是扮演"加速器"还是"缓冲剂"的作用？这些问题的解答对清楚地认识区域差异的演化趋势，把握政策的走向，合理统筹区域粮食安全政策和促进农业绿色发展都具有重要的指导意义。

第一节　农业绿色全要素生产率区域差异
收敛的典型事实

一　空间相关性分析

（一）理论分析

根据"地理学第一定律"，所有地理区位是彼此关联的，且相邻区位比远距区位相比具有更强的关联性。Anselin（1988）提出，几乎所有具有空间属性的数据都具有空间依赖性或空间相关性的特征。因此，本书充分考虑空间上的关联性和空间的异质性，对 AGTFP 的区域差异展开分析。

1. 空间依赖

观测值与区位间具有异质性即空间依赖，若相邻区域的观测值被具有相似值的区域包围时，则呈现空间集聚，具有正向空间相关性。反之，具有负向空间相关性。这反映了空间依赖本质上就是观测值因空间效应而表现在空间上的集聚。一个区位上的现象或事物会由其他区位上的现象或事物影响甚至起决定作用。空间依赖的根本原因在于空间交互和扰动性空间依赖作用。AGTFP 的空间交互作用体现在农业生产具有开放性，农业生产要素流动、农业生产绿色技术扩散、环境规制政策工具趋同等因素都会促使空间交互的形成。干扰性空间依赖主要产生于数量采集测算的误差等可能产生的扰动性空间依赖作用。比如，省域的数据收集通常按照行政区划来进行，统计上的空间范围与实际调查的空间范围可能会不一致的情况。再者，空间单元的合并会导致测量误差，该误差还会通过空间边界扩散，最终导致冗余的空间依赖。空间依赖性可以采用空间自回归模型（Spatial Auto-Regssive Model，SAR）和空间误差模型（Spatial Error Model，SEM）来衡量。

2. 空间异质

每个空间区位的现象或事物都有别于其他区位，即存在空间异质性。空间异质性的根本原因在于：一是每种现象或事物在每个空间区位上难以保持平稳的结构，如粮食主产区和主销区等的差别；二是空间单元的特质具有差异，如面积、形状等差异。而统计学上的空间异质性是指研究对象在空间区位上的非均衡性。这违背了经典统计学"所有样本来自同一整体"基本假设。在考虑到空间截面的条件下，空间异质性采用经典的计量方法可以衡量。然而，当同时存在空间异质性、空间依赖性等空间属性时，采用传统的计量模型难以反映空间特质，空间计量模型可以克服这一难题。从第三章的分析中可以看出 AGTFP 具有明显的空间属性，为更全面地分析空间属性，引入空间权重矩阵，搭载空间计量经济学采用空间数据探索方法（Exploratory Spatial Data Analysis，ESDA）深度分析 AGTFP 空间相关性。

（二）空间权重矩阵选择

空间区位的依赖和关联程度通常借助空间权重矩阵描述，空间权重矩阵的设定模式不同对空间计量结果会有较大的影响。空间权重实质上是对空间单元位置的量化，通常量化为"距离"的描述，距离的设定需要满足"非负性、有效性和有经济意义"的基本要求。现有的空间权重设定模式有四种：空间邻接权重矩阵、地理距离空间权重矩阵、经济距离权重矩阵以及嵌套矩阵。然而，目前对空间权重矩阵的选择尚无公认的统一标准，较为合理的方法是构建若干个不同结构的空间权重矩阵，然后综合评判。

1. 空间邻接权重矩阵

空间邻接权重矩阵（Contiguity Matrix）基于空间截面间的边界关系界定权重，典型的有一阶邻接和高阶邻接。在此只对一阶邻接做说明。一阶邻接假定空间截面间具有非零长度的共同边界关系时就会有交互作用，赋值 1。相反，则赋值 0。对邻接的界定常用的有两种标准：一是 Rook 标准；二是 Queen 标准。按照 Rook 标准，具有共同边界的样本为邻接单元，具体形式为式（7-1）：

$$w_{ij} = \left\{ \begin{array}{l} 1, \ \text{区域 } i \text{ 和 } j \text{ 有共同边界} \\ 0, \ \text{区域 } i \text{ 和 } j \text{ 无共同边界或 } i=j \end{array} \right\} \tag{7-1}$$

按照 Queen 标准，具有共同边界和共同顶点的区域均为邻接空间单元。此外，一阶邻接权重还可以拓展到阈值距离。邻接权重矩阵简单易操作，但需严苛的前提假设即区域间的交互关系只取决于空间单元间是否相邻，若不相邻则不存在空间影响。

2. 地理距离空间权重矩阵

地理距离空间权重矩阵的基本假定是空间交互作用取决于地理距离，距离越近，则交互作用越强。一般意义上的表达式为（7-2）。

$$w_{ij} = \left\{ \begin{array}{l} d_{ij}^{-\alpha} \beta_{ij}^{b}, \ i \neq j \\ 0, \ i=j \end{array} \right\} \tag{7-2}$$

其中，d_{ij} 代表区域 i 和 j 间的距离，可以是根据经纬度测算的欧式距离，也可以是铁路或其他交通方式计算的交通距离。α 和 b 分别代表外生的距离摩擦系数和边界共享效应系数，β_{ij} 代表区域 i 和 j 共享边界占 i 总边界长度的比例。设定 $\alpha=1$，$b=0$ 的比较常见，即反距离倒数。此外，被证明比较有效的一种地理权重矩阵是设定 $\alpha=2$，$b=0$，即距离平方的倒数，见式（7-3）：

$$w_{ij} = \left\{ \begin{array}{l} \dfrac{1}{d_{ij}^{2}}, \ i \neq j \\ 0, \ i=j \end{array} \right\} \tag{7-3}$$

3. 经济距离空间权重矩阵

根据"标尺竞争"的理念，AGTFP 除了地理邻近的空间关系，也包含经济上趋近的区域间的竞争或溢出关系。为此，以经济距离设定空间权重矩阵。常在区域间某种具有空间效应的经济指标的绝对差异的基础上构建经济距离空间权重矩阵，见式（7-4）：

$$w_{ij} = \begin{cases} 1/\left|\overline{x_i} - \overline{x_j}\right|, & i \neq j \\ 0, & i = j \end{cases} \tag{7-4}$$

其中，x_i 和 x_j 分别表示区域 i 和 j 的经济指标，比如 GFP 总量或人均 GDP、对外贸易额等，本书取农业总产值。

经济距离权重矩阵与地理距离空间权重的不同在于某一经济指标反映的不同区域的经济属性是在不断变化的，而地理距离反映的空间属性却不会变动。

4. 嵌套矩阵

如果考虑空间交互作用时既考虑地理距离的影响，又考虑经济距离的影响，则需要构建嵌套矩阵（Nested Weights Matrix）。嵌套矩阵的基本形式为式（7-5）。

$$w = w_d \cdot diag(\overline{X_1/\overline{X}}, \ \overline{X_2/\overline{X}}, \ \cdots, \ \overline{X_n/\overline{X}}) \tag{7-5}$$

其中，w_d 为式（7-2）中反距离矩阵，$diag(\cdots)$ 为对角矩阵，$\overline{X_i} = \sum_{t_0}^{t_1} X_{it}/(t_1 - t_0 + 1)$ 为区域 i 在 t_0 期到 t_1 期经济指标 x 的均值。$\overline{X} = \sum_{i=1}^{n} \sum_{t_0}^{t_1} x_{it}/n(t_1 - t_0 + 1)$ 为 t 期内所有区域经济指标 X 的均值。嵌套矩阵充分结合了地理距离权重矩阵和经济距离权重矩阵，其意旨在更真实和准确地反映空间交互效应的复杂性。

（三）空间相关性检验方法

对 AGTFP 的空间相关性检验既是分析 AGTFP 的空间状态，也是构建空间计量模型的前提。ESDA 方法是常用的空间相关性检验方法。ESDA 法主要有两种分析工具：一种是全局空间相关性；另一种是局域空间相关性。在此，主要基于全局自相关检验方法进行检验。

全局自相关性检验目的是从区域整体判别 AGTFP 的空间集聚状态，常用 Moran'I 指数和 Greary'C 系数，其中全局 Moran'I 指数更能贴切刻画邻近区域间的相似程度，本书以全局 Moran'I 指数检验 AGTFP 空间相关性，见式（7-6）：

$$I = \frac{n \sum\limits_{i=1}^{n} \sum\limits_{j=1}^{n} w_{ij}(y_i - \bar{y})(y_j - \bar{y})}{S_o \sum\limits_{i=1}^{n} (y_i - \bar{y})^2} \tag{7-6}$$

其中，y_i 和 y_j 代表 i 省和 j 省的 AGTFP（AGTFP 累积增长率[1]），$\bar{y}$ 代表所有省份均值，w_{ij} 为空间权重矩阵，n 为研究省份的数量，$S_0 = \sum\limits_{i=1}^{n} \sum\limits_{j=1}^{n} w_{ij}$ 为空间权重聚合 Moran'I $\in [-1, 1]$，如果 Moran'I>0，且具有显著性时，则说明区域间为空间正相关，存在（高—高或低—低）相似属性的空间集聚；如果 Moran'I<0 且通过显著性检验，则区域间为空间负相关，存在（高—低或低—高）相异属性的空间集聚；如果 Moran'I=0，则区域间无空间相关关系，AGTFP 独立分布。Moran'I 绝对值越大，空间相关程度也越大。

Moran'I 的计算结果需要进行显著性检验，通常采用统计量 $Z(I)$ 值检验渐进正态分布或随机分布，$Z(I)$ 表达式为（7-7）：

$$Z(I) = \frac{I - E(I)}{\sqrt{VAR(I)}} \tag{7-7}$$

其中，$E(I) = \frac{-1}{n-1}$，$VAR(I) = \left[\frac{1}{w_0^2(n^2-1)}(n^2 w_1 + n w_2 + 3 w_0^2) \right] - E^2(I)$，$w_0 = \sum\limits_{i=1}^{n} \sum\limits_{j=1}^{n} w_{ij}$，$w_1 = \frac{1}{2} \sum\limits_{i=1}^{n} \sum\limits_{j=1}^{n} (w_{ij} + w_{ji})^2$，$w_2 = \sum\limits_{i=1}^{n} (w_{i\cdot} + w_{\cdot j})^2$，$w_{i\cdot}$ 和 $w_{\cdot j}$ 分别代表空间权重矩阵的第 i 行和第 j 列之和。若 $Z(I) > 0$，则 AGTFP 空间正相关；若 $Z(I) < 0$，则 AGTFP 空间负相关；若 $Z(I) = 0$，则 AGTFP 空间独立随机分布。

（四）空间相关性判别结果

为了结果的稳健性，分别采用邻接权重矩阵和反距离权重矩阵进行空间相关性检验。需要指出的是海南在地理上并无邻接省份，根据邓明

---

[1] 对于 AGTFP 增长率取原值还是累积性取值，目前并无统一处理标准，原值可体现 AGTFP 的阶段特征，而累积性取值更能体现 AGTFP 增长随时间推进的连续性和可比性变动情况，因此，本书取累积增长率，后文中所提增长率均指累积增长率。基期 1997 年设定为 1，此后年份的指数值以 1997 年为基期发生变化，AGTFP 累积增长率核算结果见附录附表 A1。

等（2009）设定海南省的邻接省份为广东省和广西壮族自治区。

　　基于邻接权重矩阵，AGTFP 和 AGTFP 累积增长率的 Moran'I 指数计算结果如表 7-1 所示。从表 7-1 中可以看出，AGTFP 除了少数年份（2012 年、2013 年）外，其余年份的全局莫兰指数均通过 10% 的显著水平检验，并且 Moran'I 指数均为正，说明 AGTFP 存在显著的正向空间关联。AGTFP 累积增长率的 Moran'I 指数均为正值，且通过 10% 的显著性水平检验，AGTFP 的累积增长率存在空间正相关性。不管是AGTFP 还是 AGTFP 累积增长率并不是空间随机分布的，存在高—高和低—低集聚的正相关现象，不同省份的 AGTFP 和 AGTFP 累积增长率并不具有相互独立性。

表 7-1　　AGTFP 及 AGTFP 累积增长率的全局相关性检验结果

年份	AGTFP			AGTFP 累积增长率		
	Moran'I	z	p	Moran'I	z	p
1997	0.261	2.438	0.007***	—	—	—
1998	0.191	1.86	0.031**	0.323	3.025	0.001***
1999	0.138	1.433	0.076*	0.151	1.555	0.002***
2000	0.131	1.375	0.086*	0.331	3.12	0.001***
2001	0.186	1.833	0.034**	0.296	2.845	0.002***
2002	0.152	1.55	0.06*	0.321	3.06	0.001***
2003	0.201	1.975	0.025**	0.226	2.185	0.014**
2004	0.158	1.613	0.052*	0.222	2.169	0.015**
2005	0.195	1.924	0.012**	0.259	2.462	0.007***
2006	0.162	1.647	0.009***	0.331	3.093	0.001***
2007	0.164	1.664	0.024**	0.244	2.356	0.009***
2008	0.113	1.246	0.099*	0.139	1.454	0.069*
2009	0.163	1.655	0.048**	0.133	1.403	0.085*
2010	0.204	1.983	0.023**	0.116	1.261	0.038**
2011	0.204	1.983	0.023**	0.111	1.229	0.349
2012	0.092	1.068	0.142	0.041	0.636	0.265

年份	AGTFP			AGTFP 累积增长率		
	Moran' I	z	p	Moran' I	z	p
2013	0.095	1.093	0.136	0.106	1.176	0.118
2014	0.233	2.282	0.039**	0.295	2.765	0.008***
2015	0.236	2.263	0.037**	0.299	2.822	0.007***
2016	0.286	2.712	0.036**	0.329	3.076	0.003***
2017	0.275	2.619	0.069*	0.351	3.235	0.006***
2018	0.267	2.529	0.062*	0.352	3.244	0.009***
2019	0.323	3	0.006**	0.348	3.237	0.002***
2020	0.439	3.975	0.002*	0.431	3.941	0.001***

注:"***"、"**"、"*"分别代表在1%、5%、10%的水平上显著性,括号中数值代表标准误。

资料来源:笔者测算。

第二节 农业绿色全要素生产率区域差异收敛机理分析

基于新古典经济理论的"收敛假说",经济个体在初期的指标与经济增速之间具有负相关关系,长期后经济个体之间的初期指标差异会缩小。收敛理论是对政策合理调控,统筹区域间协调发展的重要理论基础。假如区域间存在长期收敛趋势,则可以保持政策的连贯性和持续性,保障区域平衡发展状态的实现。如果区域间存在长期发散态势,则需要政策适当调控引导,促进要素在区域间的合理流动,引导区域协调发展。经济增长收敛假说主要关注的是期初变量水平和经济增长结果之间的相互关系,对收敛产生的动因关注不够。因此,深入分析收敛作用机理,才能提高政策的针对性。新古典经济增长理论假设在封闭的系统中,区域间的规模报酬不变但资本的边际报酬递减。经济增长落后地区资本积累相对较少,资本的边际报酬递增,形成追赶之势,区域间差距缩小。另外,学者开始重视技术进步对收敛的作用,Abramovitz 等

（1986）最早在收敛分析框架中纳入技术因素，Prescott（1997）、彭国华（2005）、胡晓琳（2016）等也认为全要素生产率是造成区域差异的关键动因。对于农业领域的阐释并不多见，第三章分析的结论得知，中国 AGTFP 增长的根本源泉是绿色技术进步，因而本书从技术进步的视角分析 AGTFP 区域差异收敛的机理。可用"绿色技术进步—绿色技术溢出—AGTFP 收敛"描述 AGTFP 区域收敛的机理，农业生产具有开放性，某个地区率先使用绿色技术，提高绿色生产效率。先发地区的绿色技术溢出会带给落后地区一定程度的后发优势，会引致其他区域模仿式学习，这种低成本的技术扩散促成绿色技术收敛，并使得区域农业经济收敛成为可能。但是，也有一种可能，绿色技术落后的地区模仿式学习技术先进的地区，只能生产绿色技术含量较低的农产品，区域间长期呈扩散状态。

第三节　农业绿色全要素生产率区域差异收敛性分析

一　分析方法

对收敛性研究的相关理论主要有新古典增长理论和内生增长理论。新古典增长理论的观点是，技术进步是外生的，资本边际产出终将呈递减趋势，因而经济水平落后的地区经济增长速度会较快，区域间会形成平衡状态。但是，现实中尚没有形成理论上的区域平衡状态。内生增长理论的观点是，技术进步是内生的，它既受区域的要素投入和技术投入的约束，又受学习曲线、经验积累、知识溢出的影响，因而资本边际产出不会呈递减趋势，具有较高资本、知识、技术累积的区域增速也会越高，区域间不会形成收敛形态。显然，内生增长理论与新古典增长理论的观点正好背道而驰。但内生增长理论也认为，如果技术或知识溢出渠道通畅，区域间差异也会呈收敛态势。理论上的相佐引致学者从不同的角度采用不同的方法在实证上论证和支撑，衍生出了许多收敛性的检验方法，主要包括新古典收敛方法（绝对 σ 收敛、绝对 β 收敛和条件 β 收敛）、俱乐部收敛以及增长动态分析方法。四种收敛的经济意义分别是：σ 收敛是指不同省域或区域间 AGTFP 的差距随时间的演进不断缩小，趋于一致。绝对 β 收敛是假定在要素报酬边际递减的情况下，

AGTFP 与每个区域的初始状态呈负相关关系，各区域间随着时间演进，最终趋于相同的稳态水平。条件 β 收敛，表示各区域的 AGTFP 稳态水平与各地区资源禀赋条件相关，区域间很难达到一致的稳态水平。俱乐部收敛是指区域间既没有绝对 β 收敛也没有条件 β 收敛态势，虽然区域间没有收敛态势，但在区域内部存在收敛状态。其中新古典收敛方法也称为传统收敛方法，传统的收敛方法都是基于时间趋势进行检验的，可以称为时间收敛法。

采用不同的检验方法和数据得出的结论会有较大差异，但传统的计量模型，无论是统计指数、时序分析、横截面模型，还是面板模型常忽略地理空间之间的关联性，而忽视地理空间上的关联性得出空间上收敛的结论会有所偏颇。基于此，本书进一步借鉴 Anselin（1988）把空间因素嫁接到传统的收敛检验模型中，构建空间收敛模型从空间视角检验 AGTFP 的区域差异收敛性。

二 基于时间趋势的收敛检验

（一）绝对收敛检验

绝对收敛用于检验不同经济体间的差异会不会自动消失，包括 σ 收敛检验和绝对 β 收敛法。

1. σ 收敛检验

σ 收敛检验各地区的 AGTFP 的离散程度是否不断降低，假若 σ 逐步下降，则区域间存在收敛趋势。本书综合采用标准差、变异系数、σ 系数、泰尔指数、对数离差系数及基尼系数综合检验区域间 AGTFP 是否存在 σ 收敛。表达式参见第四章式（4-12）至式（4-17）。

根据式（4-12）至式（4-17）分别检验 1997—2020 年中国 31 个省份的 AGTFP 增长率的 σ 收敛情况，不同的方法对数据的敏感性各异，如泰尔指数对高效率水平变化较敏感，对数离差系数对较低效率水平变化敏感，基尼系数对中等效率变化比较敏感，因此本书取六种方法的均值来检验 σ 收敛，结果见图 7-1。为了辨识不同区域的收敛情况，分别对三大粮食功能区的 AGTFP 的累积增长率采用六种方法并取均值检验 σ 收敛，结果如图 7-2 所示。

从图 7-1 中可以看出，采用标准差、变异系数、σ 系数测度的 AGTFP 累积增长率的 σ 收敛值及波动态势趋于一致，在 1997—2004 年波动中下降，2004—2006 年平稳，2006—2008 年 σ 值明显上升，2008—2009 年陡然下降，2009—2017 年波动中上升，2017 年后缓慢下降。基尼系数的波动态势与前几种趋于一致，差别在于数值略小于前述系数。泰尔指数和对数离差系数呈平稳态势，变化不大。综合来看，不同省份的 AGTFP 累积增长率没有明显的 σ 收敛态势。从图 7-2 可悉，三大粮食功能区的 AGTFP 的 σ 收敛值均呈不断增长的趋势，三大粮食功能区的 AGTFP 累积增长率的敛散性呈明显波动变化，粮食主销区波动最为剧烈，主产区次之，平衡区波动较为缓和，但三个功能区和全国的 AGTFP 增长率的 σ 收敛值升降的状态反映了功能区内并没有显著 σ 收敛趋势。

　　基于新古典经济增长理论，较低效率的地区会有较高的提升速度，因而省际的 AGTFP 差距会逐渐缩小，但检验结果并没有证明这一点，原因何在？农业技术推广体系是科技成果转化和应用过程中的重要组织保障，对技术扩散起着关键的助推作用，然而新型的农技推广体系尚没有建立起来，行政化严重而服务化薄弱等问题存在，致使推广服务远落后于技术和市场的需求，而且本书的技术推广涉及环境污染和资源节约型绿色技术，目前相关技术不到位，技术推广更乏力，绿色技术难以扩散，较高 AGTFP 效率区保持较高的效率水平，较低效率区难以快速模仿学习，区域间差距较长时间内继续呈扩大趋势。

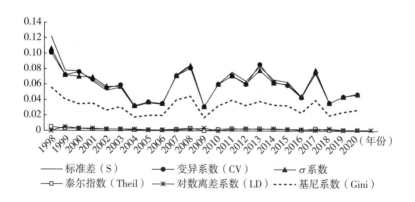

图 7-1　中国 AGTFP 增长指数 σ 收敛趋势

资料来源：作者测算。

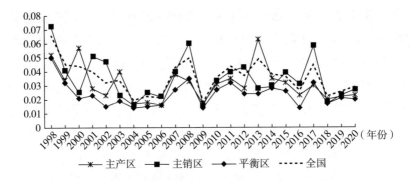

图 7-2 粮食主产区、主销区、平衡区 AGTFP 增长指数 σ 收敛

资料来源：作者测算。

2. 绝对 β 收敛检验

本书采用的绝对 β 收敛检验模型是在 Barro 等（1995）的基础上的调整，具体见式（7-8）。进一步还可以根据 Mankiw N. G.（1992）测算收敛速度，如式（7-8）所示。

$$\beta=-(1-e^{-\lambda T})/T \qquad\qquad (7-8)$$

式（7-8）本质上是一种对横截面的收敛分析，横截面的分析难以反映收敛的连续性，横截面数据进行绝对 β 收敛需满足严格的限定条件，一是某地区初始的效率水平具有外生性且独立于周边其他地区；二是各个地区具有相同的收敛速度。因而，横截面收敛结果与时间跨度具有很强的敏感性。因此，为避免一些时间段可能会出现的奇异值，并保持时间的连续性，以 $T=2$，$T=3$，$T=5$，$T=12$ 滚动时间段分别对 AGTFP 及其增长率进行绝对 β 收敛检验，根据 R^2 的大小最后确定滚动期为 $T=2$，将每 2 年的 AGTFP（AGTFP 累积增长率）平均值作为每个时期的值，分地区（三大粮食功能区）进行绝对 β 收敛检验，结果见表 7-2、表 7-3。

表 7-2 中，分地区看，全国和粮食主产区的 β 系数为负，但并不具有显著性，粮食主销区和粮食平衡区的 β 系数为正，但也不显著。这说明全国及不同粮食功能区的 AGTFP 均没有显著的绝对 β 收敛态势。分时间段看，只有在"九五"时期和"十五"时期呈现绝对 β 收敛，收敛速度分别为 7.9%、3.4%。"十一五"时期到"十三五"时期这些时间段里呈微弱发散状态，但并不显著。这说明长期内期初 AGTFP 效率值较

高的区域依然会较高，地区间的差距并不会自动消失达到均衡状态。

表 7-2　　　　　　　　　　　AGTFP 的绝对 β 收敛情况

系数	分地区				分时间段				
	全国	主产区	主销区	平衡区	1997—2000 年	2001—2005 年	2006—2010 年	2011—2015 年	2016—2020 年
β	-0.003 -0.008	-0.015 -0.015	0.005 -0.034	0.009 -0.015	-0.07*** -0.02	-0.034* -0.019	0.007 -0.015	0.026 -0.019	0.02 -0.014
a	-0.009** -0.004	-0.019* -0.007	-0.006 -0.006	-0.008 -0.008	-0.02** -0.009	-0.032** -0.008	-0.007 -0.007	-0.035** -0.011	0.009 -0.009
R^2	0.201	0.481	0.503	0.564	0.284	0.411	0.408	0.558	0.567
λ	—	—	—	—	0.079	0.037	—	—	—

注："***"、"**"、"*"分别代表在1%、5%、10%的水平上显著性，系数下面数值代表标准误。

资料来源：作者测算。

表 7-3　　　　　　　　　AGTFP 累积增长率的绝对 β 收敛情况

系数	分地区				分时间段				
	全国	主产区	主销区	平衡区	1997—2000 年	2001—2005 年	2006—2010 年	2011—2015 年	2016—2020 年
β	-0.025*** 0.005	-0.024*** 0.007	-0.027*** 0.005	-0.026*** 0.009	-0.171*** 0.003	-0.118*** 0.054	-0.041*** 0.017	-0.085*** 0.031	-0.039*** 0.039
α	0.003 0.002	0.002 0.001	-0.002** 0.001	-0.001 0.002	-0.023** 0.000	-0.008 0.012	-0.001** 0.001	-0.002 0.001	0.011*** 0.002
R^2	0.963	0.950	0.973	0.992	0.780	0.906	0.815	0.802	0.896
λ	0.038	0.036	0.044	0.041	0.239	0.178	0.045	0.111	0.044

注："***"、"**"、"*"分别代表在1%、5%、10%的水平上显著性，系数下面数值代表标准误。

资料来源：作者测算。

从表 7-3 可知，全国的 AGTFP 累积增长率在整个研究期内都呈显著的绝对 β 收敛态势，收敛速度差异不大。三大粮食功能区显著性收敛趋势明显，主销区收敛速度最高达 4.4%。不同时间段内也都通过 1% 的显著性水平检验，具有绝对 β 收敛态势，每个时间段内收敛速度有些许差异，1997—2000 年收敛速度最高达到 23.9%，"十五"时期收敛速度降到17.8%，"十一五"时期降到4.5%，"十二五"时期收敛速度回升至11.1%，"十三五"时期收敛速度降到4.4%。整体来看，AGTFP的增长率区域内和省际的差距会缩小，期初增长率较高的区域会随着时间的推进逐渐降低，最终实现区域内稳态。

（二）条件β收敛

按照新经济增长理论，不同时期内或者同一时期内不同区域经济发展状况会有所差异。假如控制这些基础条件，会有不同的收敛结论。考虑到外部环境（Romar，1986；Lucas，1990）的收敛情况分析通常用条件β收敛检验。如果存在条件β收敛表示各区域的AGTFP稳态水平与各地区资源禀赋条件相关，区域间很难达到一致的稳态水平。对条件β收敛的检验方法有两种：一种是通过预设个体和时间固定效应，剔除掉不同省份的自然环境等差异的影响，因此，既能检验不同省份不同的稳态水平，又能检验每个省份稳态值随时间演化的情况，还能规避遗漏重要的解释变量的问题，能避免选择变量的随意性Miller等（2002）。另一种是在绝对β收敛模型的右边适当加入控制变量，该种方法认为如果加入控制变量后回归系数β仍然为负，且具有统计上显著意义，那么区域间条件β收敛是存在的。本书采用第二种方法。为避免遗漏重要的控制变量，根据王奇等（2012）、李谷成（2014）、李兆亮等（2017）、郭海红等（2018）研究选用的经济发展水平（$rgdp$）、农业产业结构调整（str）、农业科技投入（tec）、农村人力资本（jnx）、农业基础设施（tra）、工业化程度（ind）、农业能耗（nh）作为控制变量。其中$rgdp$用人均总产值衡量。str用种植业总产值占农业总产值比重衡量。tec用农业科技资本存量衡量，需根据"永续盘存法"（Perpetual Inventory Method，PIM）估算。jnx基于Hall等（1999）采用教育年限转化法测算得到。tra用公路里程数/省份行政面积衡量。ind用非农产业总产值/地区总产值衡量。nh用农业亿元GDP能耗表征。AGTFP条件β收敛检验模型，如式（4-19）所示。

需要说明的是，为更真实地了解区域的异质性，需要分区域检验，是否存在区域内的趋同。但无论是按照经济区划划分的东部、中部、西部地区还是按照粮食功能区划分的主产区、主销区和平衡区，如果对区域内子样本单独检验，可能会因为样本数量太少导致自由度偏低，影响最终检验结果。因此本书把所选 31 个省份作为一个整体样本，考察区域情况时在式（4-17）右端加入地区虚拟变量，又因采用固定效应，避免因没有时间趋势而被剔除，最终加入的是地区虚拟变量和期初 AGTFP 的交叉项。

AGTFP 的条件 β 收敛检验结果如表 7-4 所示。

表 7-4　　　　AGTFP 条件 β 收敛（面板双向固定效应）情况

系数	分地区				分时间段				
	全国	主产区	主销区	平衡区	1997—2000 年	2001—2005 年	2006—2010 年	2011—2015 年	2016—2020 年
β	-0.034***	-0.016***	-0.019***	-0.029***	-0.041***	-0.039***	-0.053***	-0.052***	-0.047***
	-0.02	-0.03	-0.03	-0.04	0.176	-0.062	-0.095	-0.065	-0.09
α	-0.074***	-0.106***	-0.041***	-0.068***	-0.244***	-0.167***	-0.253***	-0.303***	-0.275***
	-0.01	-0.02	-0.01	-0.02	-0.058	-0.023	-0.045	-0.035	-0.053
$rgdp$	0.002***	0.031***	0.042***	0.056***	0.069***	0.047***	0.039***	0.043***	0.082***
	0.002	0.024	0.013	0.023	0.015	0.025	0.013	0.022	0.023
str	0.008***	0.005***	0.012***	0.013***	0.005***	0.052***	0.032***	0.002***	0.022***
	0.053	0.026	0.022	0.035	0.042	0.047	0.043	0.032	0.038
jnx	0.015***	0.011***	0.008***	0.022***	0.024***	0.027***	0.005***	0.016***	0.021**
	0.007	0.023	0.005	0.006	0.052	0.007	0.012	0.015	0.009
tec	0.041***	0.015***	0.021***	0.023***	0.007**	0.022***	0.023***	0.004***	0.021**
	0.004	0.006	0.007	0.005	0.002	0.002	0.003	0.002	0.003
tra	0.008***	0.072***	0.125***	0.013**	0.043***	0.021**	0.124***	0.127***	0.135*
	0.001	0.062	0.04	0.032	0.045	0.085	0.067	0.024	0.035
ind	-0.21***	-0.135***	-0.124***	-0.223***	-0.146**	-0.243***	-0.237**	-0.158**	-0.164**
	0.132	0.075	0.114	0.075	0.123	0.144	0.165	0.076	0.173
nh	-0.02***	-0.04***	-0.032***	-0.026***	-0.017***	-0.016***	-0.015***	-0.017***	-0.025***
	0.001	0.023	0.018	0.021	0.019	0.021	0.016	0.021	0.025
R^2	0.066	0.078	0.083	0.049	0.231	0.254	0.209	0.354	0.187
F	46.86	24.01	13.78	11.38	17.74	40.46	31.43	65.33	27.39
λ	0.07	0.020	0.025	0.049	0.044	0.043	0.062	0.061	0.055

注："***"、"**"、"*"分别代表在 1%、5%、10%的水平上显著性，系数下面数值代表标准误。

资料来源：作者测算。

从表 7-4 中可以看出，在固定效应、个体效应和时间效应后，中国 AGTFP 在每个时间段内均通过 1%的显著性水平检验。从粮食功能区情况看，粮食主产区、主销区、平衡区呈显著性条件 β 收敛态势。不同的时间段比较看，"九五"时期、"十五"时期、"十一五"时期、"十二五"时期、"十三五"时期，每个时间段内的 AGTFP 都通过 1% 的显著性水平检验，具有条件收敛态势。综合来看，全国及三大粮食功能区的 AGTFP 具有显著的条件收敛态势，不同区域的 AGTFP 趋于自身的稳态收敛，但因初始资源禀赋条件的差异，收敛速度会有所差异。

AGTFP 累积增长率的条件 β 收敛检验结果见表 7-5。从表 7-5 中看出，中国 AGTFP 累积增长率在研究期内和分时间段内均通过 1% 的显著性检验。分地区看，粮食主产区、主销区、平衡区均通过 1% 的显著性水平检验。值得关注的是，"九五"时期、"十五"时期、"十一五"时期及"十二五"时期，中国 AGTFP 累积增长率虽通过显著性检验，但无法测出收敛速度。总的来看，说明中国 AGTFP 累积增长率具有条件 β 收敛态势。

表 7-5　AGTFP 累积增长率条件 β 收敛（面板双向固定效应）情况

系数	分地区				分时间段				
	全国	主产区	主销区	平衡区	1997—2000 年	2001—2005 年	2006—2010 年	2011—2015 年	2016—2020 年
β	-0.77 ***	-0.831 ***	-0.761 ***	-0.706 ***	-0.695 ***	-1.123 ***	-1.015 ***	-1.279 ***	-0.991 ***
	-0.03	-0.05	-0.08	-0.05	(0.147)	-0.077	0.103	-0.08	-0.079
a	0.004	0.009 *	-0.001	-0.002	0.002	-0.05	0.001	0.05	0.004
	-0.01	-0.004	-0.005	-0.004	-0.022	-0.005	-0.005	-0.006	-0.004
$rgdp$	0.003 ***	0.014 ***	0.089 ***	0.035 ***	0.121 ***	0.426 ***	0.068 ***	0.182 ***	0.019 ***
	0.001	0.029	0.015	0.011	0.111	0.191	0.112	0.013	0.041
str	0.21 **	0.075 ***	0.173 **	0.115 **	0.036 **	0.227 **	0.194 ***	0.140 **	0.013 **
	0.102	0.130	0.062	0.073	0.121	0.165	0.127	0.165	0.128
jnx	0.026 *	0.003 ***	0.016 **	0.021 **	0.012 **	0.017 **	0.012 **	0.021 **	0.019 **
	0.02	0.016	0.027	0.022	0.009	0.004	0.003	0.005	0.031
tec	0.126 *	0.019 **	0.026 **	0.032 ***	0.025 **	0.027 ***	0.019 **	0.013 **	0.011 ***
	0.006	0.015	0.012	0.004	0.002	0.007	0.003	0.002	0.001
tra	0.003 ***	0.025 **	0.023 ***	0.112 ***	0.157 ***	0.103 **	0.152 ***	0.232 ***	0.115 ***
	0.001	0.174	0.131	0.121	0.133	0.022	0.181	0.173	0.152
ind	-0.02 *	-0.031 **	-0.025 **	-0.032 *	-0.077 ***	-0.066 **	-0.052 **	-0.037 ***	-0.036 **
	0.001	0.002	0.022	0.009	0.011	0.012	0.003	0.004	0.009
nh	-0.04 ***	-0.072 ***	-0.05 ***	-0.061 ***	-0.042 **	-0.052 **	-0.065 **	-0.077 *	-0.053 **
	0.002	0.021	0.025	0.019	0.012	0.013	0.016	0.037	0.043

续表

系数	分地区				分时间段				
	全国	主产区	主销区	平衡区	1997—2000年	2001—2005年	2006—2010年	2011—2015年	2016—2020年
R^2	0.471	0.509	0.409	0.456	0.434	0.644	0.449	0.681	0.568
F	0.930	0.393	1.874	0.828	0.487	1.236	0.815	2.111	1.381
λ	0.062	0.074	0.060	0.051	0.049	—	—	—	—

注:"＊＊＊"、"＊＊"、"＊"分别代表在1%、5%、10%的水平上显著性,系数下面数值代表标准误。

资料来源:作者测算。

综合来看,中国 AGTFP 及其累积增长率整体上存在显著的条件 β 收敛状态,而且三大粮食功能区也存在显著的条件 β 收敛状态,31 个省份以及不同区域内的省份随着时间的推进,会趋向各自的稳态水平,区域间的不同在于收敛速度会有不同。因此,实现区域和省际 AGTFP 和 AGTFP 累积增长率的协调共进,需要对各省及各区域的稳态水平施加影响,稳态水平差距缩小,则省际和区域差距会缩小,才能真正实现区域农业协调发展。

(三)俱乐部收敛

按照俱乐部收敛理论,因区域初始条件不同,会形成不同的俱乐部,初始条件相似的区域会呈收敛之势。AGTFP 是否也存在不同的俱乐部梯队?更好地体现区位空间和粮食功能特点,引入虚拟变量进行俱乐部收敛检验。以绝对 β 收敛模型为例,俱乐部收敛模型见式(7-9)。

$$\ln\left(y_{it+1}/y_{it}\right) = \alpha + \beta \ln y_{it} + \partial_i D_{ij} + \varepsilon_{it} \tag{7-9}$$

其中,D_{ij} 为虚拟变量,∂_i 为虚拟变量回归系数。如果 $\partial_i \neq 0$,且能通过显著性检验,则存在俱乐部收敛,否则,不具有俱乐部收敛之势。因本书对区块做了划分,因而俱乐部收敛检验在每个时间趋势收敛模型和空间收敛模型中都有说明,在此不单独列出。

三 动态空间收敛模型设计及检验

(一)空间视角的绝对 β 收敛模型构建

空间相关性分析结果表明 AGTFP 具有空间相关性,因此,不能忽略空间因素对区域收敛性的影响。而新古典的绝对 β 收敛模型是基于时间趋势的收敛模型，如式（4-18）所示，若将时间视角换成空间视角，则可以切实反映空间收敛的情况。基于此考虑，在新古典绝对 β 收敛模型的基础上构建空间视角的绝对 β 收敛模型，以时间跨度 $T=1$ 来阐释，式（4-18）可以写成式（7-10）。

$$\ln\left(y_{it+1}/y_{it}\right) = \alpha + \beta\ln y_{it} + \mu_{it} \tag{7-10}$$

$\ln\left(y_{it+1}/y_{it}\right)$ 是一种时间上的比较，反映了 AGTFP 在时间上的对比关系，若将时间上的对比关系转化为空间上的对比关系，则模型式（4-18）可以转化为空间绝对 β 收敛模型。为此，引入空间权重矩阵 W，模型见式（7-11）。

$$\ln\left(y_t/wy_t\right) = \alpha + \beta\ln\left(wy_t\right) + u_t \tag{7-11}$$

其中，y_t 为 t 期所研究样本区域的 AGTFP（AGTFP 累积增长率）值形成的向量矩阵，指定 w 为一阶邻接矩阵，式（7-11）的左边反映相邻区域间的差异性。

（二）动态空间收敛模型构建

根据空间计量经济理论，空间滞后模型（SAR）和空间误差模型（SEM）可以衡量空间关联的典型形式。在传统的绝对 β 收敛模型和条件 β 收敛模型的基础上纳入表征空间关联的权重矩阵 W，此时得到的模型是空间静态 β 收敛模型。而空间静态 β 收敛模型只能考察容易测量的因素对因变量的影响，潜在的不易测量的因素如区际农业生产要素流动及制度等产生的循环累积效应的影响容易被忽略，而这些因素对 AGTFP 具有重要的影响，鉴于此，把滞后一期的被解释变量作为解释变量纳入 β 收敛模型中，在参考 Elhorst（2012）的研究的基础上构建 AGTFP 动态空间 SAR 绝对 β 收敛模型式（7-12）、动态空间 SEM 绝对 β 收敛模型式（7-13）和动态空间 SAR 条件 β 收敛模型式（7-14）、动态空间 SEM 条件 β 收敛模型式（7-15）。

动态空间 SAR 绝对 β 收敛模型：

$$\ln(y_{it}/y_{it-p}) = \alpha + \beta\ln y_{it-p} + \rho w\ln((y_{it}/y_{it-p}) + \varepsilon_{it}, \quad \varepsilon_{it} \sim N(0, \ \sigma^2) \tag{7-12}$$

动态空间 SEM 绝对 β 收敛模型：

$$\ln(y_{it}/y_{it-p}) = \alpha + \beta\ln y_{it-p} + \varepsilon_{it}, \quad \varepsilon_{it} = \lambda w\varepsilon_{it} + \mu_{it}, \quad \mu_{it} \sim N(0, \ \sigma^2) \tag{7-13}$$

动态空间 SAR 条件 β 收敛模型：

$$\ln(y_{it}/y_{it-p}) = a + \beta\ln(y_{it-p}) + \rho w\ln(y_{it}/y_{it-p}) + \gamma x_{it} + \varepsilon_{it}, \quad \varepsilon_{it} \sim N(0, \sigma^2)$$

$$(7-14)$$

动态空间 SEM 条件 β 收敛模型：

$$\ln(y_{it}/y_{it-p}) = \alpha + \beta\ln y_{it-p} + \gamma x_{it} + \varepsilon_{it}, \quad \varepsilon_{it} = \lambda w\varepsilon_{it} + \mu_{it}, \quad \mu_{it} \sim N(0, \sigma^2)$$

$$(7-15)$$

其中，y_{it} 和 y_{it-p} 分别表示 t 期和 $t-p$ 期的 AGTFP（AGTFP 累积增长率），w 代表空间权重矩阵，α、β、γ 是回归系数，ρ 和 λ 为空间相关系数，反映区域间 *AGTFP* 的相互影响的程度和方向，ε_{it} 和 μ_{it} 为服从独立同分布的随机扰动项。如果 β 为负且通过显著性检验，则空间收敛。模型式（7-14）和模型式（7-15）中 x_{it} 代表控制变量。

对于模型的选择根据 Hausman 检验确定采用固定效应模型。对 SAR 还是 SEM 模型的选择的依据，根据 Elhorst（2012）综合采用自然对数函数值（logL）、最大似然比（LR）、施瓦茨准则（SC）及赤池信息准则（AIC）等多种准则检验判断，最终确定动态 SAR 模型式（7-12）和模型式（7-14）为分析模型。

（三）动态空间收敛检验结果分析

1. 动态空间 SAR 绝对 β 收敛结果分析

AGTFP 动态空间 SAR 绝对 β 收敛检验结果见表 7-6，从表 7-6 可知，纳入 AGTFP 一阶滞后变量的动态空间绝对 β 收敛模型中，AGTFP 一阶滞后变量的系数不论是全国还是主产区、主销区、平衡区都通过显著性检验，而且 β 系数相较静态绝对 β 收敛模型检验结果（见表 7-2）发生了符号的变化，β 系数在全国及三大粮食功能区以及不同时段都显著为正，大小也有不同程度的变化，这种变化佐证了农业生产活动作为动态的、连续的生产系统，若不考虑农业生产要素的流动等潜在因素的循环累积效应，难以真实刻画 AGTFP 区域间差异的收敛状态。β 系数显著为正向说明，AGTFP 在全国范围和不同的区域范围内都呈发散状态，区域间差异不断增加，而且三大粮食功能区也具有俱乐部收敛特征。通常，劳动力、资本等农业生产要素都具有"逐利性"，因而生产要素会由 AGTFP 较低的地区流向较高的地区，形成 AGTFP "高者更高""低者更低"的循环累积效应，AGTFP 区域间差异增大，俱乐部内部发散状态需要引起高度关注，在区域内的地方保护主义的屏障需深度破除，强化横向交流与合作，区域内具有 AGTFP 先发优势的省份充分发挥示范带动作用，向具有 AGTFP 后发弱势的省份提供绿色技术支持与辅助服务，带动区域 AGTFP 协同绿色增长。

表 7-6　　　　　　　AGTFP 动态空间 SAR 绝对 β 收敛检验结果

系数	分地区				分时间段				
	全国	主产区	主销区	平衡区	1997—2000 年	2001—2005 年	2006—2010 年	2011—2015 年	2016—2020 年
β	0.877 *** 0.005	0.873 *** 0.004	0.873 *** 0.005	0.878 *** 0.025	0.848 *** 0.016	0.858 *** 0.021	0.875 *** 0.015	0.878 *** 0.016	0.871 *** 0.016
ρ	0.011 *** 0.001	0.012 *** 0.001	0.01 *** 0.001	0.01 *** 0.007	0.013 *** 0.006	0.018 *** 0.004	0.011 ** 0.004	0.009 *** 0.005	0.016 *** 0.005
a	0.052 *** 0.004	0 *** 0.005	0.01 *** 0.004	0.053 *** 0.022	0.014 *** 0.003	-0.003 *** 0.001	-0.001 0.001	-0.007 *** 0.001	0.004 *** 0.002
∂	— —	0.052 *** 0	0.01 *** 0	-0.018 *** 0.019	0.063 *** 0.006	0.045 *** 0.005	0.051 *** 0.005	0.052 *** 0.006	0.039 *** 0.006
R^2	0.925	0.924	0.925	0.922	0.922	0.918	0.924	0.925	0.92

注："＊＊＊"、"＊＊"、"＊"分别代表在 1%、5%、10%的水平上显著性，系数下面数值代表标准误。

资料来源：作者测算。

分时间段看，相较 AGTFP 静态收敛模型所得分时段的绝对 β 系数（见表7-2），发现纳入滞后一阶自变量及空间因素后分时段的 β 系数的方向和大小有了较大的变化，绝对收敛系数在 1997—2000 年、2001—2005 年、2006—2010 年及 2011—2020 年均为正向，说明 AGTFP 不具有空间绝对 β 收敛态势，其原因在于，农业市场化改革以后，农业生产要素的流动性增强，在要素流动产生的循环累积效应的驱动下形成一定程度的 AGTFP 空间集聚状态，AGTFP 出现"极化效应"。

纳入 AGTFP 累积增长率一阶滞后变量的动态空间 SAR 绝对收敛检验结果如表 7-7 所示。

表 7-7　　AGTFP 累积增长率动态空间 SAR 绝对 β 收敛检验结果

系数	分地区				分时间段				
	全国	主产区	主销区	平衡区	1997—2000 年	2001—2005 年	2006—2010 年	2011—2015 年	2016—2020 年
β	0.834 *** 0.026	0.826 *** 0.032	0.797 *** 0.037	0.811 *** 0.03	0.905 *** 0.017	0.889 *** 0.027	0.868 *** 0.017	0.878 *** 0.016	0.872 *** 0.016
ρ	0.064 *** 0.008	0.061 *** 0.039	0.07 *** 0.01	0.069 *** 0.03	0.046 0.005	0.049 0.007	0.051 0.006	0.009 *** 0.005	0.016 *** 0.005
a	-0.076 *** 0.007	-0.076 *** 0.026	-0.06 *** 0.02	-0.017 *** 0.043	0.093 *** 0.007	-0.046 *** 0.003	-0.009 *** 0.006	-0.007 *** 0	0.004 *** 0
∂	0 *** 0	0.031 *** 0.002	-0.023 *** 0.088	-0.185 *** 0.123	-0.081 *** 0.017	-0.06 *** 0.009	-0.058 *** 0.021	0.05 *** 0.006	0.039 *** 0.006
R^2	0.816	0.81	0.77	0.7	0.894	0.878	0.865	0.925	0.92

注："＊＊＊"、"＊＊"、"＊"分别代表在1%、5%、10%的水平上显著性，系数下面数值代表标准误。

资料来源：作者测算。

从表7-3可以看出，在全国及三大功能区都通过显著性检验。相较静态绝对收敛检验结果，β 系数由负向转向正向，系数大小的变化程度也不一。区域比较，全国和三大粮食功能区的 β 系数都显著为正，反映了 AGTFP 累积增长率长期呈发散状态，呈现"快者愈快，慢者愈慢"的状态，区域间 AGTFP 增长率差距不会缩减。粮食主销区和粮食平衡区俱乐部显著收敛，但粮食主产区呈俱乐部发散状态。纳入空间滞后因素后，绝对 β 系数方向的明显变化反映了潜在因素的区域流动对 AGTFP 累积增长率具有显著的影响，如果忽略这些因素，会得出 AGTFP 增长率趋同的结论，进而得出错误的政策启示。无论是全国范围还是三大功能区空间相关系数都通过 1% 的显著性检验且为正向，表明空间因素对 AGTFP 累积增长率具有积极的促进作用，进一步印证空间邻近对农业绿色技术、知识的传播具有显著的推动作用，空间邻近区域可以协同、共享农业高质资源要素，最大限度地提高资源配置效率，提高 AGTFP 增长率。分时间段看，动态空间滞后模型测得的 AGTFP 累积增

长率的绝对 β 收敛系数在 1997—2000 年、2001—2005 年、2006—2010 年及 2011—2020 年均为正向，相较静态模型所得绝对 β 收敛系数（见表 7-3）的方向出现反转式变化，说明 AGTFP 增长率在考察期及分时间段内都不具有绝对 β 收敛态势。从空间相关系数 ρ 的系数及显著性程度看，在 1997—2005 年，中国 AGTFP 累积增长率并没有显著的空间相关性，2010—2014 年和 2015—2020 年呈现显著的空间相关性，反映了 2006 年之前中国农业生产区域间空间联系并不多，因明显的省际行政边界和区域锁定效应对 AGTFP 增长率空间溢出效应形成屏障。2006 年以后，伴随区域经济一体化进程的推进，省际空间关联日益增强，AGTFP 增长率的空间溢出效应明显。

2. 动态空间 SAR 条件 β 收敛结果分析

AGTFP 的动态空间 SAR 条件收敛分析结果见表 7-8。从表中可以看出，纳入空间因素和 AGTFP 一阶滞后变量后，β 系数由负向转向正向（见表 7-4），这说明考虑了每个区域的经济发展水平、产业结构调整、科研存量及交通便捷程度等禀赋条件后，AGTFP 的区域发散特征明显，进一步说明区域 AGTFP 的差距与区域的禀赋条件并不完全相关，区域间农业生产要素流动、制度环境等潜在因素对区域 AGTFP 的差距也起着不可忽视的作用，空间相关系数 ρ 在全国及三大粮食功能区均为正向，且通过 1% 的显著性水平检验，说明 AGTFP 具有正向空间溢出效应，进一步佐证区域的初始禀赋条件对区域差距不具有完全的决定性作用，生产要素的流动、绿色技术的分享等也会对区域差异具有一定的贡献。不同时间段比较发现，在 1997—1999 年、2000—2004 年、2005—2009 年、2010—2020 年 AGTFP 的条件 β 收敛系数都为正，AGTFP 不具有条件 β 收敛特征。空间相关系数为正，但并不显著，说明区域间农业绿色生产空间溢出效应不明显，考虑了区域的资源禀赋条件后空间相关系数显著性程度出现明显变化，其原因在于随着市场化改革进程的推进，农业生产要素的限制性条件逐渐弱化，要素的循环累积效应通过自我实现机制助推农业经济呈现绿色空间集聚状态，初始禀赋条件优越区域的农业绿色集聚优势放大，区域农业绿色生产呈非均衡态势。

表 7-8　　　　　　　AGTFP 动态空间 SAR 条件 β 收敛检验结果

系数	分区域				分时间段				
	全国	主产区	主销区	平衡区	1997—2000 年	2001—2005 年	2006—2010 年	2011—2015 年	2016—2020 年
β	0.819 *** 0.042	0.793 *** 0.037	0.728 *** 0.054	0.743 *** 0.052	0.751 *** 0.044	0.786 *** 0.042	0.781 *** 0.047	0.786 *** 0.046	0.783 *** 0.057
ρ	0.005 *** 0.011	0.001 *** 0.008	0.003 *** 0.009	0.009 *** 0.009	0.008 0.011	0.003 0.008	0.009 0.01	0.002 0.01	0.003 0.008
α	0.016 *** 0.016	0.021 *** 0.022	0.002 *** 0.023	0.025 0.016	0.031 * 0.018	0.031 0.02	0.016 0.024	0.023 0.018	0.022 0.019
$rgdp$	0.001 *** 0	0.091 *** 0.039	0.053 *** 0.07	0.061 *** 0.049	0.073 *** 0.043	0.065 *** 0.048	0.048 *** 0.055	0.059 *** 0.052	0.061 *** 0.054
str	0.007 *** 0.097	0.007 *** 0.029	0.015 *** 0.042	0.036 *** 0.052	0.003 *** 0.074	0.081 *** 0.053	0.03 *** 0.059	0.001 *** 0.042	0.035 *** 0.068
jnx	0.019 *** 0.008	0.012 *** 0.013	0.007 *** 0.009	0.02 ** 0.009	0.021 ** 0.096	0.02 ** 0.009	0.006 ** 0.009	0.011 ** 0.008	0.011 ** 0.008
tec	0.053 *** 0.033	0.012 *** 0.004	0.016 *** 0.004	0.011 *** 0.004	0.008 *** 0.004	0.011 *** 0.004	0.011 *** 0.005	0.013 *** 0.004	0.011 *** 0.005
tra	0.009 *** 0.001	0.07 *** 0.07	0.157 *** 0.05	0.01 ** 0.08	0.05 ** 0.077	0.019 ** 0.093	0.156 ** 0.072	0.134 *** 0.039	0.103 * 0.057
ind	−0.35 *** 0.184	−0.15 *** 0.092	−0.246 *** 0.102	−0.23 ** 0.093	−0.165 ** 0.157	−0.312 *** 0.102	−0.285 ** 0.127	−0.234 ** 0.099	−0.277 ** 0.112
nh	−0.01 *** 0.001	−0.01 *** 0.02	−0.029 *** 0.017	−0.02 ** 0.019	−0.02 ** 0.018	−0.026 *** 0.018	−0.027 *** 0.021	−0.014 *** 0.026	−0.014 ** 0.019
∂	— —	0 0	0 0	0 0	0.009 0.005	−0.008 *** 0.002	0.006 ** 0.003	−0.003 0.002	0.004 0.003
R^2	0.899	0.899	0.848	0.898	0.899	0.907	0.886	0.884	0.899

注："***"、"**"、"*"分别代表在 1%、5%、10%的水平上显著性，系数下面数值代表标准误。

资料来源：作者测算。

AGTFP 累积增长率的动态空间 SAR 条件 β 收敛分析结果见表 7-9，相较静态条件 β 收敛分析结果（见表 7-5），动态空间条件 β 收敛分析结果有较大的变化。

表 7-9　　　　　　AGTFP 增长率动态空间 SAR 条件 β 收敛检验结果

系数	分地区				分时间段				
	全国	主产区	主销区	平衡区	1997—2000 年	2001—2005 年	2006—2010 年	2011—2015 年	2016—2020 年
β	0.733 *** 0.053	0.723 *** 0.06	0.722 *** 0.06	0.75 *** 0.045	0.652 *** 0.071	0.724 *** 0.06	0.729 *** 0.05	0.718 *** 0.055	0.701 *** 0.064
ρ	0.055 0.01	0.048 0.012	0.045 *** 0.012	0.047 *** 0.01	0.057 *** 0.014	0.055 *** 0.011	0.041 *** 0.008	0.049 *** 0.009	0.051 *** 0.011
α	0.102 ** 0.042	0.06 *** 0.052	0.075 0.052	0.037 0.049	0.105 *** 0.031	0.108 *** 0.025	0.078 0.054	0.057 * 0.051	0.009 0.049
$rgdp$	0.002 *** 0.001	0.024 *** 0.049	0.085 *** 0.045	0.03 *** 0.047	0.116 *** 0.104	0.223 *** 0.063	0.045 *** 0.055	0.102 *** 0.052	0.01 ** 0.058
str	0.35 ** 0.185	0.081 *** 0.118	0.159 ** 0.122	0.132 ** 0.127	0.024 ** 0.074	0.226 ** 0.158	0.387 *** 0.129	0.22 ** 0.15	0.008 ** 0.146
jnx	0.019 * 0.01	0.001 *** 0.015	0.013 ** 0.013	0.018 ** 0.013	0.004 ** 0.014	0.003 ** 0.014	0.028 ** 0.013	0.031 ** 0.015	0.016 ** 0.011
tec	0.156 * 0.081	0.018 *** 0.005	0.019 *** 0.005	0.016 *** 0.005	0.015 *** 0.004	0.02 ** 0.006	0.018 ** 0.006	0.018 ** 0.005	0.021 ** 0.005
tra	0.007 *** 0.001	0.465 ** 0.19	0.573 *** 0.181	0.512 *** 0.16	0.57 *** 0.233	0.503 ** 0.22	0.55 *** 0.172	0.632 *** 0.155	0.515 *** 0.152
ind	−0.01 * 0.002	−0.011 ** 0.004	−0.031 ** 0.012	−0.025 * 0.008	−0.087 *** 0.01	−0.053 *** 0.007	−0.002 *** 0.004	−0.007 *** 0.006	−0.007 *** 0.007
nh	−0.01 *** 0.001	−0.068 *** 0.019	−0.06 *** 0.018	−0.059 *** 0.017	−0.04 ** 0.019	−0.022 ** 0.016	−0.036 *** 0.023	−0.028 * 0.041	−0.084 ** 0.023
∂	1.293 *** 0.389	0.587 ** 0.272	0.805 *** 0.302	0.688 ** 0.296	0.564 *** 0.213	0.835 *** 0.287	1.28 *** 0.348	0.938 *** 0.341	0.436 *** 0.307
R^2	0.781	0.769	0.763	0.776	0.692	0.754	0.782	0.726	0.688

注：" *** "、" ** "、" * "分别代表在 1%、5%、10%的水平上显著性，系数下面数值代表标准误。

资料来源：作者测算。

　　一是 β 系数由负向转向正向；二是 R^2 拟合系数有明显提高。这种变化说明 AGTFP 累积增长率的区域差异不单与区域的初始资源禀赋条件有关，更受政策环境、农业绿色生产技术及要素流动等隐含因素的直接影响，忽视这些隐含因素对 AGTFP 的增长路径的设计会产生致命影响。空间相关系数 ρ 在粮食主销区和粮食平衡区为正向，且通过 1% 的显著性水平检验，全国及粮食主产区并不显著，说明粮食主销区和粮食平衡区的 AGTFP 增长率具有正向空间溢出效应，其原因在于粮食主销区、粮食平衡区所属地区经济发展水平、农业科研存量、交通便捷程度等禀赋条件相较粮食主产区，给农业绿色生产要素及技术的流动提供了便利条件，突破省际壁垒的能量更强，促进 AGTFP 增长率空间外溢。除此之外，三大粮食功能区都具有显著的俱乐部发散态势，所以，各个区域的行政屏障需深度打破，促进区域间农业交流、合作与共享，实现区域农业绿色协同发展。不同时间段对比，AGTFP 增长率的条件 β 收敛系数在 1997—1999 年、2000—2004 年、2005—2009 年、2010—2020 年都显著为正，AGTFP 增长率也不具有条件 β 收敛表征。空间相关系数 ρ 都通过 1% 的显著性水平检验，且都为正向，且随时间推进，空间相关系数不断提高，说明 AGTFP 增长率的空间外溢效应呈不断增强之势，需进一步促进区域间农业绿色生产活动的交流，AGTFP 增长率较高区域发挥示范作用，促进"滴涓效应"扩散，带动中国 AGTFP 增长率不断提高。

（四）稳健性检验

为检验模型的稳健性，分别采用反距离矩阵、经济距离矩阵和嵌套矩阵对 AGTFP 及其累积增长率进行动态空间收敛检验，检验结果见附表 A1、附表 A2，从中可以看出，采用不同的权重矩阵的检验结果除了系数的大小有所变化外，系数的方向和显著性程度并没有发生大的改变，模型具有稳健性，检验结果可信度较高。

第四节　粮食安全对 AGTFP 区域差异收敛的影响

一　模型构建

构建粮食安全影响农业绿色全要素生产率的条件 β 收敛检验模型，见式（7-16）：

$$\left(\frac{AGTFP_{i,t+1}}{AGTFP_{it}} \right) = \alpha + \beta AGTFP_{it} + \gamma FS_{it} + \delta Controls_{it} + \varepsilon_{it} \qquad (7-16)$$

式（7-16）中，FS_{it} 为 i 省份 t 时期粮食安全水平，γ 为影响系数。

若 $\beta<0$，说明存在条件 β 收敛。若加入 FS_{it} 后，$\beta<0$ 且绝对值大于未加入粮食安全收敛系数的绝对值，说明粮食安全有助于农业绿色全要素生产率的区域收敛。在此基础上，根据收敛系数的估计值，计算收敛速度 s 式（7-17）与半生命周期 θ 式（7-18）：

$$s=（1+\beta）/T \tag{7-17}$$

$$\theta=（2）/s \tag{7-18}$$

二 结果分析

为缓解内生性问题，将粮食安全进行滞后一期处理，具体结果如表 7-10 所示。研究发现，在不考虑粮食安全时，AGTFP 的收敛系数为 -0.034，且在 1%统计水平上显著，即 AGTFP 存在显著的条件 β 收敛特征，其收敛速度为 0.40%，半衰期为 1.83 年。列（2）显示，条件 β 系数为 -0.041，且在 1%置信水平上显著，在粮食安全影响下，农业绿色全要素生产率仍存在显著的条件 β 收敛特征，此时收敛速度由 0.40% 提升至 0.45%。与此同时，粮食安全系数为 -0.053，且在 1%统计水平上显著，表明粮食安全能够促进 AGTFP 提升。列（3）结果表明，研究结果不存在明显内生性问题。列（4）加入控制变量后发现，系数波动幅度较小，较为稳定，即粮食安全水平不仅促进农业绿色全要素生产率，还促进其区域收敛。究其原因，在粮食安全多项政策加持下，全国"一盘棋"，各个省份都不断提高农业生产效率，促进农业绿色全要素生产率不断提升，降低了要素流动对空间距离的敏感性，故在很大程度上减小了 AGTFP 区域间差异，加快了区域差异收敛趋势。

表 7-10　　　粮食安全对农业绿色全要素生产率条件 β 收敛
影响的检验结果

变量	（1）	（2）	（3）	（4）
β	-0.034*** (0.001)	-0.041*** (0.007)	-0.063*** (0.020)	-0.036*** (0.003)
α	-0.113*** (0.020)	0.130*** (0.064)	-0.128 (0.075)	-0.171*** (0.003)
FS	—	-0.053*** (0.040)	-0.049*** (0.011)	-0.074*** (0.018)

续表

变量	（1）	（2）	（3）	（4）
Controls	No	No	No	Yes
s	0.42	0.45	0.45	0.44
θ	1.84	1.67	1.69	1.69
Year	Yes	Yes	Yes	Yes
Province	Yes	Yes	Yes	Yes
R^2	0.635	0.677	0.623	0.712

注："＊＊＊"、"＊＊"、"＊"分别代表在1%、5%、10%的水平上显著性，括号中数值代表标准误。

资料来源：作者测算。

第五节　本章小结

为了从理论上深度阐释 AGTFP 的区域差异，基于收敛性理论和空间经济理论，解析空间相关性的基础上，从时间和空间两个维度分析了中国 AGTFP 区域差异收敛性，并进一步深化分析了粮食安全对农业绿色全要素生产率区域收敛的影响，研究发现：

第一，引入空间权重矩阵探究 AGTFP 的空间分布特征，通过莫兰指数和 LISA 集聚分析表明 AGTFP 和 AGTFP 累积增长率均有显著的正向空间相关性，二者都具有"局域俱乐部"集聚的属性，存在 AGTFP 高—高集聚或低—低集聚的明显空间依赖性，因而在收敛性分析需考虑空间地理因素。

第二，区域差异收敛性分析时间和空间维度展开，时间维度检验采用绝对 σ 收敛、绝对 β、条件 β 收敛方法进行，空间维度检验通过构建空间收敛模型展开。

绝对 σ 收敛性分析结果表明，中国 AGTFP 长期内不会出现绝对 σ 收敛，省域间差距不会缩小。AGTFP 的累积增长率省域间没有明显的绝对 σ 收敛态势，东部、中部、西部地区均没有明显的绝对 σ 收敛态势。三大功能区也没有显著绝对 σ 收敛趋势。

绝对 β 收敛分析表明，期初 AGTFP 效率值较高的区域会保持较高的增长速率，区域差距并不会自动消失达到均衡状态。AGTFP 的增长率区域内和省际的差距会缩小，期初增长率较高的区域会随着时间的推进逐渐降低，最终实现区域内和省际稳态。

条件 β 收敛分析表明中国 AGTFP 和 AGTFP 增长率整体上存在显著性条件 β 收敛状态，而且东部、中部和西部以及三大粮食功能区也存在显著的条件 β 收敛状态，31 个省份以及不同区域内的省份随着时间的推进，会趋向各自的稳态水平。因此，实现区域间和省际 AGTFP 和 AGTFP 增长率的协调共进，需要对各省及各区域的稳态水平施加影响，稳态水平差距缩小，则省际和区域间差距会缩小，才能真正实现区域农业协调发展。

动态空间绝对 β 收敛分析表明，纳入 AGTFP 一阶滞后变量的动态空间绝对 β 模型中，β 系数相较静态面板绝对 β 收敛模型检验结果发生了符号的变化，β 系数在全国及三大经济区和三大粮食功能区以及不同时段都显著为正，大小也有不同程度的变化，说明农业生产活动作为动态的、连续的生产系统，若不考虑农业生产要素的流动等潜在因素的循环累积效应，难以真实刻画 AGTFP 区域间差异的收敛状态。β 系数显著为正向说明，AGTFP 在全国范围和不同的区域范围内都呈发散状态，区域间差异不断增加，而且东部和中部还呈现俱乐部发散特征，西部地区通过显著性检验，具有俱乐部收敛态势。三大粮食功能区也具有俱乐部收敛特征。

空间因素对 AGTFP 累积增长率具有积极的促进作用，空间邻近对农业绿色技术、知识的传播具有显著的推动作用，空间邻近区域可以协同、共享农业高质资源要素，最大限度地提高资源配置效率，提高 AGTFP 增长率。

动态空间条件 β 收敛分析表明，考虑了每个区域的经济发展水平、产业结构调整、科研存量及交通便捷程度等禀赋条件，AGTFP 的区域发散特征明显，区域 AGTFP 的差距与区域的禀赋条件并不完全相关，区域间农业生产要素流动、制度环境等潜在因素对区域 AGTFP 的差距也起着不可忽视的作用，农业 AGTFP 具有正向空间溢出效应。

要素的循环累积效应通过自我实现机制助推农业经济呈现空间集聚状态，初始禀赋条件优越区域的农业绿色集聚优势放大，区域农业绿色生产呈非均衡态势。AGTFP 增长率的空间外溢效应呈不断增强之势，需进一步促进区域间农业生产活动的交流，AGTFP 增长率较高区域发挥示范作用，促进"滴涓效应"扩散，带动中国 AGTFP 增长率不断提高。

粮食安全可以成为推动农业绿色全要素生产率区域收敛与缩小区域差距的"加速器"，很大程度上可以促进粮食安全与农业绿色全要素生产率的区域协调发展。

第八章 研究结论与政策建议

在粮食安全背景下，如何提高 AGTFP 成为值得深度研究的热点命题。本书全面分析了粮食安全的现实状态，对粮食安全区域差异及收敛性进行了深度解析，并紧依 AGTFP 测算结果这个"外显之行"和 AGTFP 增长动力源泉这个"内蕴之源"，多个维度剖析粮食安全对 AGTFP 的影响机制，以期完善粮食安全与农业绿色增长理论，为促进粮食安全及农业绿色发展的政策制定提供决策参考。本章是对本书的系统总结，首先，提取文章核心观点。然后，基于所得结论提出相应的政策建议。

第一节 研究结论

本书基于 FAO 的粮食安全框架，从粮食产量、粮食质量、粮食结构、粮食贸易、粮食生态五个维度，全面分析中国粮食安全的基本情况，进而采用熵权法对中国粮食安全整体水平进行系统评价，并分析了粮食安全区域差异及收敛性。进而，以广义农业为研究对象，构建了 AGTFP 的理论分析框架，拓展了 EBM 模型并结合 GML 指数设计 AGT-FP 的测度模型，分别从静态和动态视角对 AGTFP 合理衡量和分解，剖析其时空演变规律，揭示区域之间的差异和收敛性，并构建空间滞后模型、中介效应模型、调节效应模型并从多个层面探讨了粮食安全对农业绿色全要素生产率影响机制，进一步阐释了粮食安全对 AGTFP 收敛的影响机理，得出的主要结论有：

一 粮食安全呈现多样化特点

在粮食产量安全中，播种面积整体上呈现微幅增长，粮食总产量总体上保持了增长趋势，粮食生产效率不断提高。粮食产量是否稳定取决于粮食生产过程中的投入与产出变动关系。稳定增加的播种面积对粮食产量安全起到重要保障，农业机械化对劳动力产生了一定程度的替代作用，农业科技投入及良好的气候条件是促进粮食产量稳步提升的关键要素。粮食生产集中度呈稳步增加趋势。粮食质量安全问题需要关注粮食生产过程中可能产生的有害物质的情况。粮食结构呈现其鲜明的特征，粮食品种结构发生明显变化，谷物产量一直呈现良好的增长势头，豆类则呈现徘徊式下降趋势，薯类则呈现"M"形的较大幅度波动，粮食品质结构不断升级，区域性结构特征日渐突出，"南粮北运"逐渐演化为"北粮南运"的空间格局。粮食生产方式升级，逐渐呈现规模化、专业化、社会化的显著特征。粮食消费呈现出总量稳步增长、结构明显变化、品质不断提高、消费替代性越来越强等新变化。农产品贸易快速发展，推动粮食贸易高速跟进，粮食贸易规模不断提高，中国粮食贸易在2008年以后呈净进口状态，净进口总量在波动中呈现不断增长趋势，中国粮食出口竞争力处于比较劣势地位，粮食进口总量则因国内市场需求的拉动呈不断提升趋势。粮食品种贸易结构不均衡，时序波动性较大。大豆是主要进口粮食品种。粮食进口来源地集中化，出口市场相对分散化。粮食供给能力不均衡，部分品种对外依存度较高，小麦、玉米、稻谷的国内供应程度较高，可以满足消费需求，而大豆仍然是高度依赖进口的主粮。中国自然资源丰富，但人口数量较大，水资源日渐短缺，耕地数量明显约束，中国人均耕地面积仅为1.36亩/人，只为世界人均耕地面积的40%。耕地质量不容乐观，耕地过度开发、耕地不科学利用、耕地缺乏保护措施等导致耕地质量下降。农业特别是粮食"靠天吃饭"的局面尚没有得到根本性改观。中国粮食安全情况呈现了"快速上升—急剧下降—波动发展—稳步提升"四个阶段性的总体特征。粮食主销区的粮食安全指数一直处于最低水平并呈下降趋势，粮食主产区的粮食安全指数在波动中呈比较明显增长趋势，粮食平衡区的粮食安全指数变化比较平稳，区域之间的差异呈增大趋势。

二 粮食安全区域差异明显

从粮食安全区域差异及来源看，粮食主产区区内差异最大，粮食平衡区区内差异最小。

三个粮食功能区的区间差异呈明显的阶段性特征，在1997—2012年，粮食平衡区和粮食主销区的差异最大，粮食主产区和粮食平衡区的差异较小。在2013—2020年，粮食主产区与粮食平衡区之间的差异最大，而粮食平衡区与粮食主销区之间的差异则最小。三个粮食功能区间的粮食安全远未达到稳态。从差异的动态演进看，全国的粮食安全正朝着向稳向好的格局演进，终将不存在两极分化现象。从差异的收敛性看，中国粮食安全长期内不会呈现收敛，也没有显著的绝对收敛态势。中国粮食安全存在空间正相关性，空间邻近对要素流动、知识传播具有显著的推动作用。区域间粮食生产要素流动、制度环境等潜在因素对粮食安全的区域差距也起着重要的推动作用。从差异的驱动机理看，经济效益、农业产业结构调整、城镇化、农业政策、农业科技水平、禀赋条件、空间地理因素等对粮食安全区域差异的影响具有明显的异质性。

三 构建了 AGTFP 的理论分析框架及测算指标体系

在传统的农业 TFP 核算框架体系中充分考量资源、能源、环境约束变量，测算所得的全要素生产率为 AGTFP，其内涵为考虑资源、能源、环境约束的条件下，农业经济增长中剔除资本投入、劳动投入的贡献后所剩余的部分，衡量农业绿色增长的质量。农业生产系统比较复杂，既需要考虑水、电等资源、能源的约束，也需要考虑污染对环境造成的危害。把水资源和电能源作为投入，农业面源污染和碳排放都作为非期望产出，结合传统的劳动投入、资本投入、土地投入及农业总产值作为期望产出，充分把"资源—能源—环境—经济"纳入一个核算框架，构建了 AGTFP 测算指标体系，完善了 AGTFP 理论体系。

四 改进了 EBM 模型并与 GML 模型结合作为 AGTFP 测度模型

静态和动态结合分别测算中国 AGTFP 进而分析其时空分异格局。①EBM 模型能在一定程度上弥补传统 DEA 模型和 SBM 模型的不足，在 EBM 模型的基础上拓展为包含非期望产出的 EBM 模型，并充分考虑了所有投入要素和产出要素的重要程度差异，把熵权法融入 EBM 模型，改进了 EBM 模型，用于测算静态的 AGTFP，更为精准地衡量中国

AGTFP 静态水平。②纳入资源环境因素后的 AGTFP 水平明显低于不考虑资源环境因素的 ATFP。绿色技术进步对 AGTFP 的提拉作用受到资源和环境的制约。中国 AGTFP 增长依赖于绿色技术进步的"单轮驱动"。③AGTFP 整体水平不高。离生产前沿距离较远,依赖于 AGTFP 实现农业绿色集约增长的动力不足。AGTFP 的增长驱动源泉来自于绿色前沿技术进步的拉动。中国农业经济增长仍然是靠要素拉动的粗放式增长。④AGTFP 空间分异情况看,粮食主产区、主销区、平衡区 AGTFP 差异明显,三大粮食功能区的 AGTFP 波动状态明显,又以粮食主产区的波动情况最为剧烈,呈大"锯齿形"波动。主销区和平衡区的波动形态基本一致。三个粮食功能区的 AGTFP 增长的动力是 GTC,属于绿色技术增长模式。14 个省份的 AGTFP 在全国平均水平之上,但没有达到生产前沿面,共 14 个省份的 AGTFP 在全国平均水平之下,占比达到 45.16%,整体状况不容乐观。资源和能源过度投入和非期望产出过度是 AGTFP 不高的根本原因。31 个省份的投入和产出冗余差异较大,因此效率改进需要根据不同省域情况针对性采取相应措施,不能"一刀切"。制约 AGTFP 增长的关键在于绿色技术效率的下降,而绿色技术效率下降的根本原因是绿色规模效率和绿色纯技术效率的阻滞。

五 粮食安全可以直接和间接影响 AGTFP 并具有区域异质性

粮食安全既可以显著地直接推动农业绿色全要素生产率提升,也具有显著的正向空间溢出效应。粮食安全对农业绿色全要素生产率的作用主要通过三条中介渠道影响农业绿色全要素生产率。第一,粮食安全通过农村劳动力流动、农业机械动力等要素的配置促进农业绿色全要素生产率提升。第二,粮食安全通过专业化程度作用于农业绿色全要素生产率。第三,粮食安全通过污染程度影响农业绿色全要素生产率。经营规模在农村劳动力流动、农业机械动力、专业化程度、污染程度对农业绿色全要素的作用中都起到了显著的调节作用。不同粮食功能区粮食安全对农业绿色全要素生产率的影响程度和方向上存在一定差异,在粮食主产区和粮食平衡区,粮食安全对农业绿色全要素生产率具有积极的推动作用,而在粮食主销区,其作用方向相反。粮食安全对农业绿色全要素生产率的影响机制也呈现明显的区域差异。

六 从时间和空间两个维度剖析了粮食安全对 AGTFP 收敛性的影响

AGTFP 和 AGTFP 累积增长率均有显著的正向空间相关性，具有"局域俱乐部"集聚的属性，存在"高—高"集聚或"低—低"集聚的明显空间依赖性，在收敛性分析需考虑空间地理因素。时间趋势收敛检验从绝对 σ、绝对 β 和条件 β 展开：绝对 σ 收敛性分析结果表明，中国 AGTFP 及 AGTFP 的累积增长率长期内不会出现绝对 σ 收敛。绝对 β 收敛分析表明，省际和地区的差距并不会自动消失达到均衡状态。条件 β 收敛分析表明中国 AGTFP 和 AGTFP 增长率整体上存在显著性条件 β 收敛状态，而且三大粮食功能区也存在显著的条件 β 收敛状态，实现区域间和省际 AGTFP 和 AGTFP 增长率的协调共进，需要对各省及各区域的稳态水平施加影响，才能真正实现区域农业协调发展。进一步，构建动态空间绝对 β 和条件 β 收敛模型检验 AGTFP 区域差异的空间收敛态势，动态空间绝对 β 收敛分析表明，β 系数相较静态面板绝对 β 收敛模型检验结果发生了符号和大小程度的变化，说明若不考虑农业生产要素的流动等潜在因素的循环累积效应，难以真实刻画 AGTFP 区域间差异的收敛状态。三大粮食功能区也具有俱乐部收敛特征。粮食安全可以成为推动农业绿色全要素生产率区域收敛与缩小区域差距的"加速器"，很大程度上可以促进粮食安全与农业绿色全要素生产率的区域协调发展。

第二节 政策建议

一 多渠道并进推动粮食安全提高农业绿色全要素生产率

第一，优化要素投入结构。通过合理的制度设计、促要素流动的政策设计及城市反哺农村等多种方式推动要素投入结构的优化和调整。第二，提高农业专业化生产程度。鼓励通过土地流转、农业生产托管等方式加大农业生产专业化程度，鼓励小农户通过托管等多种服务外包方式加入农业专业化分工环节，提高农业生产效率。第三，降低污染程度。既要发挥政府在化肥、农药减量提效治理中的引导作用，大力推动生态农业、绿色农业发展，提高对农业环保投入力度，对农业污染排放适当征收污染税。也要激发农业经营者的内生动力，鼓励绿色化、生态化生产方式。第四，倡导适度规模经营。进一步完善农村土地流转市场，进一步推动农地产权、经营权、所有权分离，继续完善相应的配套保障性政策，引导多样化的规模经营模式，同时，也要避免农地过度化的集中，避免因过度集中导致的要素配置扭曲而导致农业绿色全要素生产率降低。

二　既要发挥空间溢出效应又要因地制宜推行粮食安全措施

第一，注重空间溢出效应。因地区间农业生产难以孤立进行，因此关注本地粮食安全的同时，需要与邻近地区建立粮食生产合作机制，建立区域间联防联控的化肥农药减量提效机制。第二，因地制宜设计政策体系。要根据区域的异质性，因地制宜建立与区域禀赋条件相吻合的政策体系，对粮食主产区，推进粮食安全战略同时，优化农村劳动力流动、农业机械动力等要素配置效率，推进粮食等农作物的专业化生产，降低污染程度，推进土地适度规模经营，才能全方位提高农业绿色全要素生产率。对粮食主销区，积极推动粮食安全战略，推动粮食产量、质量、结构安全升级，带动农业经济增长，推进农业绿色全要素生产率提升。对粮食平衡区，一方面，大力提高农业机械化利用率。可以制定支持性政策，鼓励小农户联户经营、联耕联种、合建合伙农场等多种形式的规模化经营模式，激励种植大户、种植企业、农业合作社等新型经营主体适度进行土地流转，推进土地适度规模经营。大力推进高标准农田建设，推进适合农机耕作的机耕道建设，提升农机作业水平。另一方面，通过土地适度规模经营，推进专业化程度，促进粮食等农作物集聚化生产，实现规模经济效益，带动农业生产效率提升，进而提高农业绿色全要素生产率。

三　推动农业绿色技术进步与绿色技术效率"双轮"驱动

从第五章 Malmquist 指数分解结果可以看出，中国 AGTFP 的增长源泉在于前沿技术进步的单轮驱动，绿色技术效率的作用乏力，转变农业传统的生产方式，前沿技术进步和技术效率"双轮"发力。

一方面，绿色前沿技术进步需进行农业生产技术的革新，引入环境友好型技术、低能耗技术、循环型技术等，着眼于改善农业生产的投入要素中技术结合形式和单纯的技术问题，加大农业绿色 R&D 投入力度、农业良种投入力度、绿色肥料等投入力度。具体地，把控关键投入资源使用量，推进资源循环高效利用。（1）投入环节促进化肥、农药减量和高效利用。自 2015 年农业部《化肥、农药使用量零增长行动方案》实施以来，中国化肥和农药使用量均呈明显下降趋势，但与国际安全标准尚有较大距离，因此，需要进一步因地制宜推进农药化肥减量化工程，逐渐用有机肥替代化肥，在缓释肥、生物肥等绿色、高效、环保型肥料的研发投入方面加大力度，促进绿色、生态型肥料研发投产。生物、化学、医药等跨学科、跨领域技术协同，形成联防联控的协同效应，强化减"肥"减"药"的技术支撑强度。（2）生产过程中加大农业固体废弃物资源化循环再利用力度。农业生产过程中会产生农膜、秸秆、根茎、畜禽粪便等固体废弃物，这些固体废弃物的无害化处理和资源化再利用对农业绿色前沿技术进步具有促进作用。对此，农业部已从 2017 年开始推行五大绿色行动，基于此战略机遇，需进一步深化提高废弃物再利用程度。如在农膜方面，逐步停止厚度不到 0.008 mm 的农用膜生产，取而代之以超过 0.01 mm、耐候期更长的农膜。构建多主体参与、责任主体明确的立体化农膜回收体系，并给予财政资金支持。在秸秆方面，开发秸秆饲料化、肥料化、能源化、艺术化等多种用途。在作物根茎方面，开放新技术、新设备促进作物根茎饲料化、能源化使用。在禽畜粪便方面，推进干湿分离或沼气转化等资源化利用方式，尽可能减少环境污染程度，提高资源化利用程度。（3）构建全产业链绿色循环体系。基于能量循环模式，整合种植业、畜牧业、养殖业、林业、渔业及旅游业、休闲业等新型业态，构建资源循环利用、产业有机整合、废弃物高效回收的绿色循环产业链，促进资源、能源高效利用。同时，根据区域异质性禀赋条件，着力培育比较优势突出的重点产业、重点产品、重点项目，注重产业间的协同作用，构建因地制宜的农业复合型、绿色化发展的产业体系，并避免区域间的同质化，促成区域间梯度发展、差异化明显的农业绿色发展业态。（4）发挥示范工程的引领作用。农业绿色前沿技术的推广使用需要农户认同和适当引导。第一，加大测土配方施肥、土壤肥力改善、水资源高效利用、禽畜污染治理等系列示范工程建设的量和覆盖面，充分发挥其示范效应。重点放在源头上对环境保护、资源利用起促进和改善作用的工程上。在示范性工程的实施中全过程监管，确保示范性工程的示范效果，多工程协同和多区域协同综合治理，避免农林、环保等各自为政。第二，构建多层次、多元化的示范性工程。中国虽然已经搭建了一系列的示范工程，但普遍存在资本导向，示范工程主体的初衷是为了获得项目补贴，难以发挥示范引领作用，也存在众多示范工程难以协同的局面，因此，可以适当借鉴国际经验，统筹设计，突出重点，多样化推进示范性工程的项目，鼓励多元化主体参与，家庭农场、合作社、代表性农户等发挥带头作用，并选择优势突出的区域如浙江、海南、广东等代表性区域，总结推广绿色发展经验，扩大示范效应。

另一方面，绿色技术效率提高需要破除绿色前沿技术应用的障碍，既包括机制、制度环境、农业技术推广等配套，也包括农业生产主体采用绿色技术的能动性和主动性。

机制方面，创新土地流转模式。农业生产对土地具有不可分割的依赖作用，规模经营是实现农业绿色技术效率提升的前提。因此，全方位落实土地"三权分置"制度是盘活土地流转的重要保障。需要结合不同地区的实际情况，在产权交易服务体系、激励体系、产业扶植体系、有偿退出机制等方面不断完善。一是培育土地产权交易平台组织和中介组织。基于信息技术搭建土地经营权流转交易、管理、信息平台，配套资格鉴定、土地评估、动态登记等服务功能，提供资质审核、经营状况考核等评估活动，为政府、金融机构、经营主体搭建桥梁。健全中介组织机能，进行职业道德教育，发挥中介组织在土地流转中的信息纽带的作用，提供信托、融资、培训等多样化的服务。二是优化土地融资保障机制。在抵押融资方面，可以根据经营主体及土地经营情况分类管理，对新型经营主体如家庭农场、合作社、新农人等根据其经营土地的优良等级适度放宽贷款条件。放宽土地金融服务机构准入条件，拓宽农业土地金融服务内容，尝试土地产权质押、租赁等新型金融服务，尝试构建政策性、商业性、合作性等不同性质的土地金融机构，促成类型多样、职能互补的多样化土地金融体系。在风险分担机制方面，构建政府和社会共同参与的风险分担体系。政府层面，不同行政等级财政按一定比例出资成立土地金融风险专项补偿基金。社会层面，鼓励商业性融资担保机构加入，尝试由政府出资，商业性融资担保公司管理的土地产权融资担保体系。扩大农业灾害保险覆盖面和补偿比例，进一步优化灾害风险分担机制。

制度环境方面，构建完善的制度体系。第五章提到的财政支农、价格机制等对 AGTFP 具有积极的影响，完善的制度体系是促进农业绿色技术效率提高的基本保障。一是调整财政支农的方向。生产源头上，由化肥、农药等石化资源的支持转向绿色资源（生物肥料、缓释肥、绿色农药）的支持，适度增加回收厚度较高的农膜补贴，从源头上把控，减少对环境污染、对能源消耗。改变农机具补贴方向，对节能型、环保型、高效型农机装备提高补贴比例。消费终端上，对绿色农产品、生态型食品提高支持力度，比如在绿色食品认证、绿色消费、经营转换期等加大补贴力度。二是变革价格、奖惩、考核机制，引导农业绿色化发展。价格机制方面，尝试构建资源环境定价机制。长期以来，中国资源性产品价格偏离其实际价值较远，造成"价格扭曲"，促成决策偏离。因此，构建的资源环境定价机制需能有效反映资源供需关系、环境损耗成本及修复成本。以水资源为例，构建的水资源环境定价机制需要能反映水资源稀缺程度、供水成本、区域差异，根据各地情况施行阶梯定价机制，提高水资源利用成本，优化水资源利用效率。另外，通过阶梯式税收等方式提高石化资源的使用成本，并内化到市场价格中，引导经营主体加大绿色、环保型资源投入。奖惩机制方面，构建系统的农业生态补偿和环境污染责任认定和惩罚机制，因势利导，激发农业经营主体寻求绿色、集约型生产方式的内在动力。生态补偿面广、范围大，根据各地情况，选择优势项目提高生态补偿力度，如秸秆利用、绿色药肥、畜禽等作物废弃物再利用。强化责任认定制度，把农业绿色发展、环境保护等纳入党政负责人的考核项目，并层级细化，责任到人，提高污染排放惩罚力度，强化绿色发展理念。在考核机制方面，根据《绿色发展指标体系》等国家考核评价指标调整，把农业绿色效率提升内化到各级地方政府考核机制中，并注重突出区域差异，构建不同区域、省域的农业绿色技术效率提升的评价体系，并加强责任审计和全过程监督，以考核机制形成引导，促使农业绿色效率提升成为人人有责的常态化行为。

完善农业技术网络化推广体系。第一，供需对接。农业绿色技术效率没有成为 AGTFP 提升的驱动源泉的重要原因之一是绿色技术供给与绿色技术需求之间存在信息不对称、能力不对称、认知不对称等制约绿色技术使用和推广的问题。第二，从绿色技术供给来说，我国绿色生产技术相当一大部分尚处于实验水平，为数不多的绿色生产技术也远未达到产业化推广的程度，绿色技术供给乏力。第三，从绿色技术需求来说，绿色生产技术相较于农药化肥、农机技术、生物良种技术等传统生产技术，投入成本较高、投资回报慢、经济效益不明显，外加农业经营主体长期以来形成的对传统生产技术的路径依赖、环境保护意识薄弱、绿色生产技术重视程度不够等观念性问题，导致绿色生产技术有效需求较低，而有效需求的强度与绿色技术扩散程度具有较高程度的正相关关系，因此，绿色生产技术推广程度差强人意。有效拉动绿色生产技术供需同步提升，供需有效对接是实现绿色生产技术快速推广的关键。为此，需要充分发挥政府的主导作用，一方面，政府提高在绿色生产技术方面的研发投入，提供配套科研基础设施，完善成果转换，激励科研机构提高绿色技术供给。另一方面，构建绿色技术扩散的有效反馈机制，了解各类农业经营主体对绿色技术采纳意愿及影响机制，激发农业经营主体对绿色技术使用的内在需求，并引导形成有效需求，对接有效供给，形成绿色技术供需有机耦合的良性循环。（1）绿色技术研发者实地调查。一方面通过现场访谈等形式了解农业经营主体的偏好，另一方面从专业视角对所在地区的地质条件、产业结构等调查了解绿色生产技术的适用性。根据收集信息对二者匹配，找准契合点，以此作为绿色生产技术开发的前提条件，做到针对需求提供技术供给，实现供需匹配。（2）针对农业经营主体开展多种形式的宣传活动。在宣传活动中注意的是：一是宣传内容要贴合实际情况，避免言过其实，着重体现绿色生产技术的有效特征及可带来的预期收益。二是宣传渠道多样化。农业经营主体多元，经营类型多样，由于领悟能力的差异，需要宣传时能针对性地宣传，公开宣讲、网络渠道、面对面讲解等多种渠道并行铺设，针对全员展开宣传，保证全员对绿色生产技术都有明确的认知和了解。（3）开展多种形式的技能培训。农业绿色生产技术的种类多样化，包括生物肥料、节能农机具、良种良药等等，相较传统的农业生产技术有很大的差异，对各类农业经营主体都有较高的要求。虽然各类农业经营主体都具有丰富的务农经验，但在绿色生产技术的认知和应用方面还难以熟练驾驭，因此，需要开展多种形式的技能培训，鼓励科技特派员、专业技术人员等到田间地头现场培训，既可以当面辅导，又可以解答使用中的问题，还可以收集反馈信息为进一步优化绿色生产技术收集一手资料。（4）培育多样化的农业绿色技术推广机构。农业绿色技术推广是一项涉及多层面、多部门、多环节、多领域的复杂的系统工程，需要多部门联动。而且，绿色技术推广体系的完善程度对绿色技术进步的程度起着决定性作用，对农业绿色发展起着决定性作用。因此，多样化的绿色推广机构需要有机整合。首先，明确政府的主体地位。因农业生产环境具有公共物品属性，因此，政府在农业绿色技术扩散中需要发挥主导作用，有效整合各层级特别是基层在绿色技术推广中的作用，牵线地缘结构相似区域的农业研发和推广机构促成有机衔接。其次，挖掘市场力量。一是调动农业企业的积极性，资金、政策等工具激励农业企业使用、推广绿色生产技术，并充分发挥其示范作用。二是重视多种形式的中介机构的力量，如农业协会、合作社等，它们在绿色技术、新品种、新材料、新方法使用方面具有更高的市场敏锐度，可以依赖它们，搭载绿色技术推广和农业经济主体间的桥梁，形成引导作用。按照专业化标准、市场化导向，培育产、学、研、教、用并存的多样化农业中介组织，开展全方位的农业技术推广服务。三是发挥示范效应。政府通过激励性政策工具培育农业绿色技术使用示范区、示范村，通过经济效益、生态效益、社会效益等实际效益为引导，借力农业科技特派员等扩大农业绿色技术（如节水、配方施肥等）培训与扩散范围，促成溢出效应。四是善用经济杠杆，打破农业经营主体对绿色生产技术的高风险认知和对传统生产技术路径依赖，激发农业经营主体采纳绿色生产技术的内在动力，塑造一种农业经营主体在可依赖的环境中通过模仿和学习使用绿色生产技术，并不断推广、扩散。

四　挖掘农业绿色全要素生产率增长的新动能

基于农业传统要素后劲不足、现代生产要素潜力挖掘不足、资源环境约束明显的典型事实，从要素、创新、结构、环境等方面深度挖掘潜力，促进 AGTFP 增长。

（一）要素挖潜

一方面，提高农村人力资本累积水平。从第五章影响因素萃取结果可以看出农村人力资本不管对哪个地区的 AGTFP 都具有显著影响，也是第六章中路径组态的关键条件，以教育累积形成的农村人力资本对要素禀赋与农业绿色技术选择间的动态匹配具有"黏合"作用。另一方面，提高农村人力资本累积水平，可以提高绿色期望产出，降低能耗，减少污染，提高 AGTFP 水平。具体地：第一，在优化农村教育结构，保障义务教育的基础上，着力增加职业教育，深化技术培训。在城乡义务教育中均衡师资、资金、设施投入，破除城乡"二元"制，缩小城、镇、村差距。针对普通教育比例较高，职业教育不足的现实情况，大力发展农业职业教育，培养知识武装的职业农民，培养农民的职业素养，提高新型农机装备和技术使用技能的同时，更新观念，注重资源节约、环境保护，高效配置生产资源，提高绿色生产效率。深化绿色生产技术培训，优选、重点培养农业技术应用与推广技术人员，促进老年户"传、帮、带"和青年户"新技术、新知识、新方法"充分融合。激励农业类高校参与农业培训，设置培训点或通过专业教师和学生进村、进田提供培训或技术指导。第二，注重农村人力资本异质性与区域差异性的结合。农村人力资本具有异质性，而且异质性人力资本对农业生产效率的作用差别较大。因此，有必要构建区域差异化的农村人力资本累积策略。如在资金投入上以不同类人力资本为导向，引导初等人力资本向中、高等人力资本转化，倚重中等人力资本，培育高等人力资本。东部地区发挥示范作用，中、西部从初等教育普及开始，梯度式逐渐缩小与东部农村人力资本的差距，全国范围内充分发挥农村人力资本对 AGTFP 的提升效应。第三，从高等涉农类院校入手，增设农业专业设置，增加农业类专业招生规模，鼓励到农业就业，储备高层次农村人力资本。另外，提高土地利用效率。①严防农业土地流转"非农化""非粮化"。为提高土地利用效率，鼓励作为农业生产要素的土地自由流转，这也是土地要素市场化运作的必然趋势，但是为了 AGTFP 增长，需要防止农业用土地向"非农化""非粮化"流转。为此，需要充分发挥政府的正确引导作用，据中国农村土地流转现状调查，一些地方政府在土地流转运作过程中存在错位、越位、缺位等不良现象。一是看重土地流转的经济利益忽视生态效益，重视企业和开发商等土地接盘机构忽视农民和农村劳动力的利益，在土地流转中产生"错位"。二是盲目把土地流转规模作为政绩单，为政绩而进行土地流转，存在过度干涉土地流转过程的"越位"现象。三是忽视或者视而不见在土地流转中的"非农化""非粮化"现象，注重经济利益，忽视履行服务职能，在土地流转过程中存在"缺位"现象。为了规避这些现象，需要健全的土地流转制度作为支撑和依据，把土地流转的相关规则、流程、内容、标准等形成体系，最好能上升到法律或法规层面，对土地流转提供指南和方向。再者，构建完善的监管机制，明确监管主体、监管职责、监管标准及奖惩标准等，切实发挥监管的作用。对未进入土地流转程序的土地流转起到警示作用，严防土地"非农化""非粮化""逐利化"流转。对已经进入土地流转程序的土地流转施行严格的惩罚措施，切实发挥制度和监管机制的规范和约束作用，提高农业用土地的存量，提高 AGTFP 水平。

②推行农业土地绿色补贴。目前中国推行的农业补贴采用的是"补贴随户走"而不是"补贴随地走"的方式，导致农业补贴与土地用途脱钩，农业补贴的受益者很有可能不是农业生产者，农业土地流转中对土地用途难以有效保障，土地流转后很大比例都更改了土地用途，比如，本是用于粮食生产的土地变为用于经济作物或畜牧养殖、水产养殖等所用，一定程度上可以认为是土地补贴政策强化了农业土地流转的非绿趋向。为了克服这个难题，需要政府完善土地补贴政策，为了 AGTFP 的增长可以试行土地绿色补贴政策。土地绿色补贴政策相较于以往的土地补贴政策，既考虑农户等经营主体的经济利益，又兼顾农业发展带来的生态效益，把农业补贴与土地用途挂钩，把农业补贴与农业生产方式结合起来。而且政府或其他提供补贴机构在提供补贴资金后，在补贴资金使用过程中需强化监督和控制，对于违背绿色承诺、土地承诺的农户或其他农业经营主体及时撤回补贴，并建立绿色信用档案，作为以后申请补贴的参照，最大限度地发挥土地绿色补贴政策既可以调动农户参与农业生产的积极性，降低农业生产成本，提高农户收入，又可以保护土地的生态效益等多重效益，提高土地的绿化、粮化程度，赋能农业绿色生产方式，提高 AGTFP 水平。

(二) 创新赋能

一方面，从农业科技投入和农业科技产出两端发力。科技投入是创新的基础，从前文结论中知农业科技投入是 AGTFP 增长路径中不可或缺的因素，但不同区域科技投入力度有所差异，而且影响系数也并不高，因此，需要优化均衡科技资源投入。农业科技投入和科技产出之间均衡程度并不高，从农业科技投入角度，中国农业科技投入由政府主导，行政色彩较浓，低水平重复以及绿色技术重视程度不够等问题严重。农业科技产出角度，科技成果与农业生产脱节，转化率较低。从农业科技投入角度，政府提高农业科研资金等资源投入比例，特别是绿色技术相关的科研投入，同时适度增加对农业企业等创新主体的科技资源支持，资金、财税、知识产权保护等方面运用财政和政策工具予以支持，激发农业企业创新活力。同时，合理配置传统农业与绿色农业、循环农业等农业绿色增长业态的比例，可以适度政策倾斜，形成绿色创新的导引。从农业科技产出的角度，有效促进科技成果转化，特别是绿色科技成果转化是创新赋能的关键。农业科技成果转换率较低根源于：科技与产业"两张皮"；供需信息不对称；农业推广不到位。建立平台化农技推广、成果转化体系和完善知识产权保护相关法制体系建设对农业科技成果有效转化具有推动作用。农技推广主体尽可能多样化，农户和新兴的农业经营主体如家庭农场、农业企业、农业专业合作组织等广泛参与，公益型、事业型与商业型组合构架网络化农技推广组织体系。同时，科技推广平台与成果转化平台有效衔接，并搭载"互联网+"，融合物联网、云端、GIS 等技术，形成 O2O 联动，构建农业科技成果转化平台，提高农技推广精准服务效率。通过科技推广组织，深度进行农业科技推广和引导，助力农户和各种经营主体合理投入药、肥、膜等资源，还可以通过多样化的培训，改变农业生产习惯，增强环保意识，掌握绿色生产技术，自觉降低能源、资源消耗和环境污染。另一方面，尝试区域间优势互补构建区域农业科技协同创新机制。①制订完善的科技计划，培育稳固的协同创新的产业基础。通过制订科技计划，明确区域农业科技协同创新的方向、领域、技术及产业，在利于 AGTFP 提升的相关技术如耕地保护技术、生态修复技术、劳动集约型技术、精准施肥技术、重大病虫害防治技术等领域能破局（郭海红，2020），避免重复开发、盲目开发，形成区域优势突出、分工协作、优势互补的区域农业科技协同创新产业基础，比如东部地区应该推行规模生产技术，主攻农业和渔业；对西部地区着力发展农牧结合技术等。②培育新型农业经营主体，搭建农业科技协同创新战略联盟。一方面，在农村聚集优势教育资源，完善农村教育体系，设立新型农业经营主体课堂，并聘请专家和专业技术人员以理论讲解和实地指导的方式定期进行技术、技能培训，还可以构建农业技能培训平台，综合进行技能培训、职业培训等。通过立法明确合作社、家庭农场或产业化企业等新型农业经营主体的法律地位及权益，并予以政策扶持，为农业新型经营主体创造优良的发展环境，并借助知识技能培训、品牌塑造、产业集群等方式拓展新型农业经营主体的发展空间。二是基于区域的地质条件、资源条件、气候条件等开发农业自我发展能力和修缮农业发展环境等共性的关键技术，基于差异性构建区域农业科技协同创新联盟，创设共同愿景，打造"命运共同体"。③提升农业科技创新基础设施的支撑能力。一是设立区域农业科技协同创新的专门管理机构。基于战略与组织的协同，在东部、中部、西部分别构建农业科技协同创新的专设机构，负责统筹、协调、制定协同创新相关规范和要求，并提供配套的制度和法规保障。二是根据各区域的经济发展水平、农业基础设施情况、资源条件，针对性地修缮基础设施，为农业科技协同创新提供坚实的物质保障。三是依托各区域农业院校设立区域农业科技协同创新中心，为农业科技协同创新提供组织保障。四是构建农业科技信息服务平台，充分嫁接互联网大数据技术，设立覆盖"省、市、县、镇（乡）、村"的立体化科技信息服务平台，高效对接农业技术与生产需求。④打造区域农业科技协同创新增长极。一是各个区域在区域内具有影响力的农产品基地的基础上，实现大联合、大创新、大协作，促进人才、技术、知识、资本等高端科技创新要素向优势基地集聚，并充分结合各地某个领域的农业产业优势，培育区域农业科技创新的增长极。二是充分发挥地域农产品品牌的影响力，加强与国际范围内具有可比性的农产品所在的区域的合作，如西部地区，新疆水果、云南中药材、甘肃的沙地香瓜等具有较强的国际影响力，可以密切与中亚及阿拉伯国家合作构建国际性的农业科技协同创新，也可以与发达国家增强创新协同体系中各主体间的互通互联，提高区域农业科技协同创新的高度。⑤充分发挥政府和市场两只手的作用。一是政府方面，重构政绩考核评价体系。把农业科技协同创新水平作为政绩考核的重要指标并予以制度化，激发各级政府寻求农业科技协同创新的动力。激活农业科技协同创新的政策，比如财政、金融、税收、教育政策等，对农业科技协同创新提供政策保障，激发农业科技协同创新微观主体的活力。完善农业科技投融资机制，由各级政府设立农业科技协同创新专项资金，并保证每年度一定比例的增长，为农业科技协同创新提供资金支持。构建政府采购制度，鼓励各级政府优先采购农业科技协同创新的产出成果，并以法律或法规形式予以明确各级政府的采购比例、财政专项支持资金额度等，以降低农业科技协同创新的市场风险。二是市场方面，引入市场资本，根据市场需求确立区域协同创新的主导产业和主导产品基础，推进区域化布局，推行规模化生产，开展专业化合作，引入企业化管理，拓展社会化服务，促成种养结合、产销结合、农工贸结合、农工商结合、农科教研结合的协同创新机制，实现区域农业科技协同创新赋能 AGTFP 增长。

（三）结构助力

绿化农业产业结构，增加农业附加价值。第五章实证结论表明农业产业结构在全国以及典型区域显著性程度都较高，具有典型数值特征，在第六章路径拟合中农业产业结构调整也是核心组态要素之一，但在不同经济区域和粮食功能区作用程度有一定差异。根据产业结构优化理论，产业结构优化是指通过产业结构调整推进产业结构高级化、低碳化，以满足不断增长的物质需求的过程。所以，农业产业结构短期内需要充分根据市场需求变化调整，长期内需要从布局结构优化、产品结构优化、产业链结构优化展开。从短期看，构建完善的市场监管体系，搭建市场信息平台，提供即时的农业市场信息。由政府构建即时监控系统，通过监控系统即时了解市场供需状态，通过市场信息平台或者网络推送、专门设计的 APP 或开设微信直推功能把各种农产品的即时成交量和成交价格快速反馈给农户等农业经营主体。一方面，可以改变农户等农业经营主体在做生产决策时仅根据年度情况进行模糊决策或经验决策的时滞，实现农业产业结构能根据市场供需状况而动态调整。另一方面，可以通过这些平台或工具快速地、精准地向农户等农业经营主体宣传或科普农业科技、农业环境保护、农业绿色生产等 AGTFP 相关知识，实现农业科技教育和培训的及时化，减少盲区。在农业产业结构调整的基础上界定绿化产业结构，农业产业结构调整以绿色为目标，追求资源、能源消耗降低，污染减少，产出提升。因此，从长期看，绿化产业结构首先需要优化区域农业产业结构，因地制宜，根据所在地的区位条件、资源条件、自然条件以及当地农产品规模和特点做好农业产业规划布局，突出地域特色。其次，绿化农产品品种结构，兼顾品种结构和品质结构的调整，自主研发或对外引进精良品种，做好区域性或品质性农产品的品牌化建设，淘汰劣质品种，着力开发和保护优质品种，加大绿色、无公害产品的生产和保护，倡导品牌化意识，提高农产品附加价值，提高绿色农产品的认知度和市场接受度，引致农业产业结构绿色化调整。再者，绿化农业产业链条。从产业链的纵向层面向前、向后的延伸，在横向层面向边界外拓展。农业产业边界内纵向延伸，推进种养结合、生态循环畜牧业、农林牧复合等生态型、循环型、低碳型农业发展模式，并形成区域比较优势，如平原地区农林牧复合模式、草地地区牧养结合模式等。农业产业向边界外围拓展，在已有的"农业+旅游业""农业+休闲服务业"等成熟的产业融合模式的基础上，探索产业融合的新模式。最后，发展科技型、高效型农业生产模式。一是可以发展科技型农业，科技型农业是充分利用现代农业技术手段、物联网技术、现代农业基础设施等对传统农业升级改造，如节水灌溉农业、无土栽培农业等，不但可以降低农药、化肥等使用量，也可以节约水、土地等资源投入，还可以提高农产品品质，提高中国对粮食安全的保障程度。在农业中引入高新技术发展科技型农业，在降低能耗、减少环境污染、保护环境的基础上对农业产业结构合理配置，也是绿化农业产业结构的典型方式，值得大范围开发和推广。二是可以推行高效农业，提高农业资源利用率。由于水资源、土地资源的紧缺对农业可持续发展形成很大约束，而高效农业是在有限的空间范围内，开展多样化的农业生产模式，在有限的空间内实现多种物质的循环利用，可以实现种植、养殖、畜牧、渔业的交叉协调发展，其中，复合农业、立体化农业、休闲农业、休闲渔业、生态观光农业等都是高效农业的典型模式。通过高效农业模式，可以充分发挥有限的资源及不同农业生产方式间的耦合协同充分发挥有效资源的作用，最大限度地提高资源利用效率，在有限的空间范围内实现各种物质的循环利用，又可以提高物质的利用率，还可以减少废弃物的排除率，提高环境的保护程度，是绿化农业产业结构的可行路径。还可以通过土地规模经营、绿色补贴、政策扶持等多重激励，促动农户等农业经营主体开展高效生态型农业，既保护农业生产环境，又提高农业经济增长，实现结构赋能 AGTFP 增长。

（四）环境扩容

建立"前源控制—过程控制—末端控制"动态农业资源环境监控体系。首先，从农业环境污染产生的源头做好引导和预警，配套建立完善的农业资源环境相关法律体系。长期以来"唯数量"观念和农业资源环境相关法律、标准缺位造成农业环境保护制度边缘化，致使农业生产环境承载力超负荷。第一，推行循环生产、生态生产等绿色生产模式，引导农业生产者适度降低化肥、农药等使用量，这需要观念引导和政策性工具辅助。可行的政策性工具包括命令控制型工具（法律法规限制或鼓励的方式）、经济激励型工具（退耕还林、还草补偿、种养结合补偿等）、环境保护激励（税收优惠、技术支持、融资优惠等）、科技激励（农业环保技术、农业污染治理技术开发与推广）、产权控制型（政府参与农地发展权直接购买等方式）等。第二，完善配套法律体系、标准体系、规划体系，有效协同政策的顶层设计。农业相关资源环境法律体系相较工业更为落后、薄弱。现行的宏观环境和微观环境管理的法律制度有十几种，大部分是针对工业点源污染设计的，农业污染是面源污染，具有来源综合性、影响广泛性、处理复杂性等特点，因此，现行的宏观环境保护的相关法律大多不适合农业。环保法律体系不完善导致无法可依，农业环境保护形同虚设。此外，明确的、指导性的可操作标准模糊，世界范围内已有 50 多种污染物明确的环境标准，而中国对污染物的标准更多包含在法律法规中，虽然也有明示的标准，如《农田灌溉水质标准》《农药安全使用标准》等，但标准与实际生产过程脱节，缺少监控体系。因此，尽快完善农业环境保护相关法律法规体系，明确污染标准，科学运用多样化的政策工具从源头上把控污染源，是提高 AGTFP 的基础。此外，对电能源和水资源等，充分发挥价格机制的激励和引导作用，实现电、水等能源和资源高效利用。

在法律法规建设方面，一是修订已有的农业相关法律，如《农业法》《食品安全法》等，在其中增补农业绿色发展要素，在投入要素、耕地保护、水资源利用、生态环境保护等方面明确列示法规要求。虽然相关法律也曾多次修订和修改，如 2012 年修改的《农业法》，在其中，对化肥、农药、农膜使用做出了明确规定，对自然资源、可再生资源、清洁能源等有效利用做了具体要求，但是要求相对宽泛和笼统，约束力不高，因此，在相关法律修订和修改中尤其需要明确约束范围和约束程度，增强约束力。二是新增农业绿色发展相关法律法规。党的十八大以来，中国力促绿色发展，有必要根据发展现实尝试构建绿色发展法规或条例，如《农业绿色发展条例》《农业绿色发展实施细则》等，并不断完善推出体系化的农业绿色发展法律条文，提高约束程度。

在标准体系方面，中国已有绿色食品、有机食品、无公害农产品等绿色农产品认证标准体系，但普遍侧重产后，产前和产中环节的标准较少，全产业链的配套标准体系匮乏，且离国际标准尚远，绿色生产技术标准匮乏，因此，需要明确农业绿色补偿范围，确立规范的绿色生产技术标准体系。产业细分并明确各产业领域的绿色补偿范围。种植业领域，测土配方施肥、秸秆利用、生物类病虫害防治技术采用、水土流失防治、污水综合处理等纳入到绿色补偿范围中，并确立测土配方施肥、秸秆利用标准、生物类病虫害防治技术标准等相关的明确的技术标准，构建完善的绿色生产指导体系。畜牧业领域，环保饲料技术开发与使用、生物有机肥料技术开发与使用、无公害处理废弃物技术开发与使用纳入绿色补偿范围，并设立明确的标准。农业资源、能源投入和利用领域，把节约水资源、节约地资源、节约劳动力资源、降低能源消耗、降低化肥使用量、降低农药使用量等节能环保型资源投入和使用纳入绿色补偿范围，另外，对开发生物资源和能源、开发新型绿色能源、开发污水处理技术、开发农业生产垃圾处理技术等新型绿色生产技术纳入绿色补偿范围，并提高补偿标准，鼓励农业绿色生产方式和绿色生产技术开发，提高 AGTFP 水平。除此之外，构建多层级、全产业链、纵横交错的农业绿色发展相关标准体系及配套标准体系，纵向涵盖生产资料供应、农业生产方式、生产方法、生产资源使用、生态环境保护等全产业链各环节，横向涵盖管理过程、生产过程、农产品标准等配套标准体系，推进农业绿色发展标准化水平，才可以真正促进 AGTFP 提升。

在规划计划方面，根据中国农业发展现实，不断出台与农业绿色发展相关的规划和计划，但关注的重点甚至名称都有较大差异，对实际指导作用难以有效发挥。有必要多规合一，统筹规划，对绿色、生态、循环、有机等不同模式统一顶层设计、协同规划，可以依托《全国农业可持续发展规划（2015—2030）》《全国绿色食品产业发展规划纲要（2016—2020）》等推出农业绿色发展的中长期规划，并对中长期规划按照 3—5 年分解，对中国农业绿色发展起到明确的指引，对提升 AGTFP 起到切实指导作用。

完善的制度体系的有效施行，需要顶层设计的支撑。农村基层治理结构和治理模式改革、财政资源有效配置、农村基础设施配套等方面都是顶层设计需要综合考量的，比如化肥、农药零增长计划，如果脱离基层治理支持，仅靠计划性措施，化肥和农药的使用量都难以精确统计，甚至可能诱使作假虚报，严重的可能会引发价格剧烈波动。

再者，强化生产过程控制，建立农业面源污染过程监测和评估体系。第一，构建农业面源污染数据共享平台。中国只在 2010 年 2 月公布过第一次污染普查数据，农业面源污染统计数据严重缺失，对农业环境污染的有效监测和资源环保政策的有效制定、实施形成恶性连锁反应。可以借鉴荷兰的无机物核算系统和总量平衡法等国外经验，根据中国区域性差异较大，农业涉猎范围广泛的特点，构建适合中国的农业能源、资源使用、面源污染实时动态监测体系，搭建污染数据共享平台，为资源环境政策制订提供依据。第二，构建"政府—经营主体—公众"共同参与的三元监管模式，公众是污染的受害者，更应是环境保护和污染治理的推动者，也是政策的监督者，农业企业、家庭农场、农户等经营主体是污染的制造者，充分发挥公众的力量直接监督经营主体，形成各类经营主体在环境保护和污染防治方面由被动到主动，弱化政府直接治理污染的力量，强化其调节公众与经营主体利益冲突的纽带作用。

最后，提高末端控制效果，深化"循环经济"模式。第一，政府职能改革与非政府组织协同治理。政府是末端治理的主体，因为面源污染的交叉性和广泛性，治理中存在不同的职能机构推诿和监控空白的盲区，政府职能结构需要有效协同治理，除此之外，充分挖掘环保协会等非政府组织的力量，搭建互动互联的沟通渠道，适度授予环境执法权力，提高非政府组织参与环境治理的积极性。第二，循环经济的核心是"减量化、资源化、再利用"，把它深化到农业中，对农业生产传统的"资源—产品—废弃物"运作方式重新设计，变革为"资源—产品—废弃物—再生资源—产品"循环模式，对资源的有效利用和重复利用、废弃物甚至污染物再生化提供了更广阔的空间，对"农业经济—资源—能源—环境"的有效协调提供了可鉴的途径。

五　因地制宜制定区域差异化 AGTFP 增长战略

从第五章 AGTFP 区域差异化分析结论可以看出，无论是 AGTFP 还是 AGTFP 累积增长率并不是空间随机分布的，存在"高—高""低—低"集聚的正相关现象，而且形成显著的区域分块的空间格局，空间相关关系呈不断增强趋势，但中国 AGTFP 省域间差异依然明显，离形成稳态尚有较远的差距。AGTFP 累积相对率不断提升，省域间分散程度提高，省域间差距呈扩大趋势，但 AGTFP 累积增长率多重均衡状态难以形成。AGTFP 流动性不高，中国 AGTFP 长期内难以实现跨界式转移，实现突破式提升难度较大。AGTFP 存在一定的效率集聚现象，维持现状的概率较高。因此，需要重视 AGTFP 的空间格局，因地制宜制定差异化的 AGTFP 增长战略。

识别短板，突出优势。突出粮食功能区的功能属性，适度集聚化生产。粮食主产区主要以粮食生产为主，但中国区域间地理条件、自然条件等禀赋条件差异明显，而粮食生产与区位禀赋条件直接相关，因此，粮食主产区生产的粮食种类差异也较大，以谷物为例，区域间土壤、地形、气候、温度等明显差异造成谷物的区域间生产的非均衡性，因此，因地制宜推进具有地域特色的粮食或其他农产品的集聚化生产成为提高粮食等农产品生产效率的得力手段。以水稻为例，提高标准化农田建设、加大区域专业化、规模化市场建设，提高集约化生产水平，并进一步发挥空间溢出效应，提高辐射示范作用。粮食主销区和粮食平衡区长期内增长速度趋近，但和粮食主产区的 AGTFP 的差距明显，主销区和平衡区的 AGTFP 较低的省份应增加与 AGTFP 前沿面的区域学习的机会，通过管理经验和技术交流等方式，减小差距。

六　关注空间效应统筹区域间 AGTFP 协调增长

收敛性分析表明，中国 AGTFP 不存在显著的绝对收敛和条件收敛态势，区域间差距长期内存在，空间杜宾模型分析表明，AGTFP 增长存在明显的空间溢出效应。因此，界限分明的行政划分会形成区域AGTFP 的协调发展的无形藩篱。破除行政壁垒，重视正向空间溢出效应才有可能实现区域 AGTFP 协调增长。一是弱化行政边界，建立跨区域农业绿色合作机制，增进区域间农业绿色增长的优势互补，搭建空间关联网络，增设绿色知识、绿色技术溢出通道，优化区域间科技投入、高质农村人力资本等资源协调配置，突出区域差异的同时保持资源适度跨区域流动性。二是提供完善的制度保障。跨区域有效合作、共享绿色增长需要协调跨区域的利益机制，这需要综合运用法律、政策、经济和社会等多种手段打"组合拳"，平衡各区域多方利益，在制度层面为区域间农业合作、协调、绿色增长提供有效的保障和约束。三是构建完善激励机制，搭建互通合作平台。具体方式如设立农业绿色发展基金，助力农业绿色研发机构；修缮农业知识产权制度，激励和保护农业绿色创新成果；鼓励对外技术往来，带动本地绿色技术创新；搭建区域间合作对话平台，如技术交流中心等方式；构建多样化的政、产、学、研共享平台，缩小"农业—科技"间的差距，实现农业绿色技术与农业绿色增长对接。四可强化具有正向空间溢出效应的影响因素的力量，弱化具有负向空间溢出效应的影响因素的力量。一方面，合理引导农业人力资本、农业科技投入等资源适度流动，特别是从 AGTFP 较高的区域向AGTFP 较低的区域流动，形成互通有无、合作共赢的协调增长的良好格局。另一方面，适度遏制能源消耗、工业化程度等影响因素的负向空间溢出效应，减少对邻近区域 AGTFP 的负向冲击。农业经营主体因农业生产的"黏性"，在一地受到环境规制等因素的影响时，会转向邻近省域，加速负向溢出效应扩散，因此，区域间的联防共治尤为重要，各省域在提升自身 AGTFP 的同时，最大限度地激发正向空间溢出效应，抑制负向空间溢出效应，抵制"污染一地，转移别地"，促进区域间优势互补、合作共享，实现 AGTFP 区域协调增长，进一步促进 AGTFP 成为农业绿色增长的核心动力源，促进中国农业实现"创新、协调、绿色、开放、共享"增长。

参考文献

白俊红、王钺、蒋伏心等：《研发要素流动、空间知识溢出与经济增长》，《经济研究》2017 年第 7 期。

蔡瑞林、陈万明、朱雪春：《成本收益：耕地流转非粮化的内因与破解关键》，《农村经济》2015 年第 7 期。

曹宝明等：《中国粮食安全的现状、挑战与对策》，中国农业出版社 2014 年版。

陈超凡：《中国工业绿色全要素生产率及其影响因素——基于 ML 生产率指数及动态面板模型的实证研究》，《统计研究》2016 年第 3 期。

陈刚、王燕飞：《农村教育、制度与农业生产率——基于中国省级层面数据的实证研究》，《农业技术经济》2010 年第 6 期。

陈宏伟、李桂芹、陈红：《中国三次产业全要素生产率测算及比较分析》，《财经问题研究》2010 年第 2 期。

陈敏鹏、陈吉宁、赖斯芸：《中国农业和农村污染的清单分析与空间特征识别》，《中国环境科学》2006 年第 6 期。

陈强编著：《高级计量经济学及 stata 应用》（第二版），高等教育出版社 2014 年版。

陈诗一：《节能减排与中国工业的双赢发展：2009—2049》，《经济研究》2010 年第 3 期。

陈诗一：《能源消耗、二氧化碳排放与中国工业的可持续发展》，《经济研究》2009 年第 4 期。

陈小亮：《中国农业部门 FDI 对 TFP 波动的贡献度评估》，硕士学位论文，山东大学，2012 年。

谌贻庆、王华瑞、陶春峰：《江西省农业生产效率评价及影响因素研究》，《华东经济管理》2016 年第 7 期。

程琳琳：《中国农业碳生产率时空分异：机理与实证》，博士学位论文，华中农业大学，2018 年。

崔晓：《资源与环境约束下我国农业生产效率测度及其影响因素研究》，博士学位论文，吉林大学，2018 年。

［英］大卫·李嘉图：《政治经济学及赋税原理》，郭大力、王亚南译，商务印书馆 1962 年版。

［美］德内拉·梅多斯、乔根·兰德斯、丹尼斯·梅多斯：《增长的极限》，李涛、王智勇译，机械工业出版社 2022 年版。

邓明、钱争鸣：《我国省际知识存量、知识生产与知识的空间溢出》，《数量经济技术经济研究》2009 年第 5 期。

［澳］蒂莫西·J. 科埃利等：《效率与生产率分析引论》（第二版），王忠玉译，中国人民大学出版社 2008 年版。

窦欣：《基于层级增长极网络化发展模式的西部区域城市化研究》，硕士学位论文，西安电子科技大学，2009 年。

冯杰、张世秋：《基于 DEA 方法的我国省际绿色全要素生产率评估——不同模型选择的差异性探析》，《北京大学学报》（自然科学版）2017 年第 1 期。

高帆：《我国区域农业全要素生产率的演变趋势与影响因素——基于省际面板数据的实证分析》，《数量经济技术经济研究》2015 年第 5 期。

高鸣、宋洪远：《粮食生产技术效率的空间收敛及功能区差异——兼论技术扩散的空间涟漪效应》，《管理世界》2014 年第 7 期。

高鸣、宋洪远：《中国农业碳排放绩效的空间收敛与分异——基于 Malmquist-luenberger 指数与空间计量的实证分析》，《经济地理》2015 年第 4 期。

高维龙：《产业集聚驱动粮食高质量发展机制》，《华南农业大学学报》（社会科学版）2021 年第 2 期。

高杨、牛子恒：《农业信息化、空间溢出效应与农业绿色全要素生产率——基于 SBM-ML 指数法和空间杜宾模型》，《统计与信息论坛》

2018 年第 10 期。

高詹：《基于全要素生产率的城市经济集约增长研究》，博士学位论文，东北财经大学，2015 年。

葛鹏飞、王颂吉、黄秀路：《中国农业绿色全要素生产率测算》，《中国人口·资源与环境》2018 年第 5 期。

郭海红：《中国农业绿色全要素生产率时空分异与增长路径研究》，中国农业出版社 2020 年版。

郭海红、盖凌云：《中国农业碳效应时空分异及驱动机理研究》，《宁夏社会科学》2021 年第 5 期。

郭海红、李树超：《环境规制、空间效应与农业绿色发展》，《研究与发展管理》2022 年第 2 期。

郭海红、刘新民：《中国农业绿色全要素生产率的时空分异及收敛性》，《数量经济技术经济研究》2021 年第 10 期。

郭海红、张在旭：《新型城镇化与生态环境响应度的区域差异研究》，《宁夏社会科学》2018 年第 6 期。

郭海红、张在旭、方丽芬：《中国农业绿色全要素生产率时空分异与演化研究》，《现代经济探讨》2018 年第 6 期。

郭悦：《产业集聚对中国旅游业全要素生产率的影响研究》，博士学位论文，东北师范大学，2015 年。

韩海彬、赵丽芬：《环境约束下中国农业全要素生产率增长及收敛分析》，《中国人口·资源与环境》2013 年第 3 期。

韩洪云编著：《资源与环境经济学》，浙江大学出版社 2012 年版。

何寿奎：《农村生态环境补偿与绿色发展协同推进动力机制及政策研究》，《现代经济探讨》2019 年第 6 期。

贺亚亚：《中国农业地理集聚：时空特征、形成机理及增长效应》，博士学位论文，华中农业大学，2016 年。

侯孟阳、邓元杰、姚顺波：《农村劳动力转移、化肥施用强度与农业生态效率：交互影响与空间溢出》，《农业技术经济》2021 年第 10 期。

胡瑞法、孙艺夺：《农业技术推广体系的困境摆脱与策应》，《改革》2018 年第 2 期。

胡晓琳：《中国省际环境全要素生产率测算、收敛及其影响因素研究》，博士学位论文，江西财经大学，2016年。

胡晓珍、杨龙：《中国区域绿色全要素生产率增长差异及收敛分析》，《财经研究》2011年第4期。

黄桂良：《区域金融发展收敛：理论分析与实证检验》，博士学位论文，暨南大学，2011年。

黄金波、周先波：《中国粮食生产的技术效率与全要素生产率增长：1978—2008》，《南方经济》2010年第9期。

黄英、江艳军：《新时代耕地利用转型对农业产业结构升级的影响》，《广西社会科学》2019年第3期。

孔祥智、韩纪江：《技术进步是我国粮食生产的关键》，《中国粮食经济》2000年第1期。

孔祥智、楼栋：《农业技术推广的国际比较、时态举证与中国对策》，《改革》2012年第1期。

匡远凤、彭代彦：《中国环境生产效率与环境全要素生产率分析》，《经济研究》2012年第7期。

匡远配、周凌：《农地流转的产业结构效应研究》，《经济学家》2016年第11期。

赖斯芸、杜鹏飞、陈吉宁：《基于单元分析的非点源污染调查评估方法》，《清华大学学报》（自然科学版）2004年第9期。

李波、张俊飚、李海鹏：《中国农业碳排放时空特征及影响因素分解》，《中国人口·资源与环境》2011年第8期。

李谷成：《中国农村经济制度变迁、农业生产绩效与动态演进——基于1978—2005年省际面板数据的DEA实证》，《制度经济学研究》2009年第3期。

李谷成：《中国农业的绿色生产率革命：1978—2008年》，《经济学（季刊）》2014年第2期。

李谷成：《中国农业生产率增长的地区差距与收敛性分析》，《产业经济研究》2009年第2期。

李俊、徐晋涛：《省际绿色全要素生产率增长趋势的分析——一种非参数方法的应用》，《北京林业大学学报》（社会科学版）2009年第

4 期。

李玲：《中国工业绿色全要素生产率及影响因素研究》，博士学位论文，暨南大学，2012 年。

李悦等：《产业经济学》，博士学位论文，东北财经大学，2002 年。

李兆亮、罗小锋、薛龙飞、张俊飚：《中国农业绿色生产效率的区域差异及其影响因素分析》，《中国农业大学学报》2017 年第 10 期。

梁俊、龙少波：《农业绿色全要素生产率增长及其影响因素》，《华南农业大学学报》（社会科学版）2015 年第 3 期。

梁流涛：《农村生态环境时空特征及其演变规律研究》，博士学位论文，南京农业大学，2009 年。

梁流涛、曲福田、冯淑怡：《经济发展与农业面源污染：分解模型与实证研究》，《长江流域资源与环境》2013 年第 10 期。

梁琦：《产业集聚论》，商务印书馆 2004 年版。

林毅夫：《中国的农村改革及农业增长》，《美国经济评论》1992 年第 1 期。

刘华军、李超、彭莹：《中国绿色全要素生产率的地区差距及区域协同提升研究》，《中国人口科学》2018 年第 4 期。

刘利花、刘向华、杨洁：《粮食安全视角下的耕地生态补偿标准研究》，《学习与实践》2020 年第 8 期。

刘明、王思文：《β 收敛、空间依赖与中国制造业发展》，《数量经济技术经济研究》2018 年第 2 期。

刘琼、肖海峰：《农地经营规模影响农业碳排放的逻辑何在？——要素投入的中介作用和文化素质的调节作用》，《农村经济》2020 年第 5 期。

刘长全：《基于外部性的产业集聚与集聚经济研究——国内外城市经济理论研究综述》，《上海经济研究》2009 年第 3 期。

卢丽文、宋德勇、黄璨：《长江经济带城市绿色全要素生产率测度——以长江经济带的 108 个城市为例》，《城市问题》2017 年第 1 期。

陆大道：《二〇〇〇年我国工业生产力布局总图的科学基础》，《地理科学》1986 年第 2 期。

马晓春：《中国与主要发达国家农业支持政策比较研究》，博士学位论文，中国农业科学院，2010 年。

孟菲、谭永忠、陈航等：《中国耕地"非粮化"的时空格局演变及其影响因素》，《中国土地科学》2022 年第 1 期。

孟令杰、顾焕章：《度量生产率变化的非参数方法》，《数量经济技术经济研究》2001 年第 2 期。

孟维华：《生产率的绿色内涵》，博士学位论文，复旦大学，2007 年。

闵锐、李谷成：《警惕"马尔萨斯幽灵"重现——中国粮食安全问题新探》，《中南林业科技大学学报》（社会科学版）2013 年第 1 期。

倪冰莉、张红岩：《我国中部地区农业技术进步、生产效率的构成分析》，《云南财经大学学报》2010 年第 2 期。

倪国华、蔡昉：《农户究竟需要多大的农地经营规模？——农地经营规模决策图谱研究》，《经济研究》2015 年第 3 期。

聂弯、于法稳：《农业生态效率研究进展分析》，《中国生态农业学报》2017 年第 9 期。

潘丹：《考虑资源环境因素的中国农业生产率研究》，博士学位论文，南京农业大学，2012 年。

潘丹、孔凡斌：《我国农业全要素生产率差异与收敛分析——基于环境污染视角》，《江西社会科学》2013 年第 9 期。

潘丹、应瑞瑶：《中国水资源与农业经济增长关系研究——基于面板 VAR 模型》，《中国人口·资源与环境》2012 年第 1 期。

潘丹、应瑞瑶：《资源环境约束下的中国农业全要素生产率增长研究》，《资源科学》2013 年第 7 期。

［奥］庞巴维克：《资本实证论》，陈端译，商务印书馆 1964 年版。

彭代彦、吴翔：《中国农业技术效率与全要素生产率研究——基于农村劳动力结构变化的视角》，《经济学家》2013 年第 9 期。

彭国华：《中国地区收入差距、全要素生产率及其收敛分析》，《经济研究》2005 年第 9 期。

彭继权、吴海涛、程威特、江帆：《机械化水平对农户种植结构的影响研究——基于 IVGMM 和 IVTobit 的估计方法》，《中国农业资源与区划》2020 年第 1 期。

仇童伟、罗必良：《种植结构"趋粮化"的动因何在？——基于农地产权与要素配置的作用机理及实证研究》，《中国农村经济》2018年第2期。

漆雁斌、毛婷婷、殷凌霄：《能源紧张情况下的低碳农业发展问题分析》，《农业技术经济》2010年第3期。

岐洁：《绿色技术溢出效应与我国工业绿色增长研究》，博士学位论文，北京理工大学，2016年。

秦德智、邵慧敏、秦超：《我国四大地区农业产业结构分析——基于 DSSM 模型的实证研究》，《技术经济与管理研究》2015年第9期。

[法] 萨伊：《政治经济学概论：财富的生产、分配和消费》，陈福生等译，商务印书馆1982年版。

沈能、张斌：《农业增长能改善环境生产率吗？——有条件"环境库兹涅茨曲线"的实证检验》，《中国农村经济》2015年第7期。

施祖麟编著：《区域经济发展：理论与实证》，社会科学文献出版社2007年版。

时悦、赵铁丰：《中国农业全要素生产率影响因素分析》，《华中农业大学学报》（社会科学版）2009年第2期。

史常亮、朱俊峰、揭昌亮：《中国农业全要素生产率增长地区差异及收敛性分析——基于固定效应 SFA 模型和面板单位根方法》，《经济问题探索》2016年第4期。

宋德军：《中国农业产业结构优化与科技创新耦合性评价》，《科学学研究》2013年第2期。

孙赫、梁红梅、常学礼等：《中国土地利用碳排放及其空间关联》，《经济地理》2015年第3期。

孙通、封志明、杨艳昭：《2003—2013年中国县域单元粮食增产格局及贡献因素研究》，《自然资源学报》2017年第2期。

[法] 泰勒尔：《产业组织理论》，马捷等译，中国人民大学出版社1997年版。

唐德祥、周雪晴：《环境约束下我国西南地区农业全要素生产率度量及收敛性研究》，《科技管理研究》2016年第4期。

唐健、陈志刚、赵小风等：《论中国的耕地保护与粮食安全——与茅于轼先生商榷》，《中国土地科学》2009 年第 3 期。

唐礼智、刘玉：《"一带一路"中我国企业海外投资政治风险的邻国效应》，《经济管理》2017 年第 11 期。

唐丽霞、赵文杰、李小云：《全球粮食安全评价体系的深层逻辑分析》，《华中农业大学学报》（社会科学版）2020 年第 5 期。

田伟、柳思维：《中国农业技术效率的地区差异及收敛性分析——基于随机前沿分析方法》，《农业经济问题》2012 年第 12 期。

田伟、杨璐嘉、姜静：《低碳视角下中国农业环境效率的测算与分析——基于非期望产出的 SBM 模型》，《中国农村观察》2014 年第 5 期。

田旭、张淑雯：《单位面积利润变化与我国粮食种植结构调整》，《华南农业大学学报》（社会科学版）2017 年第 6 期。

田云、张俊飚：《中国省级区域农业碳排放公平性研究》，《中国人口·资源与环境》2013 年第 11 期。

［英］托马斯·罗伯特·马尔萨斯：《人口原理》，杨菊华、杜声红译/注，中国人民大学出版社 2018 年版。

万将军、沈茂英、邓伟：《供给侧改革背景下农业产业结构变化评价与对策建议——基于重庆市的面板数据分析》，《农村经济》2018 年第 6 期。

汪锋、解晋：《中国分省绿色全要素生产率增长率研究》，《中国人口科学》2015 年第 2 期。

王斌：《四川省农业全要素生产率的评价与分析》，《统计与决策》2015 年第 6 期。

王兵、黄人杰：《中国区域绿色发展效率与绿色全要素生产率：2000—2010——基于参数共同边界的实证研究》，《产经评论》2014 年第 1 期。

王兵、吴延瑞、颜鹏飞：《中国区域环境效率与环境全要素生产率增长》，《经济研究》2010 年第 5 期。

王国敏、周庆元：《我国粮食综合生产能力影响因素的实证分析》，《四川大学学报》（哲学社会科学版）2016 年第 3 期。

王介勇、刘彦随：《1990 年至 2005 年中国粮食产量重心演进格局及其驱动机制》,《资源科学》2009 年第 7 期。

王金样、吴育华:《生产前沿面理论的产生及发展》,《哈尔滨商业大学学报》(自然科学版) 2005 年第 3 期。

王奇、王会、陈海丹:《中国农业绿色全要素生产率变化研究:1992—2010 年》,《经济评论》2012 年第 5 期。

王学渊:《基于前沿面理论的农业水资源生产配置效率研究》,博士学位论文,浙江大学,2008 年。

王艺明、陈晨、高思航:《中国城市全要素生产率估算与分析:2000—2013》,《经济问题》2016 年第 8 期。

王莹:《我国农业面源污染防治法律制度研究》,硕士学位论文,东北林业大学,2011 年。

王昀:《中国工业转型升级的潜力测算与路径优化研究》,博士学位论文,大连理工大学,2016 年。

魏楚、黄文若、沈满洪:《环境敏感性生产率研究综述》,《世界经济》2011 年第 5 期。

温忠麟、叶宝娟:《中介效应分析:方法和模型发展》,《心理科学进展》2014 年第 5 期。

吴传清、宋子逸:《长江经济带农业绿色全要素生产率测度及影响因素研究》,《科技进步与对策》2018 年第 17 期。

吴文斌、唐华俊、杨鹏等:《基于空间模型的全球粮食安全评价》,《地理学报》2010 年第 8 期。

吴贤荣、张俊飚、田云、薛龙飞:《基于公平与效率双重视角的中国农业碳减排潜力分析》,《自然资源学报》2015 年第 7 期。

吴延兵:《中国工业 R&D 产出弹性测算 (1993—2002)》,《经济学 (季刊)》2008 年第 3 期。

西奥多·W. 舒尔茨、沈明高:《经济政策的长期考虑——实例:农业和食物》,《经济研究》1988 年第 7 期。

夏禹龙、刘吉、冯之浚、张念椿:《梯度理论和区域经济》,《科学学与科学技术管理》1983 年第 2 期。

项光辉、毛其淋:《农村城镇化如何影响农业产业结构》,《广东财经大学学报》2016 年第 2 期。

肖卫东：《中国种植业地理集聚：时空特征、变化趋势及影响因素》，《中国农村经济》2012 年第 5 期。

薛建良、李秉龙：《基于环境修正的中国农业全要素生产率度量》，《中国人口·资源与环境》2011 年第 5 期。

［英］亚当·斯密：《国民财富的性质和原因研究》，郭大力等译，商务印书馆 1972 年版。

杨俊、陈怡：《基于环境因素的中国农业生产率增长研究》，《中国人口·资源与环境》2011 年第 6 期。

杨骞、王弘儒、秦文晋：《中国农业面源污染的地区差异及分布动态：2001—2015》，《山东财经大学学报》2017 年第 5 期。

姚成胜、殷伟、李政通：《中国粮食安全系统脆弱性评价及其驱动机制分析》，《自然资源学报》2019 年第 8 期。

姚延婷：《环境友好农业技术创新及其对农业经济增长的影响研究》，博士学位论文，南京航空航天大学，2018 年。

叶初升、惠利：《农业财政支出对中国农业绿色生产率的影响》，《武汉大学学报》（哲学社会科学版）2016 年第 3 期。

易明等：《长江经济带绿色全要素生产率的时空分异特征研究》，《管理世界》（月刊）2018 年第 11 期。

殷培红、方修琦：《中国粮食安全脆弱区的识别及空间分异特征》，《地理学报》2008 年第 10 期。

尹朝静、李谷成、卢毓：《中国农业全要素生产率增长分布的动态演进机制》，《统计与信息论坛》2014 年第 3 期。

于法稳：《习近平绿色发展新思想与农业的绿色转型发展》，《中国农村观察》2016 年第 5 期。

余泳泽：《中国省际全要素生产率动态空间收敛性研究》，《世界经济》2015 年第 10 期。

［德］约翰·冯·杜能：《孤立国同农业和国民经济的关系》，吴衡康译，商务印书馆 1986 年版。

曾琳琳、李晓云、杨志海：《作物种植专业化与化肥减量来源——兼顾经营规模的影响》，《自然资源学报》2022 年第 7 期。

展进涛、徐钰娇：《环境规制、农业绿色生产率与粮食安全》，《中国人口·资源与环境》2019 年第 3 期。

张帆、夏凡：《环境与自然资源经济学》（第三版），格致出版社、上海三联书店、上海人民出版社 2016 年版。

张芳芳：《退耕还林与农业结构调整研究——以陇南市成县为例》，《干旱区资源与环境》2010 年第 10 期。

张海霞、韩佩珺：《农业全要素生产率测度及收敛性分析——基于 Hicks-Moorsteen 指数》，《农村经济》2018 年第 6 期。

张华、王礼力：《技术进步、技术效率与陕西省农业全要素生产率增长》，《科学管理研究》2018 年第 3 期。

张慧、肖国安：《生态视角下中国粮食可持续安全状况评价及其影响因素分析》，《湘潭大学学报》（哲学社会科学版）2017 年第 2 期。

张平、王树华主编：《产业结构理论与政策》，武汉大学出版社 2009 年版，第 79 页。

张永华：《基于乡村绿色发展理念的农业产业结构优化驱动力分析》，《中国农业资源与区划》2019 年第 4 期。

张智奎、肖新成：《经济发展与农业面源污染关系的协整检验——基于三峡库区重庆段 1992—2009 年数据的分析》，《中国人口·资源与环境》2012 年第 1 期。

赵小雨：《中国绿色增长效率评价及影响因素分析》，博上学位论文，武汉大学，2018 年。

赵予新：《国家粮食安全的目标与制度战略研究》，《经济研究导刊》2009 年第 30 期。

郑亚楠、张凤荣、谢臻等：《中国粮食生产时空演变规律与耕地可持续利用研究》，《世界地理研究》2019 年第 6 期。

周宏主编：《现代汉语辞海》，光明日报出版社 2002 年版。

朱晶、晋乐：《农业基础设施、粮食生产成本与国际竞争力——基于全要素生产率的实证检验》，《农业技术经济》2017 年第 10 期。

朱希刚、刘延风：《我国农业科技进步贡献率测算方法的意见》，《农业技术经济》1997 年第 1 期。

朱晓禧、方修琦、高勇：《基于系统科学的中国粮食安全评价研究》，《中国农业资源与区划》2012 年第 6 期。

祝洪章、秦勇：《我国粮食主产区农地流转"非粮化"问题及对策研究》，经济科学出版社 2020 年版。

Abiyev R H. Uyar K. Ilhan U. et al. , "Assessment of Food Security Risk Level Using Type 2 Fuzzy System", *Procedia ComputerScience*, No. 102, 2016, pp. 547-554.

Abramovitz M. , "Catching up, Forging ahead, and Falling Behind", *The Journal of Economic History*, Vol. 46, No. 2, 1986, pp. 385-406.

Abramovitz M. , "Resource and Output Trends in the United States since 1870", *The American Economic Review*, Vol. 46, No. 2, 1956, pp. 5-23.

Aghion P. Howitt P. W. , *Endogenous Growth Theory*, Cambridge, Massachusetts：MIT Press, 1998, p. 113-115.

Aigner D. Lovell C. Schmidt P. , "Formulation and Estimation of Stochastic Frontier Production Function Models", *Journal of Econometrics*, Vol. 6, No. 1, 1977, pp. 21-37.

Alexiadis S. , "Convergence in Agriculture：Evidence from the European Regions", *Agricultural Economics Review*, Vol. 11, No. 2, 2010, pp. 84-96.

Anselin Luc. , "Spatial Externalities, Spatial Multipliers, and Spatial Econometrics", *International Regional Science Review*, Vol. 26, No. 2, 2003, pp. 153-166.

Anselin L. Gallo J. L. , "Interpolation of Air Quality Measures in Hedonic House Price Models：Spatial Aspects", *Spatial Economic Analysis*, Vol. 1, No. 1, 2006, pp. 31-52.

Anselin L. , *Spatial Econometrics：Methods and Models*, Dordrecht：Kluwer Academic Publishers, 1988, p. 158.

Arrow Kenneth J. , "The Economic Implication of Learning by Doing", *Review of Economic Studies*, Vol. 29, No. 2, 1962, pp. 155-173.

Audretsch D B. Feldman M. P. , "R&D Spillovers and the Geography of Innovation and Production", *The American Economic Review*, Vol. 86, No. 3, 1996, pp. 630-640.

Baldwin R. E. , Agglomeration and Endogenous Capital, Processed, Graduate Institute of International Studies, Ph. D. dissertation, University of Geneva, 1997.

Baldwin R. E. , "Agglomeration and Endogenous Capital", *European Economic Review*, Vol. 43, No. 2, 1999, pp. 253−280.

Baldwin R. E. Forslid R. Martin P. Ottaviano G. Robert−Nicoud F. , *Economic Geography and Public Policy*, Princeton: Princeton University Press, 2003, p. 19.

Ball V. E. Fare R. Grosskopf S. et al. , *Productivity of the U. S. Agricultural Sector: The Case of Undesirable Outputs*, Chicago, S. A. : University of Chicago Press, 2001, p. 127.

Banker R. D. Charnes A. Cooper W. , "Some Models for Estimating Technical and Scale Inefficiencies in Data Envelopment Analysis", *Management Science*, No. 30, 1984, pp. 1078−1092.

Bar K. Yrük. Zaim O. , "Productivity Growth in OECD Countries: A Comparion with Malmquist Index", *Journal of Comparative Economics*, No. 2, 2005, pp. 401−420.

Baron R. M. Kenny D. A. , "The Moderator−Mediator Variable Distinction in Social Psychological Research: Conceptual, Strategic, and Statistical Considerations", *Journal of Personality and Social Psychology*, Vol. 51, No. 6, 1986, pp. 1173−1182.

Barro R. Sala I. Martin X. , *Economic Growth*, New York: McGraw Hill, 1995, p. 158.

Barro R. Sala I. M. X. , "Convergence", *The Journal of Political Economy*, Vol. 100, No. 2, 1992, pp. 223−251.

Battese G. E. Coelli T. J. , "A Model for Technical Inefficiency Effects in a Stochastic Frontier Production Function for Panel Data", *Empirical Economics*, Vol. 20, No. 2, 1995, pp. 325−332.

Becker R. A. , "Intergenerational Equity: The Capital − Environment trade−Off", *Journal of Environmental Economics & Management*, Vol. 9, No. 2, 1982, p. 185.

Berliant M. Reed R. R. Wang P. , "Knowledge Exchange, Matching, and Agglomeration", *Journal of Urban Economics*, Vol. 60, No. 1, 2006, pp. 69-95.

Bernard A. Jones C. , "Comparing Apples to Oranges: Productivity Convergence and Measurement across Industries and Countries", *American Economic Review*, Vol. 86, No. 5, 1996, pp. 1216-1238.

Boudeville J. R. , *Problems of Regional Development*, Edinburgh: Edinburgh University Press, 1996, p. 143.

Boussemart J. P. Briec W. Kerstens K. et al. , "Luenberger and Malmquist Productivity Indices: Theoretical Comparisons and Empirical Illustration", *Bulletin of Economic Research*, Vol. 55, No. 4, 2003, pp. 391-405.

Bovenberg A. L. Smulders S. A. , "Transitional Impacts of Environmental Policy in an Endogenous Growth Model", *International Economic Review*, Vol. 37, No. 4, 1996, pp. 861-893.

Caves D. W. Christensen L. R. Diewert W. E. , "The Economic Theory of Index Numbers and the Measurement of Input, Output, and Productivity", *Econometrica*, Vol. 50, No. 6, 1982, pp. 1393-1414.

Chamber S. R. Chung Y. H. Fare R. , "Benefit and Distance Function", *Journal of Economic Theory*, No. 70, 1996, pp. 407-419.

Charnes A. Cooper W W. Rhodes E. , "Measuring the Efficiency of Decision Making Units", *European Journal of Operational Research*, Vol. 2, No. 6, 1978, pp. 429-444.

Chen P. C. Yu M. M. Chang C. C. et al. , "Total Tactor Productivity Growth in China's Agricultural Sector", *China Economic Review*, Vol. 19, No. 4, 2008, pp. 580-593.

Cho D. Graham S. , "The other Side of Conditional Convergence", *Economic Letters*, Vol. 50, No. 2, 1996, pp. 285-290.

Chung Y. Fare R. , "Productivity and Undesirable Outputs: A Directional Distance Function Approach", *Microeconomics*, Vol. 51, No. 3, 1995, pp. 229-240.

Cooper W. W. Seiford L. M. Tone K. , *Data Envelopment Analysis*, Boston: Kluwer Academic Publishers, Second Edition, 2007, p. 146.

Dagum C. , "A New Approach to the Decomposition of the Gini Income Inequality Ratio", *Empirical Economics*, Vol. 22, No. 4, 1997, pp. 515–531.

Dasgupta P. Heal G. , "The Optimal Depletion of Exhaustible Resources", *Review of Economic Studies*, Vol. 41, No. 5, 1974, pp. 3–28.

Dixit A. K. Stiglitz J. , "EMonopolistic Competition and Optimum Product Diversity", *The Warwick Economics Research Paper Series (TWERPS)*, Vol. 67, No. 3, 1975, pp. 297–308.

Domar E. D. , "Capital Expansion, Rate of Growth and Employment", *Econometrica*, Vol. 14, No. 2, 1946, pp. 137–147.

Dubey A. Lal R. , "Carbon Footprint and Sustainability of Agricultural Production Systems in Punjab, India, and Ohio, USA", *Journal of Crop Improvement*, Vol. 23, No. 4, 2009, pp. 332–350.

Efron B. Tibshirani R. J. , *An Introduction to the Bootstrap*, London: Chapman and Hall, 1993, p. 18.

Elhorst J. P. , "Dynamic Spatial Panels: Models, Methods, and Inferences", *Journal of Geographical Systems*, Vol. 14, No. 1, 2012, pp. 5–28.

Fan S. G. , "Production and Productivity Growth in Chinese Agriculture: New Measurement and Evidence", *Food Policy*, Vol. 22, No. 3, 1997, pp. 213–228.

Fare R. Grosskopf S. , "Directional Distance Functions and Slacks – Based Measures of Efficiency", *European Journal of Operational Research*, No. 1, 2009, pp. 15–21.

Fare R. Grosskopf S. Lovell C. A. K, *Production Frontiers*, Cambridge: Cambridge University Press, 1994, p. 21.

Fare R. Grosskopf S. Norris M. et al. , "Productivity Growth, Technical Progress, and Efficiency Change in Industrialized Countries", *American Economic Review*, Vol. 84, No. 5, 1994, pp. 1040–1044.

Fare R. Primont D. , *Multi-output Prodution and Duality*: *Theory and Applications*, Berlin: Springer Science and Bussiness Media, 1994, p. 48.

F A R F. A S G. B D W N. et al. , "Characteristics of a Polluting Technology: Theory and Practice", *Journal of Econometrics*, Vol. 126, No. 2, 2005, pp. 469-492.

Fukuyama H. Weber W L. , "Directional Slacks-based Measure of Technical Inefficiency", *Socia - Economic Planning Sciences*, Vol. 43, No. 4, 2009, pp. 274-287.

Fung M. K. Y. Chow C. K. W. Hui Y. V. et al. , "Measuring the Efficiency of Airports in China with the DEA and Endogenous-weight TFP Methods", *International Journal of Transport Economics*, Vol. 35, No. 1, 2008, pp. 45-73.

Färe R. Grosskopf S. Pasurka C. A. , "Environmental Production Functions and Environmental Directional Distance Functions", *Energy*, Vol. 32, No. 7, 2007, pp. 1055-1066.

Färe R. Grosskopf S. Roos P. , *Malmquist Productivity Indexes*: *A Survey of Theory and Practice*, Boston: Kluwer Academic Publishers, 1998, p. 29.

Färe R. Grosskopf S. , *Intertemporal Production Frontier*, Boston: Kluwer Academic Publishers, 1996, p. 139.

Garnett T. , "Sustainable Intensification of Agriculture: Premises and Policies", *Science*, Vol. 341, No. 7, 2013, pp. 33-34.

Gordon I. R. Mccann P. , "Industrial Cluster: Complexes, Agglomeration and/or Social Networks?", *Urban Studies*, Vol. 37, No. 3, 2000, pp. 513-532.

Grossman. Gene M. Helpman E. , Innovation and Growth in the Global Economy, Cambridge: MIT Press, 1991, p. 108.

Hailu A. , Veeman T. S. , "Non-parametric Productivity Analysis with Undesirable Outputs: An Application to the Canadian Pulp and Paper Industry", *American Journal of Agricultural Economics*, Vol. 83, No. 3, 2001, pp. 605-616.

Hall R. E. Jones C. I. , "Why Some Coutries Produce so much more Output per Worker than Others?", *The Quarterly Journal of Economics*, Vol. 114, No. 1, 1999, pp. 83-116.

Hardin G. , "The Tragedy of the Commons", *Science*, No. 162, 1968, pp. 1243-1248.

Harris R. Moffat J. Kravtsova V. , "In Search of 'W' ", *Spatial Economic Analysis*, Vol. 6, No. 3, 2011, pp. 249-270.

Harrod R. F. , "An Essay in Dynamic Theory", *The Economic Journal*, Vol. 49, No. 193, 1939, pp. 14-33.

Hausman J. A. , "Specification Tests in Econometrics", *Econometrica*, Vol. 46, No. 6, 1978, pp. 1251-1271.

Hayami Y. Ruttan V. W. , *Agricultural Development: An International Perspective*, Baltimore: Johns Hopkins University Press, 1985, p. 47.

Hirofumi Uzawa. , "Optimum Technical Change in An Aggregative Model of Economic Growth", *International Economic Review*, Vol. 6, No. 1, 1965, pp. 18-31.

IPCC. , *Climate Change 2007-Mitigation of Climate Change: Working Group III Contribution to the Fourth Assessment Report of the IPCC*, Cambridge: Cambridge University Press, 2007, p. 72.

Islam N. , "Growth Empirics: A Panel Data Approach", *Quarterly Journal of Economics*, Vol. 110, No. 4, 1995, pp. 1127-1170.

Jacobs J. , *The Economy of Cities*, New York: Vingage, 1969, p. 71.

Jeon B. M. Robin C. Sickles. , "The Role of Environmental Factors in Growth Accounting", *Journal of Applied Econometrics*, Vol. 19, No. 5, 2004, pp. 567-591.

Jorgenson D. W. Griliches Z. , "The Explanation of Productivity Change", *Review of Economic Studies*, Vol. 34, No. 3, 1967, pp. 249-283.

John B. Birgit M. Stacey R. , "A Food Demand Framework for International Food Security Assessment", *Journal of Policy Modeling*, No. 39, 2017, pp. 827-842.

Karl Shell, *A Model of Inventive Activity and Capital Accumulation in Es-*

says on the Theory of Optimal Economic Growth, Cambridge, Massachusetts: MIT Press, 1967, p. 65.

Kendrick J. W. Grossman E. S. , *Productivity Trends in the United States: Trends and Cycles*, Baltimore & London: The Johns Hopkings University Press, 1961, p. 92.

Krugman P. , "Increasing Returns and Economic Geography", *Journal of Political Economy*, Vol. 99, No. 3, 1991, pp. 483–499.

Krugman P. , "Vehicle Currencies and the Structure of International Exchange", *Journal of Money, Credit and Banking*, Vol. 12, No. 3, 1980, pp. 513–526.

Krugman P. R. , "A Model of Innovation, Technology Transfer, and the World Distribution of Income", *Journal of Political Economy*, Vol. 87, No. 2, 1979, pp. 253–266.

Krugman P. Venables T. , "Globalization and the Inequality of Nations", *The Quarterly Journal of Economics*, Vol. 110, No. 4, 1995, pp. 857–880.

Kumar S. , "Environmentally Sensitive Productivity Growth: A Global Analysis Using Malmquist – Luenberger Index", *Ecological Economics*, Vol. 56, No. 4, 2006, pp. 34–55.

Kumbhakar S. C. , "Production Frontiers, Panel Data, and Time-varying Technical Inefficiency", *Journal of Econometrics*, Vol. 46, No. 1, 1990, pp. 201–211.

Kumbhakar. Subal C. , "Estimation and Decomposition of Productivity Change When Production is not Efficient: A Panel-data Approach", *Econometric Reviews*, Vol. 19, No. 4, 2000, pp. 312–320.

LeSage J. P. Pace R. K. , *Introduction to Spatial Econometrics (Statistics, Textbooks and Mono-graphs)*, London: Chapman & Hall/CRC Press, 2009, p. 76.

Ligthart J. E. Ploeg F. V. D. , "Pollution, the Cost of Public Funds and Endogenous Growth", *Economics Letters*, Vol. 46, No. 4, 1994, p. 349.

Liu Y. Richard Shumway C. Rosenman R. , et al. , "Productivity

Growth and Convergence in US Agriculture: New Cointegration Panel Data Results", *Applied Economics*, Vol. 43, No. 1, 2011, pp. 91-102.

Lambert D. K. Parker E. , "Productivity in Chinese Provincial Agriculture ", *Journal of Agricultural Economics*, Vol. 49, No. 3, 2010, pp. 378-392.

Lopez-Rodriguez J. Martinez D. , "Looking beyond the R&D Effects on Innovation: The contribution of Non-R&D Activities to Total Factor Productivity Growth in the EU", *Structural Change and Economic Dynamics*, Vol. 40, No. 2, 2017, pp. 37-45.

Lucas R. E. , "On the Mechanics of Economic Development", *Journal of Monetary Economics*, Vol. 22, No. 1, 1988, pp. 3-42.

Lucas R. E. J. , "Why Doesn't Capital Flow from Rich to Poor Countries?", *American Economic Review*, Vol. 80, No. 2, 1990, pp. 92-96.

Lung F. Lee. J H. et al. , "Convergence: A Spatial Dynamic Panel Data Approach", *Global Journal of Economics*, Vol. 1, No. 1, 2012, p. 1250006.

Malmquist S. , "Index Numbers and Indifference Surfaces", *Trabajos de Estadistica*, Vol. 4, No. 2, 1953, pp. 209-242.

Mankiw N. G. Romer D. Weil D. N. , "A Contribution to the Empirics of Economic Growth", *Quarterly Journal of Economics*, Vol. 107, No. 2, 1992, pp. 407-437.

Mankiw N. G. Weil R. D. N. A. , "Contribution to the Empirics of Economic Growth", *The Quarterly Journal of Economics*, Vol. 107, No. 2, 1992, pp. 407-437.

Marshall A. , *Principles of Economics: An Introductory Volume*, London: Macmillan, 1920, Meeusen W. Broeck J. , "Efficiency Estimation from Cobb-Douglas Production Functions with Composed Error", *International Economic Review*, Vol. 25, No. 4, 1977, pp. 444-472.

Miller S. M. Upadhyay M. P. , "Total Factor Productivity and the Convergence Hypothesis", *Journal of Macroeconomics*, Vol. 24, No. 2, 2002, pp. 267-286.

Mohtadi H. , "Environment, Growth and Optimal Policy Design",

Journal of Public Economics, Vol. 63, No. 1, 1996, pp. 119-140.

Moran. Patrick A. P. , "Notes on Continuous Stochastic Phenomena", *Biometrika*, Vol. 37, No. 1-2, 1950, pp. 17-23.

Murty S. Robert R. R. Levkoff S. B. , "On Modeling Pollution-Generating Technologies", *Journal of Environmental Economics and Management*, Vol. 64, No. 1, 2012, pp. 117-135.

Nanere M. Fraser I. Quazi A. et al. , "Environmentally Adjusted Productivity Measurement: An Australian Case Study", *Journal of Environmental Management*, Vol. 85, No. 2, 2007, pp. 350-362.

Ogundari and Kolawole. , "The Paradigm of Agricultural Efficiency and its Implication on Food Security in Africa: What Does Meta-analysis Reveal?", *World Development*, No. 64, 2014, pp. 690-702.

Oh D. H. , "A Global Malmquist-Luenberger Productivity Index", *Journal of Productivity Analysis*, Vol. 34, No. 3, 2010, pp. 183-197.

Ottaviano G. Thisse. Jacques F. , "Integration, Agglomeration and the Political Economics of Factor Mobility", *CEPR Discussion Papers*, Vol. 83, No. 3, 1999, pp. 429-456.

Pastor J. T. Lovell C. A. K. , "A Global Malmquist Productivity Index", *Economic Letters*, Vol. 88, No. 2, 2005, pp. 266-271.

Perroux F. , "Economic Space: Theory and Applications", *The Quarterly Journal of Economics*, Vol. 64, No. 1, 1950, pp. 89-104.

Porter M. E. , "America's Green Strategy", *Scientific American*, Vol. 264, No. 4, 1991, p. 168.

Prescott E. C. , "Needed: A Theory of Total Factor Productivity", *Staff Report*, Vol. 39, No. 3, 1997, pp. 525-551.

Quah D. , "Endogenous Growth ‖ Galton's Fallacy and Tests of the Convergence Hypothesis", *Scandinavian Journal of Economics*, Vol. 95, No. 4, 1993, pp. 427-443.

Quah D. , "Twin Peaks: Growth and Convergence in Models of Distribution Dynamics", *The Economic Journal*, Vol. 106, No. 437, 1996, pp. 1045-1055.

Ramanathan R. , "An Analysis of Energy Consumption and Carbon Dioxide Emissions in Countries of the Middle East and North Africa", *Energy*, Vol. 30, No. 15, 2005, pp. 2831-2842.

Ramsey F. P. , "A Mathematical Theory of Saving", *The Economic Journal*, Vol. 38, No. 152, 1928, pp. 543-559.

Rezek J. P. Perrin R. K. , "Environmentally Adjusted Agricultural Productivity in the Great Plains", *Journal of Agricultural & Resource Economics*, Vol. 29, No. 2, 2004, pp. 346-369.

Rezitis. Anthony N. , "Agricultural Productivity Convergence across Europe and the United States of America", *Applied Economics Letters*, Vol. 12, No. 7, 2005, pp. 443-446.

Robert N. F. , "Agglomeration and Trade with Input-Output Linkages and Capital Mobility", *Spatial Economic Analysis*, Vol. 1, No. 1, 2006, pp. 101-126.

Romer. Paul M. , "Increasing Returns and Long-Run Growth", *Journal of Political Economy*, Vol. 94, No. 5, 1986, pp. 1002-1037.

Rosenblatt J. R. , On a Class of Non-parametric Tests, Ph. D. dissertation, Universtity of North Carolina, 1955, p. 62.

Shen Z. Boussemart J. P. Leleu H. , "Aggregate Green Productivity Growth in OECD's Countries", *International Journal of Production Economics*, No. 189, 2017, pp. 30-39.

Sheppard R. W. , "Theory of Cost and Production Function", *Economic Journal*, Vol. 35, No. 3, 1970, pp. 177-188.

Shestalova V. , "Sequential Malmquist Indices of Productivity Growth: An Application to OECD Industrial Activities", *Journal of Productivity Analysis*, Vol. 19, No. 2, 2003, pp. 211-226.

Simelton E. Fraser E. D. G. Termansen M. et al. , "The Socioeconomics of Food Crop Production Andclimate Change Vulnerability: A Global Scale Quantitative Analysis of How Grain Crops Aresensitive to Drought", *Food Security*, Vol. 4, No. 2, 2012, pp. 163-179.

Skop E. Schou J. S. , *Distributing the Agricultural Farm Structure Spa-*

tially Using Farm Statistics and GIS, Rapport: Statens Jordbrugsog Fiskeri-oekonomiske Institute (Denmark), 1996, p. 86.

Solow R M. , "Technical Change and The Aggregate Production Function", *Review of Economics and Statistics*, No. 39, 1957, p. 312-320.

Solow R. M. , "A Contribution to the Theory of Economic Growth", *The Quarterly Journal of Economics*, Vol. 70, No. 1, 1956, pp. 65-94.

Solow R. M. , "Technical Change and the Aggregate Production Function", *The Review of Economics and Statistics*, Vol. 39, No. 3, 1957, pp. 312-320.

Stephens E. C. Jones A D. Parsons D. , "Agricultural Systems Research and Global Food Security in the 21st Century: An Overview and Roadmap for Future Opportunities", *Agricultural Systems*, No. 1, 2017, pp. 1-6.

Swan T. W. , "Economic Growth and Capital Accumulation", *Economic Record*, Vol. 32, No. 2, 1956, pp. 334-361.

Thijssen G. , "Econometric Estimation of Technical and Environmental Efficiency: An Application to Dutch Dairy Farms", *American Journal of Agricultural Economics*, Vol. 81, No. 1, 1999, pp. 44-60.

Thirtle C. Piesse J. Lusigi A. et al. , "Multi-factor Agriculture Productivity, Efficiency and Convergence in Botswana: 1981-1996", *Journal of Development Economics*, Vol. 71, No. 2, 2003, pp. 605-624.

Thomas W. H. Uris L. C. B. , "Attaining Food and Environmental Security in an Era of Globalization", *Global Environmental Change-human and Policy Dimensions*, No. 41, 2016, pp. 195-205.

Tinbergen J. , "Professor Douglas' Production Function", *Revue De Linstitut International De Statistique*, Vol. 10, No. 1-2, 1942, pp. 37-48.

Tobler W. R. , "A Computer Movie Simulating Urban Growth in the Detroit Region", *Economic Geography*, Vol. 46, No. sup1, 1970, pp. 234-240.

Tone K. Tsutsui M. , "An Epsilon-based Measure of Efficiency in DEA-A Third Pole of Technical Efficiency", *European Journal of Operational Research*, Vol. 207, No. 3, 2010, pp. 1554-1563.

Weitzman M. L. , "On the Welfare Significance of National Product in Dynamic Economy", *Quarterly Journal of Economics*, Vol. 90, No. 1, 1974, pp. 156-162.

Wu S. X. Walker D. Devadoss S. , "Productivity Growth and its Components in Chinese Agriculture after Reform", *Reviews of Development Economics*, Vol. 5, No. 3, 2001, pp. 375-391.

Zhou P. Ang B. W. Poh K. L. , "Measuring Environmental Performance under Different Environmental DEA Technologies", *Energy Economics*, Vol. 30, No. 1, 2008, pp. 1-14.

Zofio. Jose L. , "Malmquist Productivity Index Decompositions: A Unifying Framework", *Applied Economics*, Vol. 39, No. 18, 2007, pp. 2371-2387.

附　　录

附表 A1　　AGTFP 及其累积增长率动态空间 SAR 绝对 β 收敛
稳健性检验结果

系数	AGTFP				AGTFP 累积增长率			
	(1)	(2)	(3)	(4)	(1)	(2)	(3)	(4)
β	0.877 ***	0.879 ***	0.876 ***	0.882 ***	0.834 ***	0.838 ***	0.845 ***	0.827 ***
	0.005	0.005	0.009	0.015	0.026	0.022	0.025	0.019
ρ	0.01 ***	0.011 ***	0.013 ***	0.012 ***	0.064 ***	0.068 ***	0.071 **	0.069 ***
	0.001	0.001	0.003	0.006	0.008	0.005	0.003	0.004
a	0.052 ***	0.054 ***	0.055 ***	0.043 ***	−0.076 ***	−0.063 ***	−0.081	−0.077 ***
	0.004	0.003	0.004	0.021	0.007	0.005	0.004	0.002
∂	—	—	—	—	0 ***	0 ***	0 ***	0 ***
	0	0	0	0	0	0	0	0
R^2	0.925	0.926	0.918	0.916	0.816	0.814	0.724	0.805

注：＊＊＊p<0.01，＊＊p<0.05，＊p<0.1 分别代表 1%、5%、10%的显著性水平，系数下面数值代表标准误。(1)、(2)、(3)、(4)分别代表邻接权重矩阵、反距离权重矩阵、经济距离权重矩阵、嵌套矩阵。

附表 A2　　AGTFP 及其累积增长率动态空间 SAR 条件 β 收敛
稳健性检验结果

系数	AGTFP				AGTFP 累积增长率			
	(1)	(2)	(3)	(4)	(1)	(2)	(3)	(4)
β	0.819 ***	0.813 ***	0.796 ***	0.799 ***	0.733 ***	0.736 ***	0.741 ***	0.736 ***
	0.042	0.043	0.047	0.045	0.053	0.052	0.057	0.048

续表

系数	AGTFP				AGTFP 累积增长率			
	(1)	(2)	(3)	(4)	(1)	(2)	(3)	(4)
ρ	0.005 ***	0.004 ***	0.003 ***	0.002 ***	0.055	0.053	0.059	0.042
	0.011	0.008	0.007	0.006	0.01	0.009	0.011	0.014
a	0.016 ***	0.017 ***	0.011 ***	0.015 ***	0.102 **	0.131 **	0.116 **	0.113 **
	0.016	0.012	0.011	0.013	0.042	0.022	0.027	0.028
$rgdp$	0.001 ***	0.005 ***	0.003 ***	0.006 ***	-0.002 ***	-0.005 ***	-0.008 ***	-0.009 ***
	0	0.006	0.008	0.009	0.001	0.008	0.005	0.002
str	-0.007 ***	-0.004 ***	-0.007 ***	0.006 ***	-0.35 *	-0.341 *	-0.433 *	-0.346 *
	0.097	0.036	0.021	0.011	0.185	0.153	0.079	0.072
jnx	-0.019 ***	-0.016 ***	-0.017 ***	-0.013 ***	0.019 *	0.023 *	0.036 *	0.041 *
	0.008	0.011	0.012	0.014	0.01	0.004	0.006	0.007
tec	-0.053 ***	-0.043 ***	-0.045 ***	-0.048 ***	0.156 *	0.111 *	0.115 *	0.153 *
	0.033	0.034	0.033	0.044	0.081	0.014	0.015	0.003
nh	0 ***	0.005 ***	0.004 ***	0.004 ***	0.001 ***	0.006 ***	0.007 ***	0.004 ***
	0	0.002	0.002	0.004	0	0.002	0.001	0.002
tra	-0.009 ***	-0.007 ***	-0.008 ***	-0.002 ***	-0.007 ***	-0.009 ***	-0.006 ***	-0.004 ***
	0.001	0.006	0.008	0.001	0.001	0.003	0.002	0.002
ind	0.345 ***	0.318 ***	0.307 ***	0.297 ***	0	0.002	0.005	0.004
	0.184	0.099	0.107	0.104	0	0.002	0.007	0.002
∂	—	0	0	0	1.293 ***	1.008 ***	1.016 ***	1.014 ***
	—	0	0	0	0.389	0.032	0.043	0.042
R^2	0.899	0.897	0.887	0.889	0.781	0.787	0.776	0.735

注：***p<0.01，**p<0.05，*p<0.1分别代表1%、5%、10%的显著性水平，系数下面数值代表标准误。（1）、（2）、（3）、（4）分别代表邻接权重矩阵、反距离权重矩阵、经济距离权重矩阵、嵌套矩阵。